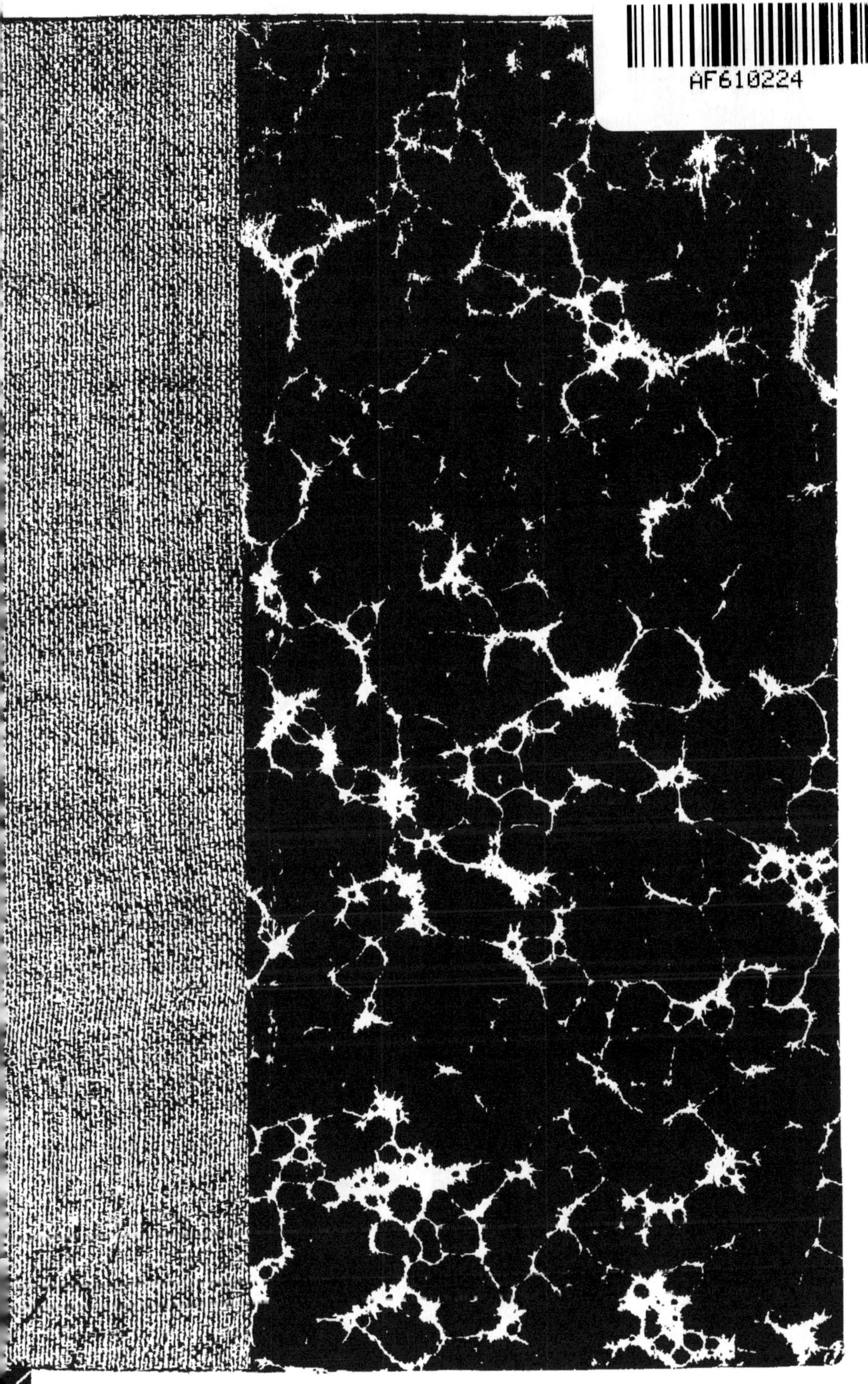

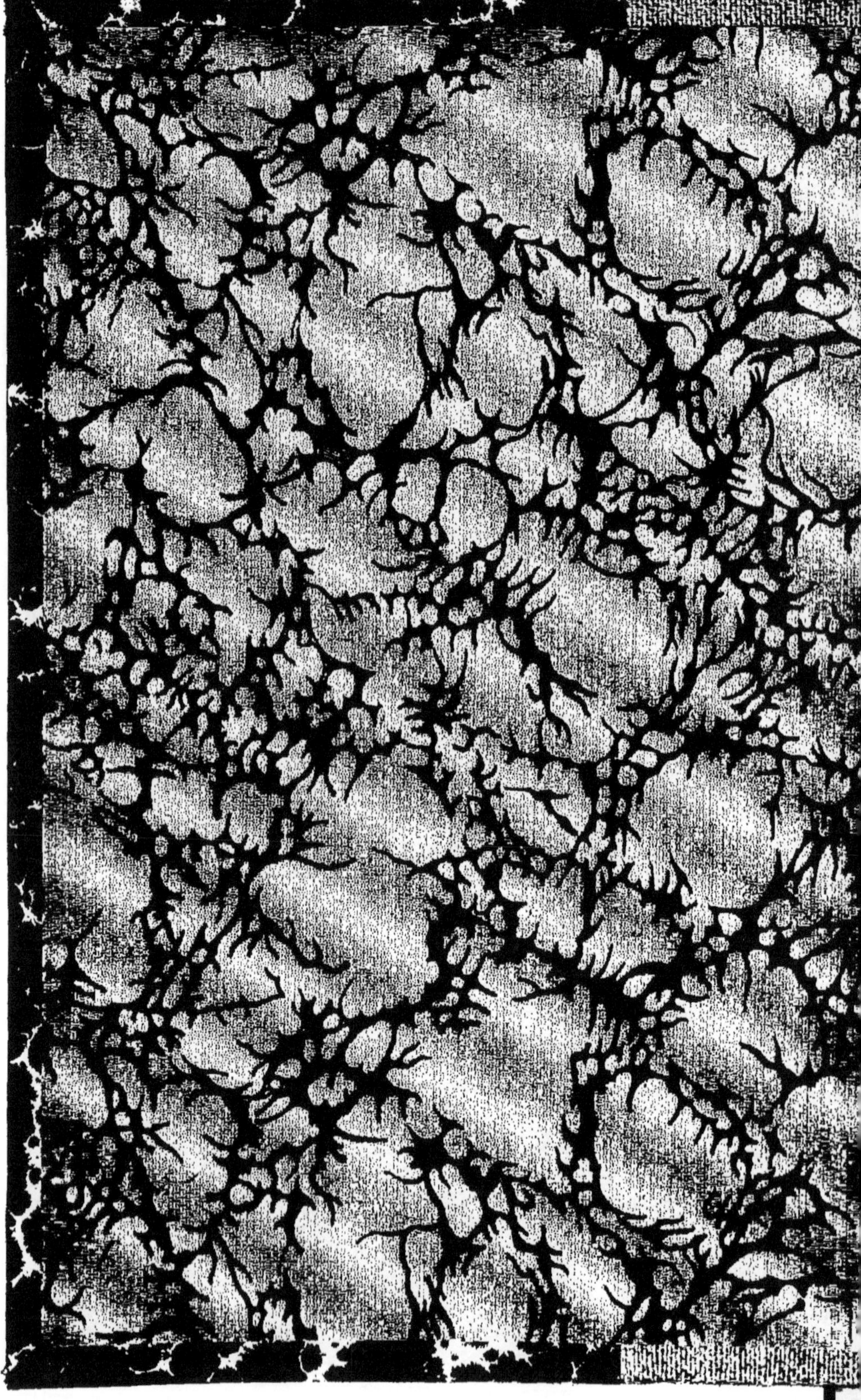

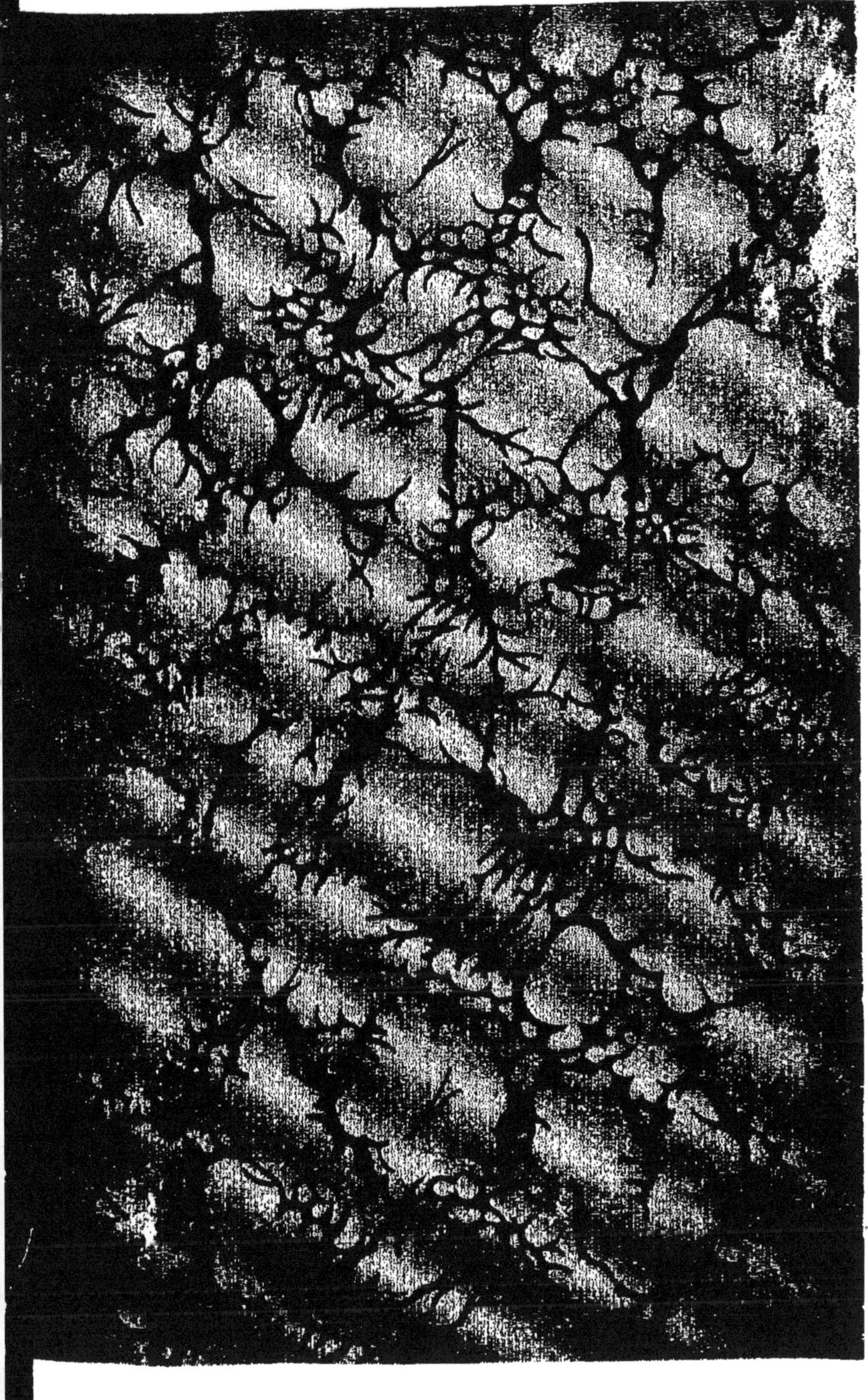

PRÉCIS ÉLÉMENTAIRE

DE

DROIT PUBLIC FRANÇAIS

A L'USAGE DES ÉTUDIANTS EN DROIT

PAR

MARCEL MOYE

PROFESSEUR A LA FACULTÉ DE DROIT DE L'UNIVERSITÉ DE MONTPELLIER

LIBRAIRIE
DE LA SOCIÉTÉ DU
RECUEIL SIREY
22, Rue Soufflot, PARIS 5e
L. LAROSE ET L. TENIN, DIRECTEURS

1910

PRÉCIS ÉLÉMENTAIRE

DE

DROIT PUBLIC FRANÇAIS

Y. CADORET, IMPRIMEUR, BORDEAUX.

PRÉCIS ÉLÉMENTAIRE

DE

DROIT PUBLIC FRANÇAIS

A L'USAGE DES ÉTUDIANTS EN DROIT

PAR

MARCEL MOYE

PROFESSEUR A LA FACULTÉ DE DROIT DE L'UNIVERSITÉ DE MONTPELLIER

LIBRAIRIE

DE LA SOCIÉTÉ DU

RECUEIL SIREY

22, Rue Soufflot, PARIS-5e

L. LAROSE ET L. TENIN, DIRECTEURS

1910

AVANT-PROPOS

Cet ouvrage est particulièrement destiné aux étudiants en droit qui suivent, en troisième année de licence, le cours de droit public. Toutefois les sujets traités, libertés publiques et droits individuels, sont de nature à intéresser quiconque désire connaître l'étendue de ses facultés de citoyen.

Le public universitaire, auquel nous nous adressons plus spécialement, trouvera dans ce petit Précis, nous l'espérons du moins, les notions suffisantes pour acquérir un aperçu d'ensemble du droit public français. A la vérité, le programme du cours étant laissé à la liberté des professeurs, il nous était impossible de faire rentrer dans notre cadre restreint tous les sujets traités par nos savants collègues. Mais nous nous sommes efforcé de commenter toutes les questions les plus généralement étudiées dans les Facultés, celles qui forment la base nécessaire du cours et dont la connaissance est indispensable pour suivre des recherches plus approfondies.

Ayant l'honneur d'appartenir au personnel enseignant des Facultés depuis plusieurs années, nous avons essayé de profiter de notre modeste expérience universitaire pour favoriser l'acquisition, par les étudiants, de notions aussi précises que possible, dépourvues de détails inutiles, mais suffisamment complètes pour ne pas laisser l'esprit dans un état néfaste de superficialité.

Nous tenons toutefois à déclarer que les travailleurs qui désireraient approfondir les points dont nous nous sommes occupé, ne devront pas hésiter à recourir à des Traités et Répertoires plus complets, mais nous nous flattons cependant que leur tâche sera facilitée par les exposés de principes qu'ils rencontreront dans ces pages.

Nous espérons ainsi avoir contribué, pour notre part modeste, aux études juridiques et développé le goût du droit parmi le public studieux dont le travail assidu est la meilleure récompense de nos efforts.

INTRODUCTION

Il n'est pas absolument aisé de donner une définition précise de ce qu'on entend par droit public, ou plus exactement les divers sens qu'on lui attribue proviennent de conceptions différentes. C'est ainsi qu'on entend parfois par droit public l'ensemble des principes fondamentaux applicables à la nature de l'Etat et à ses attributs. D'autres fois, la même expression, dans un sens moins élevé, signifie les règles générales d'administration d'un pays. D'autres fois enfin, le droit public comprend l'étude des relations de l'individu et de l'Etat, ou plus exactement l'étude du développement des facultés individuelles en face de la puissance collective.

C'est à cette dernière acception que nous nous rallions en cet ouvrage. Nous avons, en effet, complètement laissé de côté les théories générales sur l'Etat et son fondement, sujet déjà traité de façon magistrale [1]. Nous avons également cru devoir négliger les caractéristiques du régime administratif français, très complètement exposées dans les excellents traités de droit administratif de MM. Berthélemy, Hauriou, Moreau, etc., aussi bien que dans les ouvrages fondamentaux de droit constitutionnel de MM. Duguit, Esmein et autres.

[1] Duguit, *L'Etat et le Droit objectif*; Hauriou, *Principes de Droit public*.

Ce sont là des questions débattues depuis de longues années, lumineusement exposées par les savants collègues dont nous venons de rappeler les noms, et sur lesquelles nous ne pourrions que présenter des redites peu intéressantes.

Nous nous sommes donc limité à l'étude de ce que l'on appelle les droits individuels ou les libertés publiques, c'est-à-dire l'ensemble des institutions juridiques destinées à assurer autant que possible le libre épanouissement des facultés humaines. Ce n'est pas assurément que nous songions avoir découvert un terrain nouveau ni mis à jour un travail original. Nous n'hésitons pas, au contraire, à affirmer ouvertement que nous nous sommes largement inspiré des traités et ouvrages dont nous venons de mentionner les auteurs, et si nous n'avons pas fait de référence spéciale à chacun de nos emprunts, c'est que ceux-ci ont été si fréquents que nous préférons reconnaître d'emblée et en bloc tout ce que nous devons à autrui, invitant expressément le lecteur avide de s'instruire à recourir sans hésiter aux ouvrages auxquels nous venons de faire allusion.

Nous devons cependant à la vérité de reconnaître, sans fausse modestie, que nous nous sommes efforcé de sortir des bornes d'une copie stérile et que nous avons cherché à présenter une série d'études, aussi claires que possible et passablement complètes, des divers droits individuels que nous avons passés en revue. Laissant les théories et les principes abstraits à ceux mieux qualifiés que nous pour en parler, nous avons essayé, par contre, de donner une certaine ampleur au côté législatif et pratique des questions traitées, espérant par là n'avoir pas fait œuvre absolument inutile.

Il est en effet à remarquer que la majorité des citoyens français n'ont que la plus faible notion de l'étendue de leurs droits. Ceux-ci n'étaient guère étudiés dans les cours de droit constitutionnel et administratif, si ce n'est à titre incident et comme application de principes généraux. Mais les Facultés de Droit n'avaient aucun enseignement donnant des précisions essentielles sur le régime de la presse, la liberté d'association, le régime des cultes, etc.

Ce sont cependant là des questions du plus haut intérêt pratique et qui se mêlent à la vie de chaque jour. Leur étude impartiale et scientifique est d'autant plus nécessaire que les contingences politiques viennent obscurcir le côté juridique de la plupart de ces points. On est pour ou contre la liberté de la presse, partisan ou adversaire de la séparation des Eglises et de l'Etat, mais trop souvent sous l'impulsion de sentiments plus que de raisonnements et surtout sans se rendre compte de la réalité législative. Des protestations se font entendre, souvent injustifiées en fait, ou bien des éloges ont lieu, alors que la loi nécessiterait au contraire une réforme urgente.

Nous profitons de l'occasion pour déclarer personnellement que nous avons fait tous nos efforts pour nous abstraire nous-même des contingences dont nous venons de parler. Nous avons eu, en écrivant ce modeste ouvrage, la volonté continue et énergique de ne blesser aucune opinion et de nous borner à formuler des faits sur lesquels chacun pourrait ensuite disserter au mieux de ses idées propres. Assurément, nous avons à maintes reprises laissé apercevoir notre opinion personnelle, car nous estimons qu'il est des cas où l'auteur doit formuler une appréciation sous peine d'ôter toute vie à son exposé. Il va sans dire que cette appréciation n'a aucune valeur dogmatique et qu'elle ne tend nullement à s'imposer. C'est notre interprétation des faits, la perception des événements d'après notre conscience personnelle et rien de plus.

Les droits individuels, au moins en tant qu'ils se présentent avec l'appareil législatif qui en permet seul l'exégèse juridique, sont d'introduction relativement récente en France. Au point de vue théorique, le conflit entre l'individu et l'Etat et la limitation de leurs prérogatives réciproques se perdent dans les lointains de l'histoire des sociétés. Pour être plus précis, il est incontestable qu'il existait des rudiments de droits individuels sous l'ancien régime, mais on peut dire que leur consécration, leur prévision, leur mise en pratique, sont l'œuvre des hommes de la Révolution française.

Comme chacun le sait, un des premiers actes de la Révolution fut d'essayer de dresser une liste des libertés publiques, dans la déclaration des Droits de l'Homme de 1791, liste reprise, avec des modifications, par les Constitutions de 1793 et de l'an III. Mais les libertés proclamées n'étaient pas, pour la plupart, encore viables et les régimes politiques qui se succédèrent dans notre pays ne manquèrent de se prononcer fréquemment contre elles. On peut même dire que certains droits : la liberté de réunion, de presse, d'association notamment, n'ont été définitivement organisés que par des lois toutes récentes. Aussi avons-nous, chaque fois que cela était nécessaire, fait un court historique des vicissitudes politiques et législatives des questions dont nous entreprenions l'étude. Nous avons ensuite commenté les textes en vigueur, essayant d'en dégager les idées directrices et insistant autant que possible sur leur application pratique.

Comme nous le disions plus haut, les droits individuels sont souvent fort mal connus de leurs bénéficiaires. C'est là un fait dangereux : pour l'individu qui ne connaît pas l'étendue de sa pleine capacité juridique; pour l'Etat aussi qui tend à profiter de cette ignorance, pour augmenter ses tendances naturellement autoritaires. Nous avons essayé, et en cela notre ouvrage sort du cadre strictement didactique, de fournir à tout citoyen un abrégé des principes en jeu lorsqu'il veut assurer le complet épanouissement de ses facultés publiques.

Il n'est pas absolument aisé de tracer un tableau limitatif et précis des droits individuels. On peut se laisser guider par des données abstraites ou au contraire par une énumération législative. Nous avons cherché tout simplement à étudier les droits dont l'usage est, pour ainsi dire, constant dans nos sociétés modernes. C'est ainsi que nous avons commencé par une étude quelque peu approfondie du droit électoral, base et garantie primordiale de toute liberté. Cette étude est restée sur le terrain strictement positif et nous avons considéré comme relevant du droit constitutionnel proprement dit toute dissertation sur les modalités électorales, sur la représentation proportionnelle en particulier. Les libertés individuelle et du travail ayant été commentées, nous avons ensuite étudié deux libertés fondamentales et relatives à la protection de la pensée humaine, c'est-à-dire les libertés de la presse et de réunion. Puis nous sommes passé à l'examen de la liberté d'association avec le corollaire de la situation faite aux congrégations. De là, la transition était facile avec le principe de la liberté de conscience et l'étude de l'organisation des cultes, organisation en voie d'élaboration dont nous avons essayé de rendre la physionomie véritable. Il nous restait à présenter un aperçu des règles applicables à l'enseignement public et privé, aussi du régime des récentes lois d'assistance, lois qui ouvrent véritablement des droits nouveaux à une large catégorie de citoyens français. Enfin, quoique ne constituant pas des libertés, mais rentrant assurément dans le droit public, l'examen des lois régissant la santé publique et les principes schématiques de l'organisation coloniale nous ont paru pouvoir prendre place dans le cadre de ce livre.

Nous nous sommes montré très sobre de références bibliographiques et jurisprudentielles. Pour les premières, nous avons déjà indiqué les principaux traités auxquels nous devons le meilleur de notre travail et l'indication de monographies plus détaillées aurait été tout à fait en dehors du but tout élémentaire du présent ouvrage. Quant aux annotations de jurisprudence, nous les avons également réduites à la citation de quelques décisions particulièrement importantes, sachant bien que le public auquel nous nous adressons plus particulièrement ne consulte à peu près jamais les sources indiquées.

Sous le bénéfice de ces observations, nous espérons que ce petit livre sera utile aux étudiants désireux d'apprendre les rudiments du droit public français et peut-être aussi aux citoyens cherchant à se documenter sur l'ensemble de leurs libertés. Nous avons essayé de rester aussi clair que possible, n'usant que les termes techniques indispensables, mais supposant toutefois que nos lecteurs n'étaient pas ignorants du vocabulaire juridique général. Nous serons d'ailleurs reconnaissant de toute observation dont on nous permettra de bénéficier, désireux que nous sommes d'essayer de perfectionner sans cesse la diffusion des principes juridiques qu'il est de notre devoir de faire connaître.

PRÉCIS ÉLÉMENTAIRE

DE

DROIT PUBLIC FRANÇAIS

A L'USAGE DES ÉTUDIANTS EN DROIT

CHAPITRE PREMIER

LE DROIT DE SUFFRAGE

Les questions relatives au droit d'élection sont tellement complexes que nous devrions consacrer un volume complet à leur exposé même succinct. Nous nous limiterons essentiellement à l'exposé des règles fondamentales de la législation française actuelle, sans nous interdire cependant les considérations historiques et théoriques nécessaires pour la bonne compréhension des textes en vigueur.

L'idée d'élection suppose nécessairement, comme l'indique le mot, un choix ou plutôt une représentation due à la volonté des électeurs. Si les citoyens délibèrent et exécutent par eux-mêmes, il est inutile de recourir à une élection, mais celle-ci apparaît dès que le gouvernement direct n'est pas pratiqué, pour quelque motif que ce soit.

L'élection met en jeu des facteurs psychologiques assez complexes. Elle suppose tout d'abord la possibilité d'une volonté collective chez un groupe d'individus. Sans ce concours d'idées communes, nulle désignation globale n'est possible et on a une poussière de décisions individuelles.

L'élection repose en second lieu sur la possibilité de transmettre l'exercice de la volonté collective à un ou plusieurs représentants. Sans doute, le mandat ainsi donné pourra être plus ou moins précis et flotter de l'indécision au commandement le plus impératif, mais il est de l'essence de l'élection que l'élu puisse être considéré comme agissant au nom de l'électeur.

En troisième lieu, l'élection requiert la croyance à la doctrine majoritaire, c'est-à-dire au postulat que la majorité ou un groupe ayant une plus grande puissance a le droit de faire prévaloir sa volonté sur celle du groupe le moins fort. Il est bien entendu que le mot puissance n'est pas nécessairement synonyme du mot nombre et que la majorité électorale n'est pas obligatoirement égale à la majorité arithmétique. Mais l'idée fondamentale n'en est pas moins le pouvoir juridique pour la majorité légale de conférer seule le mandat dont nous avons parlé.

C'est là, au point de vue philosophique, le principal sujet de discussion au regard du concept d'élection : la plus grande puissance n'est que l'expression d'un pouvoir de coercition supérieur et nullement la preuve de la possession de la vérité. Au fond des choses, les hommes, pour intelligents qu'ils se prétendent être, se laissent gouverner par les mêmes lois applicables au monde inorganique. Soumis à un ensemble de forces de directions et d'intensités différentes, ils obéissent à une composante orientée dans le sens de la force la plus effective. L'élection n'est donc que le procédé pratique de détermination de cette composante.

Les systèmes électoraux peuvent être envisagés, à un point de vue quelque peu différent, comme une forme moderne des luttes sociales. L'homme, comme tout être vivant (et probablement aussi la matière dite inanimée), est soumis à une loi générale de lutte qui est la base même de la vie. Ainsi que le dit la sagesse vulgaire, il faut travailler pour vivre et nous ajouterons, il faut lutter pour défendre ses intérêts et faire prévaloir ses idées contre les doctrines contraires. L'homme, appelé par son organisation physique et son hérédité, à vivre en société, est obligé de s'adonner à une forme particulière de luttes sociales : la défense des intérêts collectifs nécessaires à l'épanouissement de ses facultés individuelles. Entre Etats, cette lutte prend la forme de conflits plus ou moins violents. Entre citoyens d'un même Etat, elle peut également revêtir la forme brutale et la revêt dans les sociétés inférieures. Dans les organisations plus élevées, au contraire, les conflits s'intellectualisent, prennent l'aspect de chocs d'idées et on se borne à des affirmations de volontés avec soumission d'avance à la volonté déclarée la plus puissante. Suivant la phrase traditionnelle, le bulletin de vote remplace la guerre civile. C'est ce qui explique que les élections ne se rencontrent que dans les sociétés suffisamment policées et à l'époque de leur plein épanouissement. Dès que l'ensemble des citoyens abandonnent la lutte électorale, l'ère des violences réapparaît, quelque paradoxale que puisse paraître la chose. Aux élections qui supposent une certaine discipline mentale, de commander et d'obéir, se substituent des gouvernements d'autorité, à moins que ce ne soient des guerres civiles, deux aspects contraires d'un même fait : la dissolution de la volonté ou souveraineté nationale.

Théorie du droit de suffrage. — Le côté essentiel de l'élection est le droit de vote ou de suffrage, c'est-à-dire la capacité d'émettre une opinion sanctionnée par la loi dans ses effets. Comme nous venons de le dire, le droit de suffrage est la mise en œuvre de la doctrine moderne de la souveraineté nationale, autrement dit du principe qui remet aux collectivités le soin de décider de leurs intérêts et de leurs destinées. Mais si le principe lui-même n'est plus guère discuté (son étude relève d'ailleurs du droit constitutionnel), il n'en est pas de même de la façon dont le droit de suffrage doit être organisé pour assurer la meilleure mise en œuvre de la souveraineté nationale. Sans entrer dans le détail des controverses, il est indispensable de présenter ici les grandes lignes des deux théories fondamentales, dont les applications se trouvent au surplus dans les textes positifs.

Le droit de suffrage peut être un *droit* (dans le sens absolu du mot), inhérent à la personne même du citoyen, il peut être au contraire une *fonction*, attribuable seulement à ceux jugés capables de l'exercer. Telles sont les deux doctrines rivales dont nous allons résumer les arguments et les conséquences.

A première vue, il paraît séduisant à l'esprit logique de donner le caractère absolu au droit de suffrage. C'est, dit-on, l'expression de la souveraineté nationale; or celle-ci réside par définition dans l'ensemble des citoyens sans exception, tous et chacun en détiennent une portion et exclure un seul individu du droit de vote (sauf impossibilité matérielle pour les enfants et les aliénés), revient à nier la souveraineté du peuple et à transformer une démocratie en aristocratie. Chaque membre de la société a, dans la direction des affaires publiques, un droit aussi essentiel que sa propre existence et il est donc absolument arbitraire de lui en retirer la moindre portion.

De nombreuses conséquences pratiques découlent de cette théorie et les hommes politiques ont souvent réclamé l'application de quelques-unes d'entre elles.

En premier lieu, le droit de vote doit appartenir à tous ; hommes et femmes et cela dès que l'âge permet le discernement. Il est en effet absolument exact de penser que la souveraineté nationale appartient à tous les membres de la nation, sans distinction de sexe.

Aucun obstacle ne doit, en second lieu, être opposé par la loi à l'exercice du droit de suffrage. Il n'y a pas de bons ou de mauvais électeurs, il n'y a que des citoyens. Par conséquent, les condamnations judiciaires, certains emplois publics, ne peuvent être des causes d'incapacité électorale, non plus que l'absence d'un domicile certain.

Par contre, on est conduit à penser, dans le système que nous exposons brièvement, que l'électeur est libre de voter ou non, l'abstention n'étant que le non-usage d'un droit personnel.

Les constitutionnalistes rejettent presque unanimement la théorie du suffrage droit individuel. Ce n'est pas à raison de ses conséquences, mais pour le motif rationnel que la souveraineté nationale est une volonté collective, une conception associationiste dans laquelle le droit de décision appartient au groupe social entier et ne peut pas être fractionné en parcelles au profit de ses éléments.

En termes moins abstraits, de même que dans une société commerciale le fonds social appartient à la société elle-même et non pour fractions à chacun des associés; de même le droit de suffrage appartient à la collectivité, mais celle-ci a le pouvoir juridique de décider quels seront ceux qui l'exerceront dans l'intérêt de tous.

On arrive ainsi à la seconde théorie qui fait du droit de vote une fonction sociale. Il s'ensuit immédiatement que cette fonction ne devra être exercée que par ceux qui en seront capables et, en poussant plus loin l'argument, par ceux-là seuls qui seront les meilleurs. On arrive ainsi facilement au vote indirect, au vote plural et surtout au vote censitaire. De même on légitime sans peine l'exclusion des condamnés, des personnes soumises au service militaire, des individus de résidence incertaine. On essaie encore de justifier l'exclusion des femmes du droit de vote, en décidant qu'elles sont en bloc inaptes à la direction des affaires publiques.

Nous ne souscrivons pas, pour notre compte personnel, à toutes ces déductions. A tout prendre, nous estimons que les deux théories exposées sont fausses dans leurs caractères exclusifs. Nous croyons que tout membre d'une société possède, du seul fait de son existence, une vocation à l'émission de sa volonté sociale par l'emploi du droit de suffrage, mais nous ne croyons pas que, par respect de la logique, il faille attribuer à chacun l'exercice de ce droit sans certaines précautions d'ordre général. Ces précautions sont d'ailleurs variables suivant les temps et les pays et il n'y a rien d'incompatible avec les lois de la souveraineté nationale que les électeurs soient différents d'une contrée à l'autre. Il va sans dire que, sous prétexte de précautions, il ne faut pas tellement restreindre le droit de suffrage que cela équivaudrait à sa disparition ou à sa remise à un petit groupe d'individus.

De la jouissance du droit de suffrage. — On distingue traditionnellement entre la jouissance et l'exercice du droit de vote. La jouissance est l'ensemble des conditions requises pour avoir l'aptitude juridique à être électeur, l'exercice est la mise en pratique de ce droit et peut être subordonné à certaines formalités.

Nous nous occuperons tout d'abord de la jouissance du droit électoral. Le principe fondamental de la législation française est, comme on le sait, le suffrage universel, c'est-à-dire que tout citoyen est électeur, sans condition de cens.

Nous ne reviendrons pas sur le cens électoral, lequel, bien que longtemps pratiqué en France et encore usité dans divers Etats, en Prusse par exemple, ne paraît pas de nature à s'implanter à nouveau dans nos lois. Par contre, nous appellerons l'attention sur deux points : l'exclusion des femmes de la jouissance du droit de vote et la non-exclusion des illettrés.

Nous n'avons pas l'intention d'étudier la très complexe question du suffrage féminin. Sans parler des contingences politiques qui n'ont que faire dans le débat, le vote des femmes entraîne des répercussions d'ordre économique et social dont il est impossible de nier l'importance.

Toutefois nous n'hésitons pas à déclarer que les arguments opposés à l'extension du droit de vote à la moitié féminine de la population française sont largement contrebalancés par des arguments contraires et s'inspirent plus ou moins sciemment de la doctrine romaine de la supériorité de l'homme sur la femme. Les pays anglo-saxons et scandinaves ont une tendance vers l'orientation contraire, mais en France, nous reconnaissons que la question préoccupe peu l'opinion publique.

Il en est de même du droit de vote conféré aux illettrés. Sans vouloir soutenir que l'instruction est nécessairement une preuve de sagesse sociale et tout en admettant que certains illettrés soient plus intelligents que bien des demi-savants, nous estimons que ce ne serait pas trop exiger que de réclamer des électeurs les rudiments (lire, écrire), sans lesquels l'homme est un anachronisme dans les sociétés modernes. Cela serait d'ailleurs en harmonie parfaite avec le principe de l'obligation de l'enseignement primaire et de nature à éviter l'absentéisme scolaire. Nombre de législations ont une exigence de ce genre et cela se comprend facilement par les inconvénients pratiques auxquels l'illettré est exposé au moment du scrutin. Nous croyons qu'une réforme serait utile sur ce point, malgré l'indifférence de l'opinion publique.

Quoi qu'il en soit, pour revenir sur le terrain pratique, quatre conditions sont nécessaires et suffisantes pour avoir la jouissance du droit électoral : être du sexe masculin, être Français, être âgé de vingt-un ans et jouir de ses droits civils et politiques.

Nous ne développerons pas les trois premières conditions. La première se comprend d'elle-même, la seconde met en jeu les lois sur la nationalité et la qualité de Français. Quant à la troisième, nous nous bornerons à signaler que la production de l'acte de naissance n'est pas indispensable, si un titre équivalent le remplace. Par contre, la jouissance des droits civils et politiques demande des explications plus détaillées. Avant de les donner, nous devons signaler que la législation fondamentale en la matière est le décret organique du 2 février 1852, décret-loi qu'il ne faut pas confondre avec le décret simple réglementaire portant malencontreusement la même date du 2 février 1852.

Incapacités et privations du droit de suffrage. — En vertu du principe que le droit de suffrage peut être retiré aux individus supposés indignes d'exercer cette fonction sociale, la législation a consacré la règle que certaines condamnations entraînent la privation du droit de vote. A un autre point de vue, cette privation peut être considérée comme une peine accessoire.

D'après le droit commun, la capacité est la règle normale, il faudra donc un texte précis pour entraîner la perte du droit électoral et les cas édictés seront limitatifs.

Quelques règles d'ensemble s'imposent tout d'abord, d'ailleurs de simples applications des principes généraux.

Les incapacités ne peuvent provenir que de condamnations définitives, ce qui s'admet sans peine, et de condamnations prononcées par des tribunaux français, ce qui est plus discutable, car cela permet à un Français gravement frappé par la justice étrangère, de conserver son droit de vote malgré la probabilité d'indignité qui l'atteint.

Par contre, il n'y a pas lieu de distinguer suivant la nature des tribunaux français, les condamnations émanées de juridictions d'exception (Conseils de guerre par exemple) entraînent l'incapacité électorale.

L'incapacité s'applique également à quelque titre que soit intervenue la condamnation; peu importe que l'inculpé ait été frappé en état de minorité ou à titre de complice, ou pour tentative d'infraction.

Les incapacités peuvent être temporaires ou permanentes dans tous les cas. Dans tous les cas, l'amnistie et la réhabilitation les font disparaître, tandis que la grâce et la prescription de la peine ne les atteignent pas. En cas de condamnation avec sursis, l'incapacité subsiste pendant le délai d'épreuve. Celui-ci écoulé sans nouvelle condamnation, la première est réputée non avenue et l'incapacité accessoire disparaît nécessairement.

Enfin la présomption générale est que les citoyens ne sont pas frappés d'incapacités électorales. Les électeurs n'ont donc pas à produire leur casier judiciaire, mais c'est à l'autorité administrative à se concerter avec l'autorité judiciaire pour écarter les citoyens indignes. En fait, un casier judiciaire spécial indique dans chaque sous-préfecture les condamnations comportant perte du droit de vote pour les individus nés dans l'arrondissement.

Toutes les condamnations criminelles entraînent déchéance de la capacité électorale, même prononcées pour crime politique. C'est d'ailleurs une des conséquences de la dégradation civique, peine complémentaire en matière criminelle. La déchéance est encourue également, si la peine prononcée est simplement l'emprisonnement, par le jeu des circonstances atténuantes. De plus elle est perpétuelle.

La question n'est pas aussi simple lorsqu'il s'agit de condamnations correctionnelles. Le principe est que la déchéance n'est encourue que pour certains délits et pour des peines d'une certaine gravité. La liste en est donnée par l'article 15 du décret organique du 2 février 1852, mais divers textes l'ont modifiée en sens différents. Nous nous bornerons donc à des exemples.

Le droit de vote peut d'abord être formellement retiré aux condamnés correctionnels par application de l'article 42 du Code pénal.

Il est perdu de droit pour tout individu condamné à l'emprisonnement pour délits contre les mœurs ou contre la fortune d'autrui (vol, abus de confiance, escroquerie), ainsi que pour les condamnés pour vagabondage et mendicité. Dans d'autres cas (fraudes et délits électoraux), il faut une condamnation à au moins trois mois de prison. L'incapacité est d'ailleurs perpétuelle dans tous les cas ci-dessus.

Il existe une incapacité temporaire, de cinq ans à partir de l'expiration de la peine, à l'égard de certains condamnés correctionnels, en cas par exemple de rébellion ou violences contre les dépositaires de l'autorité publique (décr. org. de 1852, art. 16) et dans quelques autres hypothèses.

Les condamnations pour contraventions de simple police n'ont aucune influence sur le droit de vote.

A côté des condamnations pénales, il est d'autres décisions judiciaires entraînant l'incapacité d'être électeur. La plus fréquente est la déclaration de faillite (décr. org. de 1852, art. 15), mais l'incapacité ne dure pas plus que les conséquences de la faillite, déclarées temporaires d'après les principes de la loi du 23 mars 1908.

La liquidation judiciaire laisse intacte la capacité électorale.

L'interdiction judiciaire entraîne la déchéance (décr. org. de 1852, art. 15), bien qu'il n'y a là, au fond, qu'une simple impossibilité d'exercice du droit électoral. C'est cette dernière solution qui prévaut pour les individus non interdits, mais enfermés dans les asiles publics d'aliénés. Il est à noter que les personnes pourvues d'un conseil judiciaire, bien que légalement incapables de gérer leurs propres affaires, ont la pleine capacité électorale. Elles sont toutefois inéligibles pour les élections aux conseils généraux et municipaux.

Enfin, les destitutions d'officiers ministériels, prononcées par les tribunaux, peuvent contenir une disposition spéciale édictant leur déchéance perpétuelle du droit de voter.

Comme on le voit, la privation de la jouissance du droit électoral repose sur des idées très simples et des faits facilement contrôlables. En pratique, les difficultés sont d'ordinaire de pur fait et d'importance peu considérable.

Electorat aux colonies. — La jouissance du droit de vote appartient d'abord, aux colonies, aux Français de la métropole ou de la colonie, sous les mêmes conditions que sur le sol continental. Dans les colonies de la Martinique, Guadeloupe, Réunion et Inde française, tous les habitants, même de race indigène, sont considérés comme citoyens français et votent par conséquent sans entrave. Dans d'autres colonies, au contraire, comme la Cochinchine, la Guyane, le Sénégal, les indigènes n'ont pas le droit électoral, sauf pour certains d'entre eux ou pour des élections locales. *A fortiori*, il en est de même dans les pays de protectorat, où les principes électoraux de la France n'ont pas d'application. Enfin, certaines colonies, comme Madagascar, n'ont pas l'occasion de procéder à des élections.

A l'égard de l'Algérie, le régime est particulièrement compliqué. Tout Français est électeur, mais, pour l'électorat aux délégations financières, il faut la majorité de vingt-cinq ans et douze ans de naturalisation éventuelle. Sont, en outre, considérés comme Français les israélites descendants de familles établies en Algérie au temps de la conquête (décr. des 24 octobre 1870 et 7 octobre 1871). A l'égard des indigènes, la règle est qu'ils ne sont pas électeurs, sauf pour les conseils locaux et encore à des conditions très restrictives. Il est toutefois bon de faire remarquer qu'au total, la législation française est encore la plus libérale à l'égard du vote des races indigènes coloniales, le droit anglais, par exemple, ne reconnaissant même pas aux colonies le droit de représentation au Parlement britannique.

Telles sont les bases essentielles de la jouissance de la capacité électorale que nous résumerons d'un mot en la concédant à tout Français majeur non exclu par une condamnation déterminée. Mais l'aptitude à voter ne suffit pas pour permettre l'usage pratique du bulletin de vote, bien que certaines personnes s'y trompent et soient fort surprises de se voir refuser l'accès des urnes. Il faut remplir certaines conditions pour avoir l'exercice de fait du pouvoir électoral, conditions de grand intérêt usuel et que nous allons maintenant examiner.

CHAPITRE II

LA LISTE ÉLECTORALE

On concevrait que la jouissance du droit électoral donnât immédiatement le droit de vote et qu'aucune formalité supplémentaire ne fût imposée aux électeurs. Il suffirait, et cela a été proposé au Parlement, que les citoyens non incapables reçussent une carte ou un livret d'identité sur le vu duquel ils pourraient exercer leurs fonctions électorales en quelque lieu qu'ils se trouvassent.

Ce système, pour logique qu'il soit, prêterait facilement aux plus grands abus, dont le moindre serait de permettre, dans les élections partielles, la formation d'un corps d'électeurs ambulants à la disposition des candidats. De plus, le livret pourrait passer assez facilement en des mains tierces et le contrôle de l'identité serait superficiel ou trop compliqué.

Le système usité s'inspire d'idées tout opposées. L'électeur ne peut voter qu'après contrôle de sa capacité et contrôle soumis à une révision annuelle. De plus, le vote ne peut s'exercer que dans une localité déterminée, au moins en principe, et toute une série de mesures sont prises pour éviter les fraudes et n'admettre aux urnes que les citoyens réellement capables. La préparation de l'élection est une opération administrative fort complexe.

Principe de la liste électorale. — La notion essentielle du droit public français est que les électeurs, pour être admis à voter, doivent être inscrits sur une liste alphabétique tenue dans chaque commune. Nul, sauf des exceptions très rares, ne peut exercer son droit de suffrage s'il n'est au préalable inscrit sur la liste. Par contre, même inscrits, certains électeurs se voient refuser l'accès des urnes, pour des motifs d'utilité pratiques plus que juridiques. Nous pouvons donc poser ce principe que l'exercice du droit électoral est subordonné à l'inscription sur la liste électorale.

La liste électorale est communale, unique, permanente et révisable. Etudions brièvement ces divers points.

La commune est la circonscription élémentaire du territoire français et également la base des opérations électorales. Cela va de soi lorsqu'il s'agit d'élections au conseil municipal, mais la règle s'étend aux élections départementales et à la Chambre des députés, à toutes celles, en un mot, qui relèvent du suffrage universel.

C'est à la mairie que les électeurs apportent leurs bulletins de vote. C'est le bureau électoral de chaque commune qui calcule les résultats locaux en vue du total général. C'est enfin l'autorité communale qui est chargée de la confection, de la garde et de la révision de la liste électorale. Des raisons de simplification administrative, la plus grande facilité du contrôle, la nécessité d'avoir la liste des électeurs de la commune pour les élections municipales, tout cela justifie pleinement l'organisation en vigueur.

La liste électorale doit embrasser tous les électeurs ayant droit de vote dans la commune et ceux-là seulement. Comme nous le verrons, il peut arriver qu'un même citoyen ait droit à être inscrit dans plusieurs communes. Les maires n'ont pas à tenir compte des circonstances de ce genre, les conditions requises pour l'inscription devant être appréciées dans chaque commune isolément.

En second lieu, la liste est unique. Cela veut dire que la même liste sert pour toutes les élections. Pour être plus précis, cela ne s'applique qu'aux élections à la Chambre des députés et aux conseils généraux d'arrondissement et municipaux. Il y a au contraire des listes spéciales pour les autres élections, même à base très large, comme celles aux tribunaux de commerce et aux conseils des prud'hommes.

L'unité de la liste électorale n'a pas toujours existé. Pendant plusieurs années, de 1871 à 1884, on distinguait entre la liste politique et la liste municipale. La différence était que pour être inscrit sur la première, il suffisait de six mois de résidence dans la commune, tandis que l'inscription à la seconde requérait un domicile beaucoup plus prolongé, normalement de deux ans. La liste dite politique servait uniquement pour les élections à la Chambre des députés; la seconde s'appliquait à la désignation des conseils départementaux et communaux, pour lesquels on estimait, non sans logique, qu'il fallait à l'électeur quelque connaissance des intérêts locaux.

En fait, il n'y avait entre les deux listes que des différences peu importantes, quelques centaines de mille d'électeurs sur l'ensemble du territoire. Aussi, dans un but de simplification, la loi du 5 avril 1884 a-t-elle décidé qu'une seule liste servirait pour toutes les élections, comme nous le disions plus haut.

La liste électorale est, en troisième lieu, permanente. On entend par permanence le fait que la liste reste toujours déposée au secrétariat de la mairie et qu'elle sert pour toutes les élections qui se présentent, sauf des modifications peu importantes. Il serait évidemment plus régulier de dresser une liste nouvelle pour chaque opération électorale, mais il en résulterait des complications et des fraudes hors de proportion avec le but à atteindre.

La permanence de la liste entraîne certainement sa révision périodique, sinon elle s'encombrerait de décédés et d'incapables et surtout elle serait fermée aux nouvelles générations d'électeurs. La loi a posé le principe d'une révision annuelle pendant les trois premiers mois de l'année et la règle de la clôture de la liste électorale au 31 mars. Après cette date, il ne peut y être apporté de modifications que pour la constatation de faits matériels (décès et condamnations) ou pour exécution des arrêts de justice ordonnant une inscription. La permanence peut donc plutôt être définie comme étant la révision de la liste à une seule et même époque de l'année et jamais à un autre moment, même en faveur des électeurs remplissant les conditions requises.

Inscription sur la liste électorale. — Voici les principes généraux.

La liste électorale doit comprendre tous les citoyens jouissant de la capacité électorale et remplissant en outre certaines conditions permettant d'assurer leur identité et quelque connaissance des intérêts locaux. La capacité électorale ayant été antérieurement traitée, il reste à établir les conditions complémentaires. Le texte fondamental est l'article 14 de la loi municipale du 5 avril 1884. Les principes sont les suivants : Sont inscrits les électeurs : 1° ayant leur domicile dans la commune ; 2° ou y possédant une résidence de six mois ; 3° ou inscrits au rôle des quatre contributions directes ; 4° ou étant Alsaciens-Lorrains ayant opté en France ; 5° ou étant fonctionnaires publics astreints à la résidence obligatoire. Nous donnerons quelques explications sur ces différents points.

1°

L'importance du domicile se comprend sans difficulté. Comme le dit le Code civil (art. 102), c'est le lieu du principal établissement, c'est-à-dire celui où les intérêts du citoyen sont les plus importants. Il est donc normal que l'électeur y exerce le droit de vote. Cependant, le décret de 1852 ne visait pas le domicile légal et ne s'occupait que de la résidence effective. Il faut, en effet, observer que le domicile ne se confond ni avec l'habitation, ni avec la résidence et que l'électeur pourra ainsi voter dans une commune où il n'habite pas matériellement.

Il ne s'agit, aux termes de la loi électorale, que du domicile réel, celui élu étant sans influence. Sa détermination, ses changements, sa perte, doivent s'apprécier d'après les règles du droit civil, auxquelles nous renvoyons. Mais il est essentiel de remarquer que le domicile donne droit à l'inscription sur la liste électorale sans aucune condition de durée, à la différence de la résidence. Ainsi, pour prendre un exemple très net, la personne majeure domestique chez autrui, peut réclamer son inscription sur la liste de la commune de son maître, par application de l'article 109 du Code civil qui lui assigne le même domicile qu'au patron et cela n'eût-elle commencé son service que le jour même de la demande.

En second lieu, et c'est l'espèce la plus fréquente, on doit porter sur les listes tous les électeurs ayant six mois de résidence dans la commune.

La résidence est ici un pur fait de présence matérielle sur le territoire communal, indépendamment du domicile légal. Cette résidence doit être continue, effective et habituelle et, d'après la jurisprudence, être caractérisée par une maison d'habitation fixe. Mais des absences temporaires ne suppriment pas la résidence. En cas de difficultés, les tribunaux apprécieront. La résidence se prouve d'ailleurs par tous moyens, notamment par les quittances de loyer ou des attestations de témoins.

Dans la majorité des cas, la population vivant à l'état stable, aucune contestation ne sera possible. Il convient de noter que, de même que pour le domicile, la condition de six mois de résidence doit être appréciée d'office par les autorités administratives et qu'il n'y a pas lieu d'attendre une demande formelle de l'électeur.

Il en est différemment lorsque l'inscription électorale est basée sur le paiement de certaines contributions. Il faut, au contraire, une manifestation de volonté de la part de l'électeur. L'idée en jeu est que le citoyen payant des impôts dans une commune a un intérêt très net à la bonne gestion des affaires publiques et communales en particulier, abstraction faite de toute résidence ou du domicile.

Toutefois, comme cet intérêt peut être faible et ne pas valoir l'exercice du droit de vote dans une commune déterminée, on exige du citoyen qu'il requière son inscription.

Pour remplir les conditions légales, il faut être inscrit aux rôles d'une des quatre contributions directes (foncière, personnelle-mobilière, portes et fenêtres et patentes). On y assimile les prestations en nature pour l'entretien des chemins vicinaux. Dès que l'inscription au rôle existe, la liste électorale est ouverte au contribuable, sans avoir à s'occuper du chiffre d'impôts réellement payé.

En matière de prestations en nature, il y a une complication. On accorde le droit à l'inscription électorale aux membres de la famille dont le chef est inscrit au rôle des prestations, alors même qu'ils ne sont pas nominativement portés au rôle ou qu'ils sont par leur âge dispensés des prestations. Mais il ne faut pas généraliser l'exception, et le fait qu'une personne pourrait être appelée à payer des contributions directes dans une commune, si elle ne le fait pas, ne lui donne aucune ouverture à l'inscription sur la liste.

En quatrième lieu, on doit inscrire, sans condition de temps ou de résidence, les Alsaciens-Lorrains ayant opté pour la nationalité française, à condition qu'ils fassent une déclaration à la mairie, indiquant leur volonté de fixer leur domicile dans la commune et celle d'y exercer leurs droits électoraux (loi du 7 juillet 1874, art. 5).

Nous ne nous étendrons pas sur cette règle, d'une application de moins en moins fréquente, sinon même disparue en fait, d'autant plus que le privilège ne peut s'appliquer qu'une seule fois, immédiatement après l'option.

Plus intéressante est la disposition dispensant de toute durée de résidence les personnes assujetties à une résidence obligatoire dans la commune en qualité de fonctionnaires publics. Les textes y assimilaient les ministres des cultes reconnus, disposition abrogée par la séparation des Eglises et de l'Etat.

La disposition dont s'agit se justifie aisément. D'une part, certains fonctionnaires peuvent être appelés à changer fréquemment de résidence sur l'ordre de leurs supérieurs et ils n'auraient pu acquérir nulle part une résidence assez prolongée pour être inscrits sur la liste électorale. D'autre part, dès que les fonctionnaires sont astreints à habiter une commune déterminée, leur identité n'est pas contestable et ils prennent un suffisant contact avec les intérêts locaux pour pouvoir pleinement remplir leurs droits de vote. Dans beaucoup d'hypothèses au surplus, la fonction publique entraînera domicile dans la commune et on rentrera dans la règle normale.

Nous n'avons pas ici à étudier la très importante jurisprudence qui a défini l'expression de fonctionnaire public au sens de la loi électorale. La Cour de cassation y voit l'expression d'un service permanent d'utilité publique, salarié ou gratuit, et sans qu'il s'agisse nécessairement de fonctionnaires administratifs proprement dits. Ainsi rentrent dans la catégorie qui nous occupe les agents des départements et des communes, également les agents assermentés des compagnies de chemins de fer, également encore les officiers ministériels, bien que pour ces catégories, l'action de l'Etat soit très faible, sinon nulle. La jurisprudence est très large en ces matières.

Telles sont les personnes qui doivent être portées sur les listes électorales, mais nous devons compléter ces explications par deux observations d'ordre général.

Tout d'abord, le temps passé sous les drapeaux, même par engagement volontaire, n'implique pas absence de la commune au point de vue électoral. Le soldat ou le marin en activité de service est censé continuer à résider dans sa commune d'origine et par contre, il est présumé ne pas habiter la ville où il est en garnison ou en dépôt. Le motif est que dans la majorité des cas, le militaire libéré revient à son pays d'origine et si on lui appliquait les règles de l'interruption de résidence, tous les soldats libérés devraient acquérir à nouveau le temps prescrit pour l'inscription.

La seconde observation est que l'inscription doit être faite, bien entendu, lorsque les conditions requises sont remplies, lors de la révision des listes électorales; mais de plus, elle doit avoir lieu si l'électeur les remplit avant la clôture de la révision fixée, comme nous le verrons, au 31 mars de chaque année.

Il arrive que certaines personnes puissent avoir des attaches légales dans plusieurs communes simultanément. Dans ce cas, il peut y avoir lieu à inscriptions multiples : celles-ci ne sont pas formellement prohibées, mais des mesures sont prises pour qu'un seul électeur ne vote pas plusieurs fois. Ainsi, c'est un délit de *réclamer* une inscription sans avoir provoqué la radiation d'une inscription dans une commune différente (décr. org. du 2 fév. 1852, art. 31). Donc, c'est seulement l'inscription d'*office* multiple qui est licite. Dans tous les cas, on ne doit pas voter dans des communes différentes pour des élections de même nature et dans la même année (décr. org. de 1852, art. 34).

Mais on peut voter pour des élections différentes, la sanction pénale étant limitée par le texte.

A notre avis personnel, nous estimons que l'inscription multiple devrait être interdite, elle favorise l'emploi d'électeurs dits forains, dont la base électorale est généralement le paiement d'une contribution directe nominale et dont l'arrivée, au jour de scrutin, renverse la balance électorale et lèse gravement les intérêts des habitants résidant dans la commune.

Révision des listes électorales. — Il pourrait paraître logique de parler d'abord de la confection de ces listes, mais cela n'a plus actuellement d'intérêt pratique. Le seul cas qui puisse se présenter est celui de la formation d'une commune nouvelle. Dans cette hypothèse, la commune est nécessairement constituée aux dépens d'une circonscription antérieure. Il suffit, dès lors, de prendre la liste déjà existante et d'opérer la répartition des électeurs entre les deux communes.

La liste électorale est dressée dans chaque commune par ordre alphabétique, elle doit être rédigée sur des registres (loi du 7 juillet 1874, art. 4) et communiquée toute l'année à tout requérant. Dans l'usage, l'emploi de fiches complétant les registres est commode pour les remaniements qui peuvent être apportés. Une copie de la liste électorale est, en outre, déposée à la préfecture, également à la disposition du public (décr. régl. de 1852, art. 3).

Pour les élections, on fait des copies de la liste communale sur des cahiers qui servent aux émargements.

La liste est une pièce administrative du plus haut intérêt. Non seulement, elle donne seule le droit d'exercer le droit de suffrage, mais encore le nombre total des inscrits qui y sont portés, joue un rôle important. En effet, au premier tour de scrutin, il est de règle que nul candidat ne peut être proclamé élu, fût-il sans concurrent, s'il n'a obtenu au moins le quart des électeurs inscrits. Il est donc important d'assurer la régularité de la liste.

Comme nous l'avons antérieurement précisé, la liste électorale, pour permanente qu'elle soit, est soumise à une révision annuelle que nous allons maintenant étudier. En voici tout d'abord les grandes lignes brièvement esquissées.

Une commission administrative procède au début de chaque année à la rectification d'office de la liste électorale, inscrivant les nouveaux électeurs et radiant les personnes qui ne doivent plus y figurer. Son travail est alors rendu public et tout intéressé peut formuler ses réclamations.

Celles-ci sont alors soumises à un contentieux particulier : en premier ressort, à un tribunal spécial appelé la commission municipale; en appel, devant le juge de paix; en cassation, devant la chambre civile de la Cour de cassation. L'autorité administrative est également armée d'un droit de contrôle et c'est après le jugement de tous les incidents et réclamations que la liste électorale est définitivement arrêtée au 31 mars pour la durée d'une année.

Nous allons maintenant donner quelques détails sur les points les plus saillants de cette procédure, rappelant que ces questions donnent lieu à une énorme jurisprudence pour laquelle nous renvoyons aux répertoires et recueils spéciaux.

Des fonctions de la commission administrative. — On donne ce nom à une commission composée du maire, d'un délégué choisi par le conseil municipal parmi les électeurs de la commune et d'un délégué désigné par le préfet, pouvant être pris en dehors de la commune (loi du 7 juillet 1874, art. 1er) (1).

Le rôle de la commission est déterminé par l'article 1er du décret réglementaire du 2 février 1852. Du 1er au 10 janvier, elle ajoute les électeurs remplissant les conditions requises ou devant les remplir au plus tard le 31 mars. Elle retranche les individus décédés ou incapables, ainsi que ceux indûment inscrits.

La commission administrative agit d'office et les demandes en inscription ou en radiation qu'on lui adresse n'ont que la valeur de simples renseignements. En sens inverse, elle doit agir sans être saisie par les intéressés, sauf les cas où les inscriptions ne peuvent avoir lieu que sur la demande formelle des électeurs. Il en résulte que cette commission n'est pas une juridiction, ces décisions n'ont pas besoin d'être motivées et signifiées et ne sont pas l'objet de voies de recours proprement dites.

Dans la pratique, ces règles ne sont que théoriques. D'une part, les électeurs radiés ou dont l'inscription a été contestée doivent être avisés par le maire de la situation qui leur est faite et ils peuvent formuler leurs observations (loi du 7 juillet 1874, art. 4).

Il est toutefois rare que l'avertissement et les observations soient formulés assez à temps pour être de quelque intérêt devant la commission administrative et c'est sous la forme contentieuse que l'examen en est poursuivi par la commission municipale.

(1) A Paris et à Lyon, la commission est formée dans chaque arrondissement par le maire ou un adjoint, un conseiller de l'arrondissement et un délégué du préfet.

Publication des listes électorales. — Les listes électorales, formant la base du système politique français, sont placées sous le contrôle et la protection de tous les citoyens. Il est donc essentiel que chacun puisse en prendre connaissance et formuler telles critiques que de droit.

A partir du 15 janvier, le travail de révision de la commission administrative est déposé au secrétariat de la mairie et avis du dépôt doit être donné au public par voie d'affiches. Ce travail est divisé en deux parties : les additions à la liste électorale d'un côté; les radiations de l'autre.

Toute personne, même non électeur, peut se rendre au secrétariat et obtenir communication, non seulement des rectifications de la commission, mais de la liste toute entière. Celle-ci peut être copiée aux frais des intéressés et rendue publique par voie de la presse (décr. régl. de 1852, art. 2).

Il est bon de noter qu'en vertu de la permanence des listes électorales, un électeur une fois inscrit a un droit acquis à ne pas être rayé sans en être avisé. Il est donc légalement inutile de se rendre chaque année à la mairie pour vérifier sa propre inscription. Toutefois cette surveillance est une mesure de précaution utile, car, par erreur ou mauvaise foi, il est arrivé que des radiations avaient lieu clandestinement et qu'on se trouvait exposé aux plus graves difficultés après l'expiration des délais de recours.

La publication de la liste électorale au 15 janvier est en effet le point de départ d'un délai de vingt jours, clos le 4 février par conséquent et au cours duquel les intéressés doivent formuler toutes les réclamations qu'ils croient devoir présenter. Le délai expiré, ils seraient dans l'impossibilité de faire valoir les demandes les plus justifiées.

Dès la publication, la commission administrative

est dessaisie et elle ne peut plus prendre aucune décision. Copie de ses travaux est adressée au préfet et si celui-ci estime qu'il y a eu violation des formes légales, il peut déférer les décisions de la commission au conseil de préfecture à fins d'annulation. Lorsque celle-ci est prononcée, la liste est révisée à nouveau, par la même procédure, en vertu d'un arrêté préfectoral spécial.

Contentieux de la liste électorale. — Nous arrivons à l'étude des voies de recours contre les actes administratifs inscrivant ou radiant des électeurs. Ce contentieux est un des plus larges qu'il soit possible d'examiner. Il est ouvert non seulement aux personnes directement intéressées, mais encore aux tiers électeurs, à la façon des actions populaires du droit romain. De plus, la procédure est simplifiée, rendue extrêmement rapide et débarrassée de tout frais de justice. Il est donc facile à toute personne qui s'intéresse aux affaires publiques d'assainir les listes électorales, on ne lui demande que de la bonne volonté. Une étude de ce contentieux est donc d'un intérêt absolument général.

Commission municipale. — C'est la juridiction de premier degré, dont le nom et la composition se rapprochent beaucoup de la commission administrative déjà connue, mais dont les fonctions et le caractère en diffèrent totalement.

La commission municipale est formée par les membres de la commission administrative, augmentés de deux électeurs de la commune choisis par le conseil municipal [1]. Cela revient à dire que cette commission comprend le maire ou son remplaçant, un délégué du

[1] A Paris et à Lyon, ces électeurs sont désignés par la commission administrative, au début de ses travaux (loi 7 juillet 1874, art. 2).

préfet et trois délégués du conseil municipal. La Cour de cassation décide que les cinq membres doivent être présents et que l'absence de l'un d'eux frappe de nullité absolue les décisions prises.

La commission municipale, malgré sa composition, est un tribunal et un tribunal de l'ordre judiciaire. Il en résulte qu'en aucun cas ses décisions ne peuvent être déférées au conseil de préfecture ou au conseil d'Etat. Les voies de recours sont l'appel devant le juge de paix et le pourvoi en cassation contre la sentence de ce dernier.

Du caractère de tribunal reconnu à la commission municipale, découle toute une série de conséquences. Les décisions prises doivent l'être à la majorité, motivées, rédigées en minutes sur des registres spéciaux et elles acquièrent l'autorité de la chose jugée après épuisement des voies de recours. De plus, à l'inverse de la commission administrative, celle municipale ne peut pas se saisir d'office, il faut qu'elle soit en présence d'une demande formelle et elle ne peut pas statuer en dehors ou au delà.

Comme nous l'avons dit, les réclamations à soumettre à la commission municipale doivent être formulées dans un délai de vingt jours, à partir de la publication des listes électorales. Il faut remarquer que c'est le jour de cette publication, et non le 15 janvier, qui est le point de départ du délai. La date du 15 janvier est seulement celle choisie d'ordinaire pour le début du délai.

Le dernier jour, soit le 4 février en général, les réclamations sont recevables jusqu'à minuit, la mairie doit donc être ouverte jusqu'à cette heure et il a même été jugé qu'elle ne pouvait pas être fermée quelques heures dans la journée, de façon de façon que les réclamants ne trouvent aucun obstacle pour l'enregistrement de leurs protestations.

Par contre, le délai expiré, aucune réclamation n'est recevable, de quiconque elle émane et quelle qu'ait été la cause de sa tardiveté. Mais il y a un correctif fondamental : Pour éviter une fraude trop facile, la jurisprudence déclare le délai inapplicable aux électeurs antérieurement inscrits et qui ont été radiés subrepticement sans en être avertis. Ils peuvent agir dès qu'ils ont connaissance légale de la radiation.

Comme nous l'avons indiqué, les réclamations peuvent émaner non seulement des intéressés demandant une inscription ou protestant contre une radiation, mais encore de tous les électeurs de la circonscription législative, ainsi que du préfet et du sous-préfet, même si les intéressés restent inertes. En un mot, c'est une action populaire donnant à tous le droit d'assurer la salubrité de la liste électorale (décr. org. de 1852, art. 19). Nous en avons donné déjà la raison : l'élection étant l'exécution même de la souveraineté nationale. Tout citoyen a intérêt à ce qu'elle s'exerce loyalement, avec le concours de tous les individus capables et l'exclusion de tous les indignes. Il serait même logique d'autoriser les non-électeurs, les femmes notamment, à formuler des protestations.

Toutefois, il est des cas où l'administration et le tiers électeur ne peuvent pas agir, c'est lorsqu'il s'agit d'inscriptions nécessitant une déclaration de volonté de l'intéressé (électorat basé sur le paiement des contributions directes). Mais la jurisprudence admet que les tiers peuvent néanmoins, dans les cas de ce genre, contester la radiation d'un électeur déjà inscrit.

La forme des réclamations est quelconque. Toutefois, un écrit semble nécessaire, mais il peut consister en une simple lettre au maire. Seulement, le cas échéant, il faudra prouver que la lettre est bien parvenue à son destinataire dans les délais légaux. Si l'on veut éviter toute contestation, on doit se présenter, en personne ou par mandataire (même non électeur), à la mairie où un registre est destiné à recevoir les réclamations. L'autorité doit en délivrer un récépissé daté qui fait foi (décr. org. de 1852, art. 19). Quelquefois, des querelles locales poussent les maires à refuser l'accès du registre et le récépissé; il est alors nécessaire de recourir à une sommation et protestation combinées par ministère d'huissier. Mais le prix de l'exploit reste à la charge du requérant, sauf la responsabilité éventuelle du maire en faute.

Il n'y a pas de débat contradictoire devant la commission municipale, et cela dans un but de célérité, mais les réclamants ont le droit de déposer tels mémoires explicatifs qu'ils jugent utiles. Cette absence de débat oral et la trop grande ressemblauce de cette assemblée avec la commission administrative dont il s'agit de juger la décision font que la commission municipale ne jouit pas d'une très grande autorité auprès des électeurs et que ses sentences sont rarement acceptées lorsqu'elles déboutent les réclamants.

Il est cependant absolument nécessaire de passer par l'intermédiaire de ladite commission. Le juge de paix ne peut être saisi que comme juridiction d'appel, et nombre d'électeurs ont vu leur requête rejetée d'emblée pour s'être adressés à lui directement.

Malgré l'absence de débat contradictoire, il n'ensuit pas que tout moyen de défense soit interdit aux électeurs dont on conteste l'inscription ou dont on sollicite la radiation. Le maire doit les aviser de la protestation dont ils sont l'objet et ils peuvent fournir tous documents justificatifs utiles. En outre, et c'est là un point fondamental, les décisions de la commission doivent être notifiées par le maire, par écrit et à domicile, à toutes les parties intéressées dans l'instance (loi de 1874, art. 4). Cette notification est indispensable pour faire courir le délai d'appel dont nous allons maintenant parler. De plus, les décisions doivent être affichées ou communiquées à tout requérant.

De l'appel. — L'appel en matière de réclamation touchant les listes électorales est porté devant le juge de paix du canton. La loi considère que le droit de suffrage fait partie des droits individuels placés sous la sauvegarde de l'autorité judiciaire et, à partir de ce moment, toute intervention administrative disparaît d'une façon complète.

La faculté d'appel est ouverte aux *parties intéressées*, dit le décret organique de 1852 (art. 21). Cela comprend évidemment les personnes qui ont figuré, à titre actif ou passif, devant la commission municipale. Mais la jurisprudence va plus loin, elle autorise l'appel de la part de tiers électeurs qui n'ont pas figuré dans la première instance, motif pris de l'intérêt souverain d'une bonne liste électorale. Seulement, comme aucune notification n'est possible à l'égard de ces tiers électeurs, on est fort embarrassé pour déterminer à leur égard le délai d'appel. On le fixe arbitrairement à vingt jours de la décision, même restée inconnue.

A l'égard des parties désignées nominativement en première instance, la règle est très simple, le délai d'appel est de cinq jours à partir de la notification et l'appel lui-même est interjeté par déclaration au greffe de la justice de paix, déclaration faite par mandataire ou fondé de pouvoir spécial (décr. org. de 1852, art. 21 et 22).

Ce délai et la déclaration sont des formes substantielles, dont l'inobservation amène la nullité de la procédure subséquente, quelque excuse que l'on puisse fournir le cas échéant.

Le juge de paix n'est astreint à aucune procédure, une seule exceptée : c'est l'avertissement qui doit être donné trois jours à l'avance aux parties intéressées, c'est-à-dire aux personnes qui ont interjeté appel et à celles dont l'inscription électorale fait l'objet du litige (décr. org. de 1852, art. 22). Ce délai, étant la base du droit de défense, doit être considéré comme d'ordre public et sa diminution serait de nature à entraîner la cassation de la sentence.

Devant le juge de paix, des débats oraux et contradictoires peuvent s'engager. Le magistrat est souverain appréciateur de toutes les questions de fait appartenant à la cause. Par contre, sa juridiction ne s'étend pas à ce qu'on appelle les questions préjudicielles, pour lesquelles il y a lieu à renvoi devant les juges compétents (décr. org. de 1852, art. 22). Il s'agit, le plus généralement, de questions intéressant l'état-civil et spécialement la nationalité de l'électeur, ou encore de débats sur l'interprétation d'actes administratifs. Si la contestation n'est appuyée d'aucune preuve ou commencement de preuve, le juge passe outre; mais si la contestation apparaît avec des caractères de vraisemblance, il y a lieu à sursis, avec invitation à saisir à bref délai les tribunaux compétents, par exemple les tribunaux civils s'il s'agit de l'état des personnes.

Nous n'avons aucune observation spéciale à présenter sur la sentence du juge de paix qui est soumise aux règles générales du Code de procédure civile. Cette sentence doit être communiquée au préfet et au maire pour lui faire rendre tous effets utiles.

De l'opposition. — Cette voie de recours est ouverte, et même seule ouverte, aux parties qui n'ont pas comparu, en personne ou par mandataire. Elle est régie uniquement par les principes du droit commun. Il y a toutefois lieu à deux remarques essentielles. La première est que si le procès est conduit par une seule personne, sans adversaire, un électeur protestant contre sa radiation notamment, le délai d'opposition (trois jours) court, non de la signification qui est alors impossible, mais de la date même de la sentence. En second lieu, la jurisprudence décide que si les intérêts du défaillant ont été soutenus par un tiers électeur, même dépourvu de mandat précis, le principe de l'action populaire en matière électorale fait présumer le débat contradictoire et empêche l'admission de l'opposition.

Du pourvoi en cassation. — Cette voie de recours est toujours possible contre les sentences contradictoires du juge de paix (décr. org. de 1852, art. 23).

Ici encore, le pourvoi en cassation est soumis à des simplifications notables sur la procédure ordinaire.

Normalement le pourvoi n'est ouvert qu'aux parties ayant figuré à l'instance d'appel, en quelque qualité que ce soit. Par exception, on autorise à former le pourvoi l'électeur intéressé, même s'il est resté jusque-là étranger aux débats. C'est une excellente façon d'assurer jusqu'au bout la défense du droit électoral.

Le délai de pourvoi est très court, dix jours seulement, courant du jour de la notification du jugement. Si, comme nous l'avons vu plus haut, le débat n'a pas été contradictoire, le délai court de la date de la sentence (décr. org. de 1852, art. 23).

Il est important de savoir que la sentence du juge de paix est en dernier ressort et que la Cour de cassation n'est pas un troisième degré de juridiction, conformément d'ailleurs au droit commun. Le pourvoi n'a pas non plus de caractère suspensif et la décision attaquée doit être exécutée à titre provisoire. C'est la règle générale en matière civile.

En la forme, le pourvoi s'introduit par une requête à la Cour de cassation, requête qui doit être, à peine de déchéance, dénoncée (par voie d'huissier) dans les dix jours aux défendeurs dans l'instance, s'il y en a.

La requête et la dénonciation sont la seule procédure requise. Ni le ministère d'un avocat à la Cour de cassation, ni la consignation d'une amende ne sont exigées (décr. org. de 1852, art. 23). Toutes pièces et mémoires sont transmis sans frais à la Cour par le greffier du juge de paix, mais il n'est pas interdit de faire soutenir le pourvoi par un avocat à la Cour de cassation.

Dans un but de célérité, on ne passe pas par l'intermédiaire de la Chambre des requêtes et l'affaire est directement renvoyée à la Chambre civile. Celle-ci se borne à rechercher si, dans la procédure ou la sentence, il existe quelque violation de la loi et elle tient pour acquis tous les points de faits souverainement appréciés par le juge de paix, comme par exemple la durée de la résidence, l'inscription au rôle des contributions, etc.

La Cour peut rejeter le pourvoi comme irrégulier ou mal fondé. Dans ce cas, la décision attaquée est définitivement validée. Si le pouvoir est admis, la cour renvoie l'affaire devant le juge de paix d'un autre canton qui statue suivant les règles déjà étudiées. Un second pourvoi est possible contre la sentence, sous réserve de l'intervention des Chambres réunies de la Cour de cassation dans les cas indiqués par la procédure civile.

Dispense des frais. — A titre d'observation générale, nous indiquerons que la loi a cherché à rendre facile à tous les réclamations en matière électorale et pour ce faire, le décret organique de 1852 (art. 24) a édicté la dispense du timbre et de l'enregistrement de tous actes judiciaires en matière électorale, ainsi que la gratuité des extraits des actes de l'état-civil délivrés à cette occasion. Mais cette exemption n'est pas aussi étendue que celle résultant du bénéfice de l'assistance judiciaire, en ce sens qu'elle ne donne pas droit aux services des officiers ministériels et spécialement des huissiers, qui pourraient être requis d'instrumenter.

Clôture des listes électorales. — Celle-ci doit avoir lieu nécessairement à la date du 31 mars et par les soins de la commission administrative. Cette commission opère sur le vu des décisions et sentences rectificatives dont nous venons d'étudier le mécanisme. La liste est encore complétée par les modifications résultant des faits évidents (décès, condamnations, majorité, etc.) accomplis entre le 1er janvier et le 31 mars. C'est la liste ainsi arrêtée qui sert aux élections de l'année (loi 1874, art. 1er et décr. org. de 1852, art. 18 et 25).

Toutefois le principe de la permanence de la liste électorale n'interdit pas les rectifications en cours d'année pour certains faits.

Tout d'abord, on y porte les électeurs dont l'inscription a été ordonnée par des décisions judiciaires rendues après la clôture, notamment sur renvoi après cassation. De plus, on en retranche les individus décédés ou privés de leurs droits politiques par jugements passés en force de chose jugée (décr. régl. de 1852, art. 8). Pour éviter des fraudes, il est d'usage d'afficher, cinq jours avant chaque élection, le tableau des rectifications survenues postérieurement au 31 mars.

Non exercice du droit de suffrage. — Nous avons dit que toute personne inscrite sur la liste électorale avait en principe le droit de suffrage et nous allons, dans le chapitre suivant, montrer ce droit en action. Toutefois, il importe de noter immédiatement que, malgré leur inscription, certaines catégories de personnes ne peuvent pas déposer leur bulletin dans l'urne. Ce sont d'abord, pour des difficultés de fait évidentes, les individus en état de détention préventive, les personnes enfermées dans des asiles publics d'aliénés, ainsi que les militaires présents au corps (décr. régl. de 1852, art. 18). D'ailleurs, afin d'éviter de mêler l'armée à la politique, tout militaire ou assimilé des armées de terre et de mer ne peut prendre part à aucun vote (loi 21 mars 1905, art. 9), même étant en permission régulière.

Toutefois, les officiers et soldats en congé de plus de vingt jours, ainsi que les officiers placés temporairement hors des cadres d'activité ou dans le cadre de réserve, peuvent voter, s'ils sont, d'autre part, inscrits sur la liste électorale.

Nous venons de parcourir ainsi les différentes étapes qui servent à dresser la liste des électeurs et d'indiquer, ce qui est le point essentiel, les moyens juridiques donnés à tous pour en assurer la bonne confection. Il nous resterait, comme nous le disions plus haut, à tracer un tableau succinct de l'élection elle-même; mais avant d'en arriver là, nous croyons devoir compléter cet exposé du droit électoral français en présentant l'étude des règles applicables au choix des candidats, c'est-à-dire des questions d'éligibilité dans les principales élections.

CHAPITRE III

L'ÉLIGIBILITÉ

L'éligibilité est l'aptitude à être valablement investi d'une fonction élective. Son importance n'a pas besoin d'être mise en valeur, puisque les suffrages portés sur un candidat inéligible sont des voix perdues ou tout au moins des voix qui ne réalisent pas le but cherché par l'électeur.

On peut discuter en théorie sur la nécessité d'une législation de l'éligibilité et on peut soutenir que la meilleure garantie d'une bonne élection est la sagesse des électeurs. C'est par application de cette idée que les lois constitutionnelles de 1875 ne fixent aucune règle pour les conditions à remplir par le Président de la République. Mais la masse électorale n'a pas les habitudes et les traditions politiques du Parlement appelé à élire le Chef de l'Etat et on conçoit l'utilité de quelques principes destinés à assurer un bon recrutement des corps électifs. Il importe toutefois de ne pas chercher à restreindre les droits des électeurs par des dispositions trop complexes et il suffit de dénier l'éligibilité à des catégories d'individus non qualifiés d'une façon évidente pour siéger dans les assemblées électorales. Ici encore, nous ne nous occupons que des élections législatives, départementales et communales. Les autres élections sont soumises à des règles spéciales.

Principe de l'éligibilité. — Le principe est posé par la loi du 30 novembre 1875 (art. 6) : « Tout électeur est éligible, sans condition de cens, à l'âge de vingt-cinq ans accomplis ». La règle fondamentale est donc le cumul de la capacité électorale avec l'aptitude à être élu. Les électeurs sont ainsi libres dans leur choix, à la seule condition de prendre l'un d'entre eux. Toutefois nous devons préciser notre formule en indiquant que pour être éligible, il suffit de remplir les conditions requises pour la jouissance du droit électoral et non celles exigées pour l'exercice. En termes plus clairs, on peut être élu sans être inscrit sur la liste électorale de la circonscription, ni même sur aucune liste électorale, mais il faut par contre être Français, du sexe masculin, majeur et jouir de ses droits civils et politiques. On retrouve là les conditions exigées pour jouir du droit de suffrage.

Nous devons dire tout de suite qu'il existe diverses classes de personnes inscrites sur les listes électorales et qui sont inéligibles d'une façon absolue. Ce sont les personnes n'ayant pas satisfait au service militaire (loi 21 mars 1905, art. 7), les étrangers naturalisés pendant dix ans du jour du décret de naturalisation (loi 26 juin 1889, art. 3) (1), les personnes en état de liquidation judiciaire (loi 4 mars 1889, art. 21), les membres des familles ayant régné sur la France (loi 22 juin 1886), les militaires en activité de service, même si ceux-ci sont en congé. Toutes ces personnes ont le droit de voter, mais ne peuvent pas être élues et cela tant que leur condition juridique n'a pas changé.

Nous pouvons considérer comme rentrant dans une catégorie analogue les électeurs ayant plus de vingt-un ans et moins de vingt-cinq (quarante ans pour le Sénat).

(1) Cette exclusion ne vise que les élections législatives.

Sous le bénéfice des observations précédentes, nous répèterons la maxime : « tout électeur est éligible ». Mais nous nous trouvons immédiatement en présence de nouvelles exceptions moins générales que celles déjà étudiées et qui nécessitent une étude plus détaillée. Ce sont les cas dits d'incompatibilité et d'inéligibilité. Nous commencerons par ces derniers.

Inéligibilité. — Nous connaissons par avance son caractère essentiel : l'inaptitude juridique à être investi d'une fonction élective. Il nous suffit d'ajouter que ce vice entraîne l'annulation de l'élection s'il existe au moment du scrutin. Survient-il postérieurement, il provoque l'exclusion de l'inéligible du sein de l'assemblée dont il est membre. Par exemple, sera exclu tout député ou sénateur atteint d'une condamnation judiciaire entraînant la perte du droit de suffrage.

On divise généralement les cas d'inéligibilité en absolus et en relatifs, les premiers s'appliquent à toutes les élections et se confondent sensiblement avec les exceptions à la règle normale de l'éligibilité que nous venons de passer en revue. Les hypothèses d'inéligibilité relative n'agissent, au contraire, que pour certaines élections. Ce sont donc les seules qu'il nous reste à connaître.

Nous pouvons relever cinq groupes d'inéligibilités relatives : 1° La dation d'un conseil judiciaire ; 2° certaines condamnations ; 3° l'inscription à l'assistance publique ; 4° l'état de domesticité ; 5° la qualité de fonctionnaire public. Donnons quelques détails.

Les personnes pourvues d'un conseil judiciaire sont inéligibles aux conseils généraux (loi 10 août 1871, art. 7) et municipaux (loi 5 avril 1884, art. 32), mais l'exclusion n'a atteint aucune autre élection. Il est au moins étrange que puisse entrer au Parlement celui déclaré incapable de gérer seul ses propres affaires.

Sont inéligibles à temps (3 ans) les conseillers généraux et municipaux condamnés pour participation à une réunion illégale de leur assemblée (loi du 10 août 1871, art. 34 et 91, et loi du 5 avril 1884, art. 118). On peut rapprocher de ce cas l'inéligibilité qui frappe pendant un an tout membre d'un conseil élu déclaré démissionnaire pour refus de remplir les fonctions à lui dévolues par la loi (loi du 7 juin 1873).

L'inscription à l'assistance publique (bureaux de bienfaisance) ou la dispense des charges communales (prestations en nature) par décision du conseil municipal entraînent l'inéligibilité, mais seulement à l'égard des élections municipales. Ce n'est pas que pauvreté soit vice, mais on a voulu ne pas donner d'autorité à ceux qui sont assistés par la caisse municipale et dont la misère permet de suspecter l'indépendance.

La loi (loi 5 avril 1884, art. 32) interdit l'accès des fonctions municipales aux domestiques exclusivement attachés à la personne. Cette cause d'exclusion, déjà connue sous la Révolution, se base sur le manque de liberté laissée à l'élu par sa position sociale. La jurisprudence tend d'ailleurs à la diminuer le plus possible, la restreignant à ce qu'on appelle les serviteurs à gages et en acceptant les auxiliaires à un titre quelconque : secrétaires, contremaîtres, régisseurs, etc.

Plus importante est la cause d'inéligibilité résultant de certaines fonctions publiques. On a voulu éviter que le fonctionnaire use de son autorité pour s'imposer aux suffrages des électeurs. Il en résulte que l'inéligibilité est restreinte à la circonscription dans laquelle le fonctionnaire exerce son autorité. De plus, si l'agent abandonne ses fonctions avant l'élection (pour les conseils départementaux et municipaux) ou six mois avant cette date (élections législatives), les électeurs peuvent librement l'investir du soin de les représenter.

Il est impossible de présenter un tableau, même résumé, des fonctionnaires atteints d'inéligibilité. Les textes sont nombreux et confus. L'idée générale est que seuls les fonctionnaires exerçant une autorité sérieuse sont soumis à l'exclusion. Certains agents, préfets, sous-préfets, chefs de service, sont frappés d'inéligibilité universelle pour toutes les élections, d'autres ne sont exclus que de catégories d'élections seulement.

Avant de terminer avec les questions d'éligibilité, nous devons ajouter que pour le conseil général, il suffit d'une attache quelconque dans le canton pour pouvoir être élu [1] (loi du 10 août 1871, art. 6). De même, on peut être élu conseiller municipal d'une commune où on n'a pas de domicile, mais où on a des intérêts justifiés notamment par le paiement d'impôts directs (même sans inscription sur la liste électorale) (loi 5 avril 1884, art. 31).

Dans les deux cas, les conseillers municipaux sont qualifiés de *forains* et ne peuvent former plus du quart du conseil. Nous renvoyons pour les détails aux traités de Droit administratif.

De l'incompatibilité. — L'incompatibilité diffère de l'inéligibilité en ce qu'elle n'affecte pas l'élection, mais oblige l'élu à opter entre l'élection et une situation jugée incompatible avec le mandat électif. A défaut de l'exercice de cette option, la loi décide généralement en plaçant l'intéressé dans la situation la plus favorable.

Plus encore que pour l'éligibilité, un exposé complet des cas d'incompatibilité nous entraînerait hors du cadre de cet ouvrage. Nous nous bornerons donc à des principes généraux, d'autant plus que les textes sont confus et peu coordonnés.

(1) A condition d'être inscrit *quelque part* sur une liste électorale.

Nous citerons tout d'abord, comme d'un intérêt restreint, l'incompatibilité résultant de la parenté (ligne directe, frères et beaux-frères) interdisant aux membres d'une même famille de faire partie des conseils municipaux de plus de cinq cents habitants (loi 5 avril 1884, art. 35). On veut éviter que le conseil municipal ne se transforme en conseil familial.

Plus intéressante est la cause d'incompatibilité résultant du cumul de plusieurs mandats électifs. On pourrait admettre, non sans raison, l'interdiction absolue de tout cumul, mais, au contraire, notre législation autorise ce dernier, sauf exception.

On ne peut pas être membre de plusieurs assemblées similaires, on ne pourrait pas en effet siéger simultanément en plusieurs endroits lors d'une même session. Mais on peut faire partie d'assemblées d'ordre différent. Les exceptions annoncées sont doubles : il y a incompatibilité entre le mandat de sénateur et celui de député et entre les fonctions de conseiller général et celles de conseiller d'arrondissement (loi du 22 juin 1833, art. 24).

Le grand motif d'incompatibilité est la qualité de fonctionnaire, dans les cas, bien entendu, où cette qualité n'entraîne pas l'inéligibilité. Son application réside dans le défaut d'indépendance de l'élu fonctionnaire ou dans la crainte réciproque qu'il n'abuse de son mandat pour se soustraire à ses devoirs professionnels. Toutefois on autorise le cumul du mandat et de la fonction pour les emplois non salariés et quelques-uns présentant des garanties spéciales d'indépendance (professeurs titulaires nommés au concours ou sur présentation de leurs collègues).

Les fonctions d'Etat entraînent l'incompatibilité avec les élections d'Etat ; les fonctions départementales entraînent celle avec les élections départementales et les fonctions communales l'incompatibilité avec les mandats communaux. On assimile aux fonctionnaires locaux les entrepreneurs salariés sur les fonds départementaux ou communaux.

Toutefois, certains fonctionnaires d'Etat (préfet, sous-préfet, secrétaire général, conseiller de préfecture, commissaire et agent de police) voient leur emploi incompatible avec tout mandat électif, même local et dans toute la France. Nous rappelons qu'ils sont inéligibles dans la circonscription où ils exercent leur autorité.

En ce qui touche les membres du Parlement, les incompatibilités comprennent, en général, toutes les fonctions publiques, sauf de rares exceptions (l. 30 nov. 1875, art. 8 et 9 et loi du 26 déc. 1887) et l'attribution d'une mission temporaire, même rétribuée, ne dépassant pas six mois, mais renouvelable.

En outre, diverses dispositions établissent l'incompatibilité entre le mandat législatif et la qualité d'administrateur des compagnies de chemins de fer et quelques autres.

Comme nous l'avons dit, l'incompatibilité n'annule pas l'élection. Si le fonctionnaire est élu, il doit opter dans un bref délai. A défaut, pour les élections d'Etat, il est présumé opter pour le Parlement et est considéré comme démissionnaire. Pour les élections locales, en sens inverse, l'élu est censé opter pour le maintien de sa fonction et il est remplacé dans son mandat électif.

Si, au contraire, c'est une personne déjà élue qui est investie de fonctions incompatibles, elle doit être déclarée démissionnaire de son mandat du jour de l'acceptation de l'emploi. A l'égard des députés seulement, il y a une complication. Lorsqu'un député est nommé à une fonction *compatible* (autre que celle de ministre ou de sous-secrétaire d'Etat), il est quand même réputé démissionnaire, mais il peut être réélu par ses électeurs. On a voulu ainsi assurer le droit de contrôle du corps électoral sur les actes de l'élu.

Nous connaissons ainsi les grandes lignes de la théorie de l'éligibilité et par conséquent la situation juridique des électeurs d'un côté, des candidats de l'autre. Il ne nous reste plus qu'à montrer l'acte même de l'élection, c'est ce que nous allons faire dans le chapitre suivant.

CHAPITRE IV

L'ÉLECTION

L'élection, considérée dans son côté formel, consiste essentiellement à donner aux électeurs un moyen juridique de déterminer celui des candidats auquel ils entendent accorder l'exercice du mandat électif. Au point de vue matériel, fort important parce qu'il touche à la bonne organisation du droit de suffrage, l'élection est une opération au cours de laquelle les électeurs déposent dans une urne des bulletins portant les noms des candidats préférés, pour, après dépouillement, être proclamé élu le candidat ayant obtenu le nombre légal de suffrages à son nom.

Le mécanisme de l'élection comprend une période préparatoire pour la convocation des électeurs et la production des candidatures. Cette période est suivie du scrutin ou collection des bulletins dans l'urne. Viennent ensuite le décompte ou dépouillement des bulletins, la proclamation du résultat et le contentieux de l'élection. Tous ces points sont réglementés par des textes assez nombreux et précisés par une imposante jurisprudence. Comme précédemment, nous négligerons les détails pour nous borner aux grandes lignes du sujet.

Période électorale. — Le premier acte de cette période est la convocation des électeurs, laquelle a lieu par décret et par arrêté préfectoral, pour les élections municipales. Cette convocation doit intervenir vingt jours avant le scrutin pour les élections à la Chambre des députés et quinze jours avant ce même jour pour les élections départementales et communales. Ce sont ces périodes de vingt et quinze jours qui constituent techniquement la période électorale, laquelle peut être augmentée de la durée comprise entre les deux tours de scrutin (décr. org. du 2 février 1852, art. 4, loi du 10 août 1871, art. 12, loi du 30 juillet 1874, art. 3, loi du 5 avril 1884, art. 15).

La détermination précise de la période électorale ne présente au surplus que des intérêts juridiques assez restreints. Sous l'empire de la loi du 30 juin 1881, les réunions publiques tenues dans cette période bénéficiaient d'une réduction dans le délai de vingt-quatre heures qui devait suivre la déclaration de la réunion. L'obligation de la déclaration ayant été supprimée par la loi du 28 mars 1907, la question est désormais sans importance pratique.

Quelque chose de plus intéressant est que les affiches signées ou visées du candidat sont, en période électorale, dispensées du timbre et, de plus, spécialement protégées contre les lacérations ou altérations. Il est entendu que l'affiche blanche, réservée aux communications officielles, ne doit pas être employée par les candidats ; ceux-ci ne doivent pas non plus employer certaines formes d'affiches imitant le drapeau national par exemple.

La période électorale sert encore à l'éclosion des candidatures. Aucune règle n'est fixée pour cette formalité, sauf à l'égard des élections à la Chambre des députés. Pour toute autre élection, tout individu, même non éligible, peut poser sa candidature et de même tout citoyen peut proposer la candidature d'autrui. Seulement, dans ce dernier cas, il faut avoir le consentement de l'intéressé, sous peine de dommages-intérêts à son endroit, chacun ayant le droit de se tenir à l'écart des luttes politiques.

En ce qui concerne les élections à la députation, pour éviter les candidatures multiples à forme plébiscitaire, la loi du 17 juillet 1889 a posé la règle que nul ne pouvait être candidat dans plus d'une circonscription. Pour assurer l'exécution de cette prescription, la loi organise une déclaration préalable revêtue de la signature légalisée du candidat et faite à la préfecture dont relève la circonscription choisie. Cette déclaration doit avoir lieu au moins cinq jours avant chaque tour de scrutin. Toutefois il importe de remarquer qu'il est interdit de faire aucun acte de candidature (apposition d'affiches, etc.) en faveur d'un candidat qui ne s'est pas encore conformé à la loi, sous peine d'amendes très élevées. Le préfet délivre un récépissé provisoire de la déclaration, puis un récépissé définitif, si la candidature n'a pas été déjà déclarée ailleurs. La liste des candidats régulièrement déclarés est affichée avant le scrutin et seuls les bulletins à leurs noms sont valables.

Du vote. — C'est le point fondamental de toute la procédure électorale. Le scrutin se compose essentiellement d'un bureau chargé de surveiller et diriger les opérations, d'une urne pour recevoir les bulletins et de scrutateurs pour recenser ces derniers. Il va sans dire qu'il faut aussi des électeurs et que sans électeurs venant voter (cela s'est vu), il n'y a pas d'élection.

Nous pouvons dire tout de suite que le bureau et les scrutateurs doivent être honnêtes, l'urne inviolable, les bulletins non truqués et les électeurs libres de voter suivant leur conscience. Toutes les lois électorales ont pour but d'assurer ces conditions ; nous allons faire connaître les précautions prises et aussi quelques-unes des fraudes les plus usitées pour les tourner.

Toutefois, nous pouvons commencer par donner quelques indications sur deux points très simples : le lieu du vote et les jours et heures du scrutin.

Le vote a lieu normalement à la mairie de chaque commune. Il est nécessaire qu'il y ait au moins un lieu de vote par commune, si petite soit-elle. Par contre, il est loisible d'avoir des bureaux multiples dans les communes importantes ou trop étendues.

Ces divisions électorales sont déterminées par le préfet et ne doivent pas être confondues avec les sectionnements en matière d'élections municipales. Bien que les bureaux soient multiples, leurs résultats se totalisent et il n'y a qu'un scrutin.

Les considérations précédentes indiquent qu'il n'est pas obligatoire que le vote ait lieu à la mairie. Il peut s'effectuer dans tout autre bâtiment communal ou même dans une maison quelconque, sous réserve que l'accès en soit public et libre. Le choix des locaux est fait par le maire, sauf pour les élections municipales où ce choix émane d'un arrêté préfectoral (loi du 5 avril 1884, art. 15).

Le scrutin doit avoir lieu un dimanche. Cela est obligatoire pour les élections départementales (loi 10 août 1871, art. 12) et communales (loi 5 avril 1884, art. 15). Pour les élections à la députation, l'obligation de choisir un dimanche n'est légale que pour le second tour, mais il est de pratique constante de prendre toujours ce jour comme date du scrutin. Il est à remarquer qu'un autre jour férié ne pourrait pas être substitué au dimanche. En outre, pour toutes les élections, le scrutin ne peut durer qu'un seul jour, les fraudes étant trop faciles quand l'urne doit rester de longues heures, peu ou mal gardée, pour attendre la réouverture du vote.

La durée du scrutin n'est pas précisée d'une manière

absolue. Toutefois, il existe un minimum qui est de six heures (loi 5 avril 1884, art. 20 et 26).

Ce minimum n'est d'ailleurs applicable qu'au regard des élections municipales et les heures utilisées sont fixées par le préfet suivant les circonstances locales. En ce qui touche les autres élections, le scrutin dure beaucoup plus longtemps, devant être ouvert à sept ou huit heures du matin et ne pouvant pas être clos avant six heures du soir (décr. régl. 2 fév. 1852, art. 25). Ces questions d'heures ne sont pas sans importance sur le résultat de l'élection et l'on voit quelquefois les horloges appelées à les trancher être prises de perturbations subites. Le principe est que le scrutin doit demeurer ouvert le temps légal exactement, ni plus, ni moins, même si, par extraordinaire, tous les électeurs inscrits avaient exercé leur droit de suffrage.

Du bureau électoral. — Le bureau électoral est, ainsi que nous l'avons dit, un groupe de personnes chargées d'assurer la régularité de l'élection, de recevoir les bulletins, de les compter et de proclamer le résultat. Ses fonctions sont donc aussi multiples qu'importantes et il constitue une véritable autorité administrative, bien que les fonctions de ses membres soient gratuites et temporaires. Les décisions du bureau constituent des actes d'autorité, exécutoires provisoirement, mais elles doivent être motivées lorsqu'elles statuent sur des protestations (décr. régl. 2 fév. 1852, art. 16). Comme le disent certains fraudeurs, et cela démontre l'intérêt de la question : avec un bon bureau, on a de *bonnes* élections.

Le bureau se compose d'un président, de quatre assesseurs et d'un secrétaire. Ce dernier est désigné par les autres membres et il n'a qu'une voix consultative (décr. régl. de 1852, art. 12). Il faut remarquer que le bureau ainsi composé doit être formé pour chaque section de vote et qu'il ne suffirait pas d'un bureau par commune. D'ailleurs, trois membres au moins doivent toujours être présents (loi 5 avril 1884, art. 19).

Il va sans dire que le choix des membres du bureau est de la plus haute importance. La loi a fait des efforts, d'ailleurs insuffisants, pour en assurer le bon recrutement, car si le bureau est honnête, les fraudes sont bien difficiles. Pour la présidence, la question ne se pose guère, les textes (décr. régl. de 1852, art. 13 et loi 5 avril 1884, art. 17) décident que les bureaux de vote sont présidés par le maire, les adjoints et les conseillers municipaux dans l'ordre du tableau. A défaut de ces personnes, ou en cas d'empêchement, le maire attribue les présidences à des électeurs choisis par lui.

Ce système a le très grand avantage d'éviter les contestations au début du scrutin, mais il a l'inconvénient non moins sérieux de laisser la présidence aux mains d'hommes politiques et, ce qui est plus grave, d'hommes directement intéressés au résultat de l'élection.

Croit-on, par exemple, qu'il ne faille pas quelque héroïsme à un maire pour additionner et proclamer les résultats qui l'expulsent précisément de la mairie, lui et son parti? Cela est si vrai que, pour les élections sénatoriales, on a justement choisi un président pris hors du collège électoral, en la personne du président du tribunal civil. Un système analogue pourrait peut-être être généralisé. Ajoutons que le président du bureau peut parfois être un délégué du préfet, ce qui se produit notamment lorsque la commune est sans autorité municipale élective, par exemple si la municipalité est suspendue ou révoquée de ses fonctions, mais ce sont là des circonstances exceptionnelles.

Si nous passons aux assesseurs, nous trouvons des règles quelque peu complexes. Pour les élections autres que celles municipales, on les choisit parmi les conseillers municipaux sachant lire et écrire. Mais pour toutes les élections, en cas d'empêchement des conseillers municipaux (également à Paris, dans tous les cas), ainsi que pour les élections municipales, les assesseurs sont pris parmi les deux plus âgés et les deux plus jeunes électeurs, sachant lire et écrire et présents à l'ouverture du scrutin (décr. régl. de 1852, art. 14, loi 10 août 1871, art. 5 et loi du 5 avril 1884, art. 19).

Il n'est pas besoin de longues explications pour montrer les inconvénients du système de la loi électorale. La présidence des conseillers municipaux soulève les mêmes objections que la présidence du maire ; quant au choix des électeurs présents, les conditions légales ne sont presque jamais remplies et ne peuvent guère l'être. Tout d'abord, il est exceptionnel que ces électeurs soient munis de leurs actes de naissance et des contestations s'élèvent sur leurs âges respectifs. Le plus souvent, les amis du maire se réunissent à l'avance, parfois par une porte détournée, et à l'heure dite (ou même avancée), le scrutin est ouvert par un bureau formé d'avance. Si des intrus protestent, le maire leur répond que le bureau a été régulièrement constitué et que s'ils ne sont pas contents, ils doivent se contenter de se plaindre, après la proclamation du scrutin !

D'autres fois, on essaie d'un simulacre de légalité et chacun des partis traîne aux urnes, les Nestors de la commune ou les Benjamins du parti. On se précipite et dans la confusion, les amis de la municipalité arrivent le plus souvent à s'installer aux sièges convoités.

D'autres fois, on trouve moyen de découvrir des

assesseurs illettrés en fait, quoique sachant signer et dont la surveillance est par suite illusoire.

Reste enfin le secrétaire. Celui-là est le plus souvent un agent municipal et, à ce titre, il renforce l'autorité du maire. Ici encore des remaniements seraient désirables.

Une réforme utile et praticable avec quelques précautions serait le droit, pour les candidats ou pour les listes de candidats, d'avoir des représentants légaux au bureau. On objecte avec raison la multiplicité possible de ces représentants en cas de candidatures nombreuses et les discussions probables que leur présence peut provoquer. Mais ces inconvénients de fait ne sont pas sans remèdes et ils sont inférieurs, à tout prendre, au système actuel qui donne tous les pouvoirs aux maires des communes.

Nous venons de parler de pouvoirs. Le mot est absolument exact, car le président du bureau a la police de la salle avec droit de réquisition de la force armée et même lui seul a ce droit. Sous le prétexte ou en raison du tumulte, le président peut donc faire évacuer la salle et, dès lors, l'urne n'est plus que sous la sauvegarde de la surveillance du bureau. C'est parfois insuffisant.

Les pouvoirs de police appartenant au président (et non au bureau), et dont nous venons de signaler l'importance, sont énergiquement sanctionnés par les textes (décr. régl. de 1852, art. 11 et loi du 5 avril 1884, art. 18). D'une part, aucune force militaire ne peut stationner aux abords du scrutin sans l'autorisation du président. D'autre part, le président peut adresser des réquisitions aux autorités civiles et militaires pour assurer le maintien de l'ordre [1].

[1] L'entrée de la salle de vote doit être interdite à tout électeur armé (même d'armes de chasse), à l'exception des personnes chargées du service d'ordre (décr. régl. de 1852, art. 20).

Le président peut prendre des mesures d'ordre diverses : expulsion des individus non électeurs, admission des électeurs en petit nombre à la fois, mais sous réserve d'une annulation possible du scrutin pour pression électorale.

Du scrutin. — Le scrutin, but essentiel de la procédure électorale, consiste de la part de l'électeur à remettre au président du bureau un bulletin fermé qui est immédiatement déposé dans une boîte fermée appelée urne. De nombreuses difficultés se présentent lors de cette opération, cependant bien simple, nous en citerons les principales seulement.

Tout d'abord le scrutin ne peut pas être accompagné d'opérations accessoires. Aucune discussion ou délibération ne peut avoir lieu au sein de l'assemblée électorale (loi du 5 avril 1884, art. 18), et par suite aucun discours ne doit y être prononcé. On doit de même admettre que le lieu du scrutin ne peut servir à l'affichage ou à la distribution de proclamations des candidats. Pour la distribution des bulletins, elle est interdite par nos textes précis (décr. régl. de 1852, art. 21 et loi 5 avril 1884, art. 25). Toutes ces mesures ont pour but d'éviter toute pression sur l'électeur et toute indiscrétion portant sur son vote.

Revenons au scrutin lui-même et occupons-nous d'abord de l'urne. Le décret réglementaire de 1852 (art. 22) reproduit par l'art. 25 de la loi du 5 avril 1884, exige que la boîte du scrutin soit constatée vide de tout bulletin au commencement des opérations et qu'elle reste jusqu'au dépouillement fermée par deux serrures, une clef étant aux mains du président, l'autre à celle de l'assesseur le plus âgé. Ces précautions ont été souvent méconnues en pratique. On a voté dans les récipients les plus divers : jusques et y compris dans des soupières (conseil d'Etat, 7 juillet

1893, Lebon, 1893, p. 564). D'autres fois, les doubles clefs sont identiques, ou mieux encore, l'urne renferme un double fond ou une seconde fente servant à introduire ou à retirer subrepticement des bulletins avec la complicité ou l'inattention du bureau. Il va sans dire que ce sont autant de causes d'annulation du scrutin.

Pour arriver au vote, il faut tout d'abord s'assurer de l'identité des électeurs ; ce soin est confié au bureau, compétent pour trancher les difficultés qui peuvent surgir au cours des opérations (décr. régl. de 1852, art. 16 et loi 5 avril 1884, art. 21).

Mais il importe de préciser les règles que l'on doit observer.

Tout d'abord, nous rappellerons le principe qu'on ne peut admettre à voter que les électeurs inscrits sur la liste électorale, mais qu'on doit recevoir le bulletin de tous ceux qui y sont portés (décr. régl. de 1852, art. 19 et loi du 5 avril 1884, art. 23). Toutefois, on assimile aux inscrits les électeurs porteurs d'une décision du juge de paix ordonnant leur inscription ou d'un arrêt de la Cour de cassation annulant une radiation.

Par conséquent, le bureau ne peut pas rejeter le vote d'une personne inscrite, même par erreur, sur la liste électorale, non plus que le vote de citoyens infirmes, malades, ou même aliénés (tant que l'autorité n'a pris aucune mesure d'internement régulier).

En sens inverse, le bureau doit refuser l'accès de l'urne aux citoyens même les plus capables, mais qui, par négligence ou autrement, sont omis sur la liste électorale. Il n'est pas, en un mot, juge de la régularité de cette liste et il doit seulement en assurer la concordance avec les votants.

Pour permettre la constatation de l'identité, la loi du 5 avril 1884 (art. 13) a légalisé et généralisé l'usage de cartes électorales, c'est-à-dire d'une pièce délivrée par le maire et dont l'électeur est porteur au moment du vote. Il va sans dire que l'électeur doit se présenter en personne et non par mandataire, mais le bureau peut admettre à voter les électeurs dépourvus de cartes dont l'identité lui est suffisamment connue. Nous pensons même, avec la jurisprudence du conseil d'Etat, que la carte ne peut pas être exigée de l'électeur, si celui-ci prouve son identité par d'autres moyens (passeport, actes de l'état civil, etc.).

Les cartes électorales constituent un moyen facile de vérification d'identité, mais elles donnent lieu à des abus variés.

En premier lieu, le bureau néglige trop souvent de contrôler les mentions de la carte et il laisse voter un jeune homme dont la carte mentionne un âge de vieillard. De plus, et en conciliation avec cette négligence, aucune mesure sérieuse n'est prise pour assurer la remise des cartes aux véritables ayants-droit.

Tantôt la poste les distribue tant bien que mal aux présumés domiciles des intéressés et les cartes trouvent un destinataire là où une lettre recommandée n'atteint aucun signataire.

D'autres fois, les cartes sont remises par le maire ou ses agents aux électeurs en personne ou soi-disant tels, sans parler des paquets de cartes qui, n'ayant pu atteindre leur destinataire, séjournent dans les bureaux de la mairie. Enfin quelques cartes prennent des chemins si erratiques qu'elles finissent par aboutir en des endroits fort suspects, tels que le comité d'un candidat. Evidemment, le procédé, quoique bon, pourrait être perfectionné, notamment par l'adjonction de marques d'identité précises (photographie ou autre).

Nous avons à rappeler ici les fraudes nombreuses que la lecture des arrêts du Conseil d'Etat dénonce régulièrement. Ce sont, par exemple, des morts qui sortent de leur sépulcre, des absents qui votent par voie télépathique, des électeurs influents séquestrés de force (hors la France continentale cependant), ou mieux endormis dans les délices de Capoue. Enfin, nous passons sous silence la corruption électorale sous toutes ses formes, corruption aussi vieille que l'élection elle-même et dans laquelle nos contemporains sont de bien pâles imitateurs de leurs ancêtres de l'ancienne Rome à la fin de la République [1].

Laissons de côté ces abus et continuons l'étude des opérations électorales. L'électeur est présent, son identité est vérifiée, il convient maintenant de recevoir son suffrage. Pour ce faire, l'électeur a dû préparer, en dehors de la salle, un bulletin, lequel doit être blanc et sans signe extérieur. Le président le reçoit et le dépose lui-même dans l'urne. Telle est la procédure organisée par les articles 21 du décret réglementaire de 1852 et 25 de la loi municipale du 5 avril 1884.

Comme on le voit, le vœu de la loi est que le vote soit secret. Le vote public, réclamé par quelques idéalistes comme plus conforme à la dignité humaine, n'a jamais été employé que pour méconnaître la liberté du suffrage universel. Mais le système actuel est très loin d'assurer le secret désiré. Tout d'abord, la jurisprudence se montre très tolérante en ce qui touche la couleur plus ou moins blanche des bulletins de vote. Chaque candidat emploie un papier de contexture et de grandeur spéciales et il est généralement aisé de faire la différence entre ces papiers, avec un peu d'expérience.

On va même jusqu'à tolérer l'emploi de papiers plus ou moins rayés et quadrillés, par la raison assez plausible d'ailleurs que l'électeur a le droit de libeller lui-même son bulletin sur le papier qu'il possède.

[1] Nous nous permettons de renvoyer sur ce point à notre propre thèse : *Les élections politiques sous la République romaine*, Bordeaux, 1895.

La fraude utilise parfois des procédés savants. Par exemple, le bulletin sera découpé par l'imprimeur un peu obliquement et, en le pliant, un des côtés dépassera l'autre. Autant alors voter à bulletin ouvert. Ou encore, on distribue aux électeurs dont on veut obtenir le vote à tout prix des bulletins contenant des signes de reconnaissance minuscules, mais visibles pour les initiés seulement. Tout bulletin qui ne se retrouve pas au dépouillement dénonce l'abstention ou la trahison de l'électeur suspect, etc.

C'est pour remédier à ces abus que le Parlement a été saisi de propositions tendant à assurer la sincérité du vote, notamment par le vote sous enveloppe uniforme préparée dans une cabine d'isolement. Une opposition plus ou moins patente a jusqu'ici empêché l'élaboration définitive de ces dispositions, sur lesquelles cependant tous les partis devraient être d'accord; mais on peut espérer que la bonne foi finira par triompher et par délivrer les électeurs timorés de l'obligation puérile de se procurer le *bon* bulletin pour y inscrire subrepticement le nom du *mauvais* candidat.

Nous ajouterons que les bulletins doivent être fermés et non transparents, le président ne peut naturellement pas les ouvrir, encore moins leur en substituer d'autres, mais il peut, en les palpant, empêcher le dépôt de bulletins doubles.

Le vote se complète par l'émargement, c'est-à-dire l'apposition de la signature, même abrégée, d'un membre du bureau en face du nom de l'électeur qui vient de voter et qu'on pointe sur la liste électorale ou plus exactement sur une copie appelée liste d'émargement (loi 5 avril 1884, art. 25).

Le but de l'émargement est d'empêcher les doubles votes. Il sert aussi à calculer la majorité par comparaison avec le nombre de bulletins trouvés dans l'urne.

Il doit avoir lieu sitôt que l'électeur a exercé son droit de vote, mais, si par erreur ou mauvaise foi, on émargeait un électeur qui ne s'est pas encore présenté, ce fait ne pourrait pas priver le citoyen de son droit de suffrage, sauf les difficultés de la preuve.

La régularité de la liste d'émargement est un critérium important de la sincérité de l'élection. L'absence ou la falsification de la liste entraîne presque invariablement l'annulation des opération électorales, aussi la liste doit-elle être tenue pendant huit jours à la disposition de tout réquérant, au secrétariat de la mairie.

Le scrutin est clos par une déclaration formelle du président du bureau (loi du 5 avril 1884, art. 26) après laquelle aucun vote ne peut être reçu. Cette clôture doit avoir lieu à l'heure fixée d'avance, ni avant, ni après, toute irrégularité, et spécialement la clôture anticipée, entraînant une présomption de fraude.

Du dépouillement. — Le scrutin clos, il s'agit de le recenser, opération délicate et propice aux entreprises des contempteurs de la souveraineté populaire. Parfois le scandale éclate d'emblée, l'urne s'envole par la fenêtre ou, pour se mieux garder, disparaît avec le président dans une chambre secrète.

D'autres fois, la conscience du bureau est tellement alarmée qu'il n'ose pas procéder au dépouillement lui-même et que l'urne, scellée de cachets plus ou moins mobiles, part vers la préfecture ou la sous-préfecture. Les électeurs seront satisfaits de tels scrupules et généralement aussi les candidats dont les amis transportent la précieuse boîte.

Ce sont là manœuvres brutales, d'ailleurs illégales, le dépouillement devant avoir lieu immédiatement après la clôture du scrutin (décr. régl. de 1852 (art. 27) et loi du 5 avril 1884 (art. 27). De plus, l'opération doit être publique, c'est-à-dire sous le contrôle des électeurs eux-mêmes.

Ce dernier point est un de ceux qui prêtent au plus de difficultés. Des rixes s'élèvent, pas toujours spontanées. Les bulletins, listes, procès-verbaux sont saisis, lacérés, avalés même par des adversaires sans scrupule. Le président intervient, fait expulser les perturbateurs et le huis-clos s'ensuit, pas expressément dans l'intérêt de la morale publique. Si même la mesure paraît exagérée, un électeur habile découvre la clef du compteur où le commutateur électrique, contrairement au proverbe, l'obscurité rassure les méchants et fait trembler les bons.

Le dépouillement est normalement assuré par le bureau. Lui seul, en tous les cas, en a la responsabilité et lui seul peut trancher les difficultés qui se présentent. Pour les élections ou le nombre des votants dépasse 300, il y a lieu de procéder à la désignation de scrutateurs, c'est-à-dire d'électeurs sachant lire et écrire et choisis par le bureau tout entier qui reste chargé de leur surveillance (art. 27 de la loi de 1884).

Quel que soit le procédé employé, les tables de dépouillement doivent être disposées de telle façon que les électeurs puissent circuler à l'entour (décr. régl. de 1852, art. 29). Mais il n'est pas interdit de prendre des mesures d'ordre destinées à assurer quelque liberté aux scrutateurs, pourvu que le contrôle reste possible sur leurs agissements.

Le dépouillement se décompose en trois opérations : le comptage des bulletins renfermés dans l'urne, la lecture des noms, le pointage. Nous nous en occuperons successivement.

Régulièrement le nombre des bulletins doit être égal à celui des votants constatés par les émargements. Quand la concordance n'existe pas, il est probable que l'erreur provient de ce qu'on a émargé des électeurs qui n'ont pas voté ou, en sens inverse, qu'on n'a pas émargé tous les votants. La jurisprudence décide que c'est le nombre des bulletins qui doit entrer en ligne de compte pour le calcul de la majorité. Dans la pratique, on use de deux procédés principaux. Ou bien, on retranche au candidat proclamé élu une quantité de suffrages égale à la différence entre les émargements et les bulletins et il faut qu'il conserve encore une majorité suffisante. Ou encore, on ajoute cette même différence aux voix des candidats non élus et leur concurrent proclamé doit conserver la majorité, malgré cette addition.

Nous avons jusqu'ici supposé l'erreur; ici, comme ailleurs, la fraude s'en mêle. Des bulletins sont ajoutés en cachette par des procédés imités des meilleurs prestidigitateurs. Parfois des substitutions étranges se produisent dans le transport de paquets de bulletins d'une table à l'autre. Ou encore, ce qui revient au même, on profite d'un instant d'inattention pour additionner de quelques émargements la liste perdue de vue dans les incidents de la lecture des bulletins.

Cette lecture est, en effet, la partie la plus importante du dépouillement. Normalement, elle est très simple, un scrutateur déplie le bulletin et le lit à haute voix. Puis, et c'est là l'opération du pointage, un autre scrutateur pointe le suffrage sur des listes préparées à l'avance au nom de chaque candidat (art. 27 décr. régl. de 1852).

C'est ici qu'intervient tout particulièrement le droit de contrôle des électeurs chargés d'éviter la fraude trop facile de lire un nom pour un autre ou de le pointer à tort. Nous n'insisterions pas davantage s'il ne se présentait ici les très grosses difficultés des bulletins irréguliers, sur lesquels le bureau (et non les scrutateurs) doit statuer.

Tout d'abord, on ne tient aucun compte des bulletins au nom d'un candidat à la députation qui n'a pas fait la déclaration prévue par la loi du 17 juillet 1889, constatée plus haut. D'une façon plus pratique, n'entrent pas non plus en ligne de compte les bulletins blancs, insuffisants, illisibles, ceux portant désignation du votant ou des signes de reconnaissance *intérieurs*. La pratique est extrêmement fertile en hypothèses de ce genre et l'espace nous manque pour donner les détails. Pour nous en tenir aux seuls bulletins blancs, le dépôt dans l'urne a pour unique effet d'assurer l'émargement de l'électeur et d'empêcher un vote frauduleux par autrui.

Il en est différemment des bulletins sur papier de couleur ou portant des signes *extérieurs* de reconnaissance. Ceux-là comptent dans le total des suffrages exprimés, mais ils ne sont pas attribués au candidat dont ils portent le nom (décr. régl. de 1852, art. 30 et loi du 5 avril 1884, art. 28).

Ces distinctions sont au fond assez subtiles. Tout bulletin déposé dans l'urne, même un blanc, constitue en réalité un vote. Il est à coup sûr logique de ne pas compter au profit du candidat des bulletins peu compréhensibles ou douteux ou même falsifiés par des signes de reconnaissance, mais assimiler ces bulletins à l'abstention est forcer la réalité des choses.

Les bulletins renfermant des mentions étrangères à l'élection sont valables, à moins qu'ils ne contiennent des signes de reconnaissance. Des difficultés se sont soulevées au sujet de ceux qui renferment des énonciations injurieuses pour les candidats, la jurisprudence admet aujourd'hui qu'ils n'entrent pas en ligne de compte, mais on recense ceux attaquant les adversaires du candidat dont ils portent le nom.

Les bulletins irréguliers et douteux doivent être conservés pour être annexés aux procès-verbaux. Les autres sont brûlés en présence des électeurs (décr.

régl. de 1852, art. 31, loi 5 avril 1884, art. 29). Cela évite de garder des masses de papier, mais cela expose aussi à la destruction des bulletins suspects qui ont passé inaperçus du bureau ou des électeurs.

Lorsque le dépouillement est terminé dans chaque section de vote, les procès-verbaux sont centralisés à une section centrale et il y a lieu de procéder à la dernière phase du scrutin : la proclamation des candidats élus (décr. régl. de 1852, art. 31 et 32).

De la proclamation. — Celle-ci est faite par le bureau électoral, excepté pour les élections à la Chambre des députés. Pour celles-ci, le résultat du scrutin est bien rendu public immédiatement, mais le recensement et la proclamation n'ont lieu que par l'intermédiaire d'une commission spéciale de trois conseillers généraux qui se réunissent quelques jours après à la préfecture.

Pour procéder à la proclamation, le bureau doit d'abord rechercher quelle est la majorité requise. Dans toutes les élections, il faut au premier tour une double majorité combinée : 1° Le quart des électeurs inscrits; 2° La moitié plus un des suffrages exprimés. Au second tour, au contraire, la majorité relative suffit, et en cas d'égalité, le bénéfice de l'âge l'emporte. Le quart dont il s'agit doit être calculé sur le nombre des électeurs portés sur la liste électorale, nombre augmenté de celui des électeurs ayant le droit de voter, quoique non inscrits, en vertu d'une décision judiciaire.

Quant à la majorité, elle se calcule, non sur le nombre des votants ou des émargements, mais sur celui des suffrages exprimés. Ainsi, nous répéterons ici que les bulletins blancs n'exercent aucune influence sur le résultat de l'élection. Si les suffrages exprimés sont en nombre impair, la majorité s'établit en divisant ce chiffre par deux et en ajoutant une unité au nombre pair immédiatement inférieur. Ainsi, soit 99 suffrages, la majorité sera de 50.

Le calcul de la majorité est une opération souvent très compliquée, mais le bureau ne peut pas esquiver. Sans entrer dans les détails, nous nous contenterons d'énoncer que le bureau ne se borne pas à de simples additions matérielles des bulletins trouvés dans l'urne, il doit, en outre : 1° Retrancher du total les bulletins qui n'entrent pas en compte ; 2° Y ajouter un nombre de voix égal à celui des électeurs dont le président aurait refusé le suffrage par erreur ; 3° Déduire aux candidats à proclamer un nombre de voix égal à celles retranchées du scrutin ; 4° Augmenter les candidats *non* proclamés du nombre des voix ajoutées au mêmes crutin.

On voit, par conséquent, que le résultat final de l'élection peut être complètement modifié par ces opérations arithmétiques finales. C'est le dernier espoir des candidats et des bureaux amateurs de la fraude. Pendant que les adversaires se voient déjà victorieux, des grattages et surcharges interviennent. Des bulletins innocents sont grossièrement maculés, d'autres suspects, retrouvent une virginité incontestable. Enfin (cela s'est vû), le président profite du relâchement de la surveillance de la dernière heure, pour proclamer élu un candidat qui n'a pas obtenu la majorité requise. A coup sûr, l'élection sera annulée, mais en attendant, provision étant due au titre, le bénéficiaire de la supercherie continue à siéger à la place du véritable élu.

Nous avons déjà signalé la rédaction d'un procès-verbal des opérations électorales. Sa tenue, en double exemplaire, est rendue obligatoire par les articles 33 du décret réglementaire du 2 février 1852 et 29 de la loi du 5 avril 1884. Ce dernier texte ordonne même l'affichage d'un extrait, mais le procès-verbal doit, dans tous les cas, rester au secrétariat de la mairie à la disposition des requérants.

Le procès-verbal doit être rédigé immédiatement après la proclamation et signé des membres du bureau Les électeurs ont le droit, avant sa clôture, d'en prendre communication et d'y faire insérer leurs protestations motivées. Quant à son contenu, il doit comprendre le détail sommaire des opérations accomplies, le résumé des décisions contentieuses du bureau et le résultat du scrutin. Nous avons indiqué quels bulletins devaient y être annexés.

Le procès-verbal, même régulier, ne fait foi que jusqu'à preuve contraire, mais les protestataires contre ses énonciations ont la charge d'administrer ladite preuve. Tous moyens sont admissibles, notamment l'enquête par témoins, ce sera au juge de l'élection à chercher à dévoiler la fraude par les procédés dont il dispose.

Nous ne pouvons abandonner la matière des élections sans indiquer qu'il existe à leur sujet un double contentieux : administratif et pénal. Le premier, tout-à-fait du ressort du droit administratif, a pour but de vérifier la régularité du scrutin et de toutes opérations connexes et, le cas échéant, de rectifier ou d'annuler l'élection. Quant au contentieux pénal, il a pour objet la répression des manœuvres, violences et délits ayant pour but les falsification du suffrage universel. Le Code de la matière est le décret organique du 2 février 1852, complété par quelques textes antérieurs ou postérieurs. Nous ne croyons pas utile de nous étendre ici sur ces dispositions, très nettement énoncées par le décret-loi que nous venons de citer.

Telles sont, malgré la longueur de nos explications, les principes résumés de la législation électorale actuelle, Nous ne reviendrons pas sur leurs défauts, mais nous pensons que cette législation a besoin de quelques retouches, sinon de réformes, pour assurer à la fois la dignité des élus et l'indépendance des électeurs.

CHAPITRE V

LA LIBERTÉ INDIVIDUELLE

Ce n'est pas trop s'avancer que de dire que la liberté individuelle est la première de toutes les libertés et c'est celle qui semble aussi le plus naturelle. Sans qu'il y ait lieu ici de discuter le problème philosophique du libre arbitre, l'homme a le sentiment ou l'illusion de se déterminer d'après sa libre volonté et la liberté individuelle n'est que la mise en application pratique de ses décisions spontanées ou présumées telles.

Dans un sens très large, la liberté individuelle embrasse une énorme sphère d'application et elle comprend à vrai dire tous les ressorts de l'activité humaine. A la prendre dans son expression absolue, elle impliquerait le droit de tout faire, partout et toujours.

Il n'est pas besoin de dire que cette extension est irréalisable dans la pratique de la vie sociale. L'homme isolé, sans famille ni compagnon, serait libre, mais cette liberté ne lui servirait guère qu'à mener une existence misérable et précaire. Dès que l'élément social intervient, la liberté se restreint et de plus en plus à mesure que les conditions du milieu ambiant deviennent plus complexes.

Nous ne nous en apercevons pas, parce que nous sommes aveuglés par l'accoutumance, mais notre vie s'écoule au milieu de réglementations et de conventions plus ou moins spontanées et toujours plus nombreuses de siècle en siècle.

Au point de vue théorique, la liberté n'est même pas désirable, puisque, par définition, elle implique la possibilité de sortir de l'ordre établi. Si nous connaissions les lois des sociétés et la finalité de chaque existence humaine, la liberté serait une grave atteinte à la paix sociale, puisque chacun aurait sa mission exactement déterminée dont il ne devrait pas s'écarter sous peine de nuire à la collectivité.

Dans l'état actuel de notre savoir, au contraire, la liberté individuelle se justifie précisément par notre ignorance. Nous ne pouvons pas donner des ordres à nos semblables et nous enserrer nous-même dans un réseau infranchissable, par la simple raison que nous ne pouvons préciser d'avance la direction à imprimer à notre activité. Nous sommes donc réduits à laisser chacun de nous agir à sa guise, en suivant ce qu'il croit être son devoir ou son intérêt. Il va sans dire que nombre d'êtres humains profitent et abusent de cette liberté. Quand l'abus ne nuit qu'à l'individu, la société s'en désintéresse, mais elle intervient au contraire quand le trouble est d'ordre collectif. Comme nous le disions plus haut, les conditions de la vie se compliquent chaque jour et les répercussions sociales de chacun de nos actes sont de plus en plus multiples. Il n'est donc pas paradoxal de penser que le progrès engendre non la liberté individuelle, mais, au contraire, sa soumission aux intérêts généraux.

Principe de la liberté individuelle. — Pour rester sur le terrain des conditions actuelles de la civilisation, nous pouvons définir la liberté individuelle comme celle d'aller et de venir et accessoirement d'agir à sa guise sous les réserves nécessitées par l'ordre social. Suivant une phrase classique, la liberté de chacun est limitée par celle d'autrui et plus encore par le régime général de la société.

La liberté qui nous occupe consiste donc surtout en une absence de restrictions et de réglementations, car elle ne contient aucun principe d'action et pour emprunter des expressions au droit civil, elle est également génératrice de faire et de ne pas faire.

La liberté individuelle ainsi comprise est d'origine relativement récente et nous avons laissé entendre qu'elle risquait de ne pas être très durable. Sa base rationnelle est dans la conception de l'indépendance et de l'affirmation de la personnalité humaine et surtout dans celle des droits de l'individu. Sans revenir ici sur le conflit déjà connu des pouvoirs de l'Etat et des droits individuels, on peut dire que la liberté dont s'agit ne se justifie qu'en déniant le droit de commandement absolu de l'autorité sociale. Or cette dernière idée, plus ou moins en germe dans les écrits de nombreux philosophes et publicistes, n'a été parfaitement développée qu'au XVIIIe siècle avec les théoriciens du contrat social et elle n'a été complètement mise en pratique qu'avec la Révolution française. Il serait assurément absurde de soutenir que la liberté individuelle date de la Déclaration des droits de l'homme, l'Angleterre la connaissait déjà depuis plusieurs siècles, mais on est en droit de penser que sa notion théorique n'a été pleinement mise en valeur que par les puissants constructeurs de la société substituée à l'Ancien Régime.

Nombre d'institutions, bien des fois séculaires, montrent aisément avec quelle facilité la liberté individuelle est anéantie par des forces extérieures à l'individu. Toute l'antiquité a été modelée sur l'institution de l'esclavage, c'est-à-dire la négation absolue de cette liberté.

Sans parler de survivances encore importantes des

formes esclavagistes, il existe des traces nombreuses de la subordination de l'individu à la puissance publique. L'impôt en nature est encore d'usage constant dans la plupart des races humaines et si, en Europe, la corvée a disparu sous sa forme classique, l'activité individuelle est orientée, dans la plupart des Etats, vers un sens déterminé par l'obligation du service militaire. Nous revenons ainsi à ce que nous disions plus haut, la liberté individuelle est une liberté de modestie et d'ignorance, nul n'ayant le pouvoir ni le savoir de diriger autrui dans toutes les circonstances de la vie. Mais dès que cette ignorance disparaît, dès que l'énergie de l'individu peut être orientée nettement vers un but collectif, tout aussitôt l'organe social apparaît avec son pouvoir de coercition et accapare à son profit la faculté de libre mouvement laissée aux éléments isolés. La liberté individuelle est surtout une défense contre la tyrannie et l'égoïsme de quelques-uns.

Les législations actuelles s'efforcent de combattre cet asservissement de l'homme par ses semblables. Depuis des siècles, l'esclavage n'existe plus en Europe et en France spécialement, les dernières traces de la forme atténuée du servage ont disparu à la Révolution française. L'esclavage lui-même est absolument interdit, tant sur le territoire métropolitain qu'aux colonies (Décret du 27 avril 1848), sous des peines diverses et avec perte de la qualité de Français. Toutefois, dans certaines de nos possessions, la ligne de démarcation étant impossible à tracer entre le travail servile et le travail libre, on est obligé de tolérer, vis-à-vis des indigènes, un certain esclavage domestique qui ne peut disparaître que par les progrès de la civilisation.

Non seulement l'esclavage est défendu, mais la loi annule tout engagement de la personne impliquant une abdication des droits individuels. C'est ainsi que le Code civil annule les servitudes imposées aux personnes et non aux choses (art. 686) et qu'il défend de même le louage de services sans condition de durée (art. 1780). Dans un ordre d'idées connexes, les vœux religieux perpétuels sont déclarés sans valeur légale (loi du 17 février 1790, art. 1er).

Il importe de remarquer, dans ces divers cas, que les individus peuvent user précisément de leur liberté pour l'abdiquer. Ce n'est pas un délit de prononcer des vœux, ni de se conduire comme un esclave vis-à-vis d'une autre personne. Mais ces faits n'ont pas d'existence juridique et ceux qui s'y soumettent ont toujours la faculté de faire cesser ce qui n'est de leur part qu'une simple tolérance.

C'est au contraire une infraction précise que d'attenter à la liberté individuelle hors des cas strictement prévus par la loi, ainsi que le porte la Constitution de 1791. L'infraction diffère suivant les cas : arrestation arbitraire, séquestration, etc., mais en toute hypothèse le pouvoir social s'efforce de sanctionner la liberté en question d'une manière très ferme.

En étudiant l'application et la garantie du principe de la liberté individuelle au point de vue plus spécial du droit public, il est aisé de remarquer que ce principe s'analyse en deux garanties fondamentales, complémentaires l'une de l'autre et qui constituent deux droits pour les particuliers. Ce sont d'abord la liberté de mouvement ou garantie contre l'arrestation arbitraire, et en second lieu la protection de l'habitation des citoyens ou inviolabilité du domicile.

Bien que ces questions touchent de très près au droit pénal, nous les examinerons dans leurs grandes lignes et nous nous occuperons ensuite des catégories de personnes qui ne bénéficient pas d'un droit aussi complet que la généralité des citoyens français. Nous pouvons cependant dire d'ores et déjà que la règle de l'inviolabilité du domicile est applicable sans considération de personnes et, pour cette raison, nous l'étudierons en premier lieu.

De l'inviolabilité du domicile. — Suivant un très ancien proverbe britannique, la maison de chaque Anglais est sa forteresse. Cette image, souvenir des temps féodaux, exprime très nettement le principe que nul n'a le droit de pénétrer chez autrui sans le consentement de l'occupant. Cette règle se justifie d'ailleurs aisément par des considérations de bon sens et c'est le cas d'appliquer à la lettre la phrase célèbre de M. de Guilloutet, célébrant le respect du mur de la de la vie privée.

L'inviolabilité du domicile est établie par divers textes, spécialement des textes constitutionnels encore en vigueur comme lois ordinaires (Constit. de l'an III, art. 359 et Constit. de l'an VIII, art. 76). Le Code pénal (art. 194) incrimine comme délit toute pénétration violente dans le domicile privé par bris de clôture, mais il laisse impunie l'entrée sans violence par une porte ouverte par exemple.

Le mot domicile ne doit pas être pris ici dans le sens technique du Code civil, il embrasse tout local habité à quelque titre que ce soit sur le territoire français, pourvu que ce local soit pourvu d'une clôture suffisante pour qu'il ne soit pas accessible à tout venant. Si cette condition manque, nous avons soit un lieu public (marchés, églises, etc.), soit un lieu ouvert au public (théâtres, débit de boissons, etc.). Dans les deux cas, le domicile privatif n'existe pas et il en résulte que les particuliers et, à tout le moins, les représentants de l'autorité publique peuvent y pénétrer librement à toute heure de jour et de la nuit. Mais un lieu public est ouvert à tout venant et constamment accessible à l'autorité tandis qu'un lieu ouvert au public peut (et doit parfois) être fermé à certaines heures. Dans ce dernier cas, on se retrouve en présence d'un domicile ordinaire.

L'inviolabilité du domicile n'est pas absolue, il est des cas où l'utilité et la nécessité sociale exigent la pénétration de l'extérieur. Toutefois, ces exceptions sont plus étendues le jour que la nuit. Pendant la nuit, on ne peut méconnaître l'inviolabilité d'un domicile, même non habité, mais pouvant l'être, que dans trois cas précis : incendie, inondation ou appel provenant de l'intérieur. Hors ces hypothèses, l'autorité publique n'a qu'un droit : celui de cerner la maison suspecte et d'attendre patiemment la venue de l'heure légale.

La nuit, en effet, se règle ici, non par les principes de la vie usuelle, ni même par le lever et le coucher du soleil, on suit les règles posées par l'article 1037 du Code de procédure civile. Du 1er octobre au 31 mars, la nuit légale s'étend de six heures du soir à six heures du matin; du 31 mars au 1er octobre, elle comprend les heures allant de neuf heures du soir à quatre heures du matin. Pendant le jour, le principe de l'inviolabilité du domicile continue à s'imposer aux particuliers, mais il fléchit largement à l'égard des autorités publiques. Toutefois, celles-ci n'ont pas la faculté d'y pénétrer arbitrairement, mais les cas prévus par les lois sont tellement généraux que les exceptions finissent par dominer la règle. C'est ainsi que l'article 8 de la loi du 19 juillet 1791 donne le droit d'entrer chez les particuliers pour l'exécution des lois sur les contributions publiques (spécialement indirectes) et pour rechercher et pour prévenir les infractions. Il est évident que ces textes vagues autorisent de nombreux abus, mais certaines dispositions et certains usages les limitent cependant. C'est ainsi que seuls certains fonctionnaires (officiers de police judiciaire en général) sont investis du droit de pénétrer chez les particuliers et leur concours est indispensable. Les huissiers assistés des agents de la force publique et chargés de l'exécution des jugements ont encore le pouvoir de pénétrer, même par la force, chez les particuliers (Code de procédure civile, art. 587), mais la restriction la plus grave à la règle qui nous occupe est ce qu'on appelle la perquisition.

Sans développer la théorie de la perquisition, manifestement du ressort du droit pénal, nous indiquerons cependant qu'elle s'étend à la recherche par la justice de toute personne et de tout objet pouvant servir à la découverte d'un crime ou d'un délit. Normalement le droit de perquisition est réservé aux juges d'instruction, mais la pratique admet la délégation de leurs pouvoirs sur commission rogatoire. En cas de flagrant délit, tout officier de police judiciaire possède le droit de perquisition y compris un simple garde-champêtre. En outre, bien qu'en principe la perquisition ne puisse s'opérer qu'en présence de l'inculpé ou au lieu présumé habité par lui, l'emploi des procédures contre inconnu donne un moyen facile de tourner ces dispositions légales.

De l'état de siège. — C'est une grave exception aux principes normaux. L'inviolabilité du domicile cesse d'une manière complète en cas d'état de siège (loi du 9 août 1849, art. 9). L'état de siège supprime d'ailleurs la plupart des libertés publiques et il convient de préciser sommairement en quoi il consiste.

Normalement l'état de siège est la situation d'une place forte menacé par l'ennemi, techniquement quand l'ennemi est à moins de dix kilomètres. Dans ce cas, la nécessité de la défense passe avant les droits des citoyens et l'autorité militaire use, en droit et en fait, de pouvoirs presque discrétionnaires.

Mais à côté de l'état de siège militaire, facilement justifiable, il existe l'état de siège politique, qui serait mieux dénommé, comme dans certains Etats, la suspension des garanties constitutionnelles. Ici encore l'autorité militaire devient dictateur, mais seulement pour réprimer des troubles politiques qui ne sont pas cependant une guerre civile ouverte. Pour éviter des abus commis sous divers régimes, la loi du 3 avril 1878 a posé le principe que l'état de siège, hors l'investissement par l'ennemi, ne pouvait être déclaré que par une loi et dans les seuls cas de guerre internationale ou d'insurrection à main armée. Toutefois, en cas d'ajournement des chambres, le président de la République peut déclarer l'état de siège, mais seulement en face d'une guerre étrangère et de l'avis du conseil des ministres; de plus, le Parlement se réunit de plein droit deux jours après et doit approuver la mesure prise.

Quand l'état de siège, militaire ou politique, est déclaré, l'inviolabilité du domicile disparaît, tant de jour que de nuit, et les pouvoirs de police et de perquisition de l'autorité militaire sont illimités. Bien que cela sorte un peu de notre sujet, nous profiterons de l'occasion pour indiquer que l'autorité militaire peut revendiquer la compétence de juger les infractions dangereuses contre l'ordre public, mais en appliquant le droit commun quant aux peines. De plus, elle a la faculté d'expulser les personnes non domiciliées dans la zone en état de siége, d'y interdire les libertés de presse et de réunion et de se faire remettre toutes armes et munitions.

Nous n'insistons pas sur ces points, heureusement tout à fait exceptionnels et nous préférons passer au second élément de la liberté individuelle : la garantie contre l'arrestation arbitraire.

Du droit d'arrestation. — C'est ici que la liberté individuelle a souffert les plus graves atteintes ; l'ancien régime la méconnaissait par l'emploi des lettres de cachet et si la Révolution posa le principe que la justice avait seule le pouvoir d'arrestation dans les formes et cas strictement prévus par la loi, le premier Empire revint au système de l'arbitraire à peu près complet, sous couleur de police politique. La Restauration rétablit bien la règle normale, mais les abus ont reparu à plusieurs époques, toujours avec le prétexte de la raison d'Etat ou de lois de sûreté générale, lesquelles aboutissaient à mettre l'individu à la discrétion de l'autorité administrative ou politique en ce qui touche le plus précieux des biens : la liberté.

En laissant de côté ces mesures révolutionnaires et, sinon illégales en la forme, assurément contraires à l'esprit du droit public français, on peut poser le principe que la liberté individuelle est sous la sauvegarde de l'autorité judiciaire et que nul ne peut être arrêté que par des agents de cette autorité. Mais en pratique, il y a quelques exceptions à cette règle que nous devons d'abord signaler.

La plus connue est celle résultant de l'art. 10 du Code d'instruction criminelle d'ailleurs critiqué depuis de longues années et dont le Parlement est saisi de demandes multiples d'abrogation. En vertu de ce texte, les préfets peuvent procéder personnellement à des actes d'instruction judiciaire, y compris la mise en détention préventive, mais il faut remarquer qu'ils ne peuvent agir qu'en présence d'une présomption sérieuse de crime ou de délit. En aucun cas, l'arrestation n'est possible pour de simples raisons de police administrative ou politique.

Une autre exception, résultant de la nature des choses, s'applique aux militaires et marins sous les drapeaux. Leur liberté individuelle est restreinte par les nécessités de la discipline et ils peuvent être arrêtés sur l'ordre de leurs supérieurs pour simples infractions aux règlements. En outre, même à l'égard des marins du commerce, ils peuvent être ramenés de force à leur bord lorsqu'ils le quittent irrégulièrement.

Enfin, tout citoyen possède le droit d'arrestation en cas de flagrant délit, c'est-à-dire du délit qui se commet ou vient de se commettre. C'est en vertu de ce droit que les agents de police, qui ne sont pas officiers de police judiciaire (à l'inverse des gardes-champêtres), ont le pouvoir d'arrêter les délinquants en flagrant délit.

Hors ces cas et spécialement quand il n'y a pas flagrant délit, les citoyens ne peuvent être arrêtés et incarcérés qu'en vertu d'un ordre spécial de l'autorité judiciaire. Cet ordre peut être d'abord un jugement ou un arrêt devenu définitif et entraînant une peine privative de liberté. Ce peut être aussi un mandat du juge d'instruction.

Sans empiéter sur le droit pénal, nous rappellerons que le juge d'instruction a quatre mandats à sa disposition : le mandat de comparution, simple invitation non coercitive; le mandat d'amener, qui autorise l'arrestation; le mandat de dépôt, lequel justifie la mise en détention préventive; enfin le mandat d'arrêt dont le nom indique suffisamment la fonction. Rappelons encore que le vœu de la loi est que la mise en liberté provisoire soit la règle tant que les nécessités de l'instruction ne s'y opposent pas.

L'arrestation sans mandat et hors les exceptions légales constitue ce qu'on appelle l'arrestation arbitraire, infraction prévue et punie par l'article 341 du Code pénal, sans préjudice de dommages-intérêts contre les auteurs de l'infraction. Mais ce texte suppose l'intention criminelle, aussi bien que les défenses faites aux gardiens-chefs des prisons de recevoir des détenus sans être munis en même temps de pièces légales (loi du 8 décembre 1897, art. 6). En cas de simple erreur dans l'arrestation, l'individu incarcéré à tort n'a droit, le plus souvent, à aucune réparation. Tout au plus peut-il prétendre à des dommages-intérêts s'il prouve la faute lourde, une erreur d'identité, par exemple.

Si le principe de la liberté individuelle est nettement formulé par nos lois, il faut reconnaître que ses garanties sont assez minces. Les sanctions pénales sont difficilement mises en mouvement et ne peuvent intervenir que longtemps après le préjudice causé. Notre droit public ne contient aucune disposition analogue au célèbre *habeas corpus* du droit anglais, institution plusieurs fois séculaire en vertu de laquelle tout individu incarcéré peut se faire conduire devant une cour de justice, laquelle a le droit et le devoir de vérifier la légalité de l'arrestation et d'ordonner l'élargissement, le cas échéant. C'est seulement à ce titre que l'on peut considérer le droit à la liberté comme valablement placé sous la sauvegarde de l'autorité judiciaire. Nous devons reconnaître que les arrestations arbitraires sont des plus rares en France, mais leur seule possibilité devrait inviter le Parlement à transformer en lois diverses propositions de garanties depuis longtemps pendantes devant lui.

Ainsi que nous l'avons dit à plusieurs reprises, il existe diverses catégories de personnes qui ne bénéficient pas du statut normal quant à leur liberté individuelle; plus simplement, elles sont soumises sur ce point à la volonté plus ou moins discrétionnaire de l'administration. Ce sont ces catégories que nous allons faire connaître, en donnant d'ailleurs la liste immédiate. Cette liste, abstraction faite des militaires et des marins, comprend les étrangers, les aliénés, certains condamnés libérés, les mendiants et les personnes placées sous le régime dit de la prostitution.

Etrangers. — Les anciennes législations se montraient très rigoureuses envers les étrangers, allant même jusqu'à leur dénier tout droit et à les mettre hors la loi. Ces rigueurs se sont bien atténuées depuis, mais il subsiste néanmoins des restrictions importantes au droit commum à l'égard des non-Français.

Tout d'abord l'étranger est théoriquement astreint à se munir d'un passeport, non exigé en fait, encore qu'il soit utile comme pièce d'identité. Nombre de conventions diplomatiques l'ont d'ailleurs aboli expressément pour les ressortissants de la plupart des Etats.

Certaines puissances ne sont pas aussi libérales que la France. En Europe, plusieurs Etats, la Russie et les Etats d'Orient, par exemple, réclament le passeport visé par leurs agents diplomatiques. Les États-Unis refusent l'accès de leur territoire aux immigrants qu'ils jugent inutile ou nuisible de recevoir. La libérale Angleterre elle-même s'est donné le droit d'interdire le débarquement aux étrangers « non-désirables ».

Par contre, l'étranger qui veut séjourner en France doit faire une déclaration à la mairie (décr. du 2 octobre 1888). Une déclaration spéciale est exigée si l'étranger veut exercer un métier en France et pareille obligation est à la charge de l'employeur (loi du 8 août 1893).

Nous n'insisterons pas sur la faculté d'extradition des délinquants étrangers trouvés sur le sol français. Quoique purement administrative en la forme, l'extradition en France relève surtout du droit pénal et ne saurait être sérieusement considérée comme une atteinte à la liberté des étrangers.

Il n'en est pas de même du droit d'expulsion reconnu au gouvornement à l'égard de tout étranger. Ce droit est d'ailleurs exercé par tous les Etats sans exception notable. La Grande-Bretagne, quoique extraordinairement hospitalière à tous les éléments étrangers, s'est donné récemment le droit de débarrasser son sol des individus par trop dangereux pour l'ordre social.

En France, la faculté d'expulsion est extrêmement large (loi du 3 décembre 1849). Elle s'applique à tout étranger non naturalisé et pour toute espèce de motif. Il serait même mieux de dire qu'elle constitue un pouvoir remis discrétionnairement aux mains du gouvernement. A peine quelques garanties sont-elles stipulées au profit de l'étranger admis à résidence (art. 13 du Code civil) et il faut alors un décret préalable en Conseil d'Etat. Mais, hors ce cas, l'arrêté d'expulsion est pris par le Ministre de l'intérieur et même par les préfets des départements frontières, sous une sanction pénale en cas de contravention à l'arrêté. Dans la pratique, le pouvoir d'expulsion autorise l'administration à arrêter à la frontière les étrangers suspects et à faire arrêter et reconduire hors de France ceux atteints d'un arrêté d'expulsion. La liberté individuelle souffre donc ici une grave atteinte.

Des aliénés. — Une autre restriction des plus importantes à la liberté individuelle est celle qui s'applique aux personnes en état d'aliénation mentale. C'est même une question qui inquiète particulièrement l'opinion publique.

Nous n'avons pas à étudier ici les maladies mentales au point de vue médical ou médico-légal, non plus qu'à rechercher leurs différents modes de traitement. Il nous suffira de dire que la majorité des aliénistes estiment que le meilleur élément de cure est le plus souvent la soustraction du malade à son milieu ambiant et sa soumission plus ou moins forcée à une discipline plus ou moins rigoureuse.

D'autre part, les déments sont souvent une cause de danger social très grave, non seulement pour eux-mêmes, mais encore pour leur entourage et même pour tout le monde. Certaines formes de maladies mentales poussent irrésistiblement à commettre des actes délictueux, allant jusqu'au meurtre le plus sauvage et il est inadmissible de laisser des personnes aussi dangereuses en pleine liberté. Nous pouvons même relater ici la tendance d'une école d'anthropologie criminelle qui voudrait multiplier les asiles comme le meilleur moyen de réformation à l'égard des malfaiteurs de nombreuses catégories. Sans aller jusque-là, il est incontestable que des mesures d'internement s'imposent vis-à-vis des aliénés dits criminels, déclarés irresponsables par la justice ou même simplement menaçants. Il arrive même parfois que, par respect exagéré de la liberté des déments, on leur laisse la faculté de causer d'irréparables malheurs.

En sens inverse, il existe des folies douces et inoffensives, se dégradant par toutes les nuances possibles jusqu'à l'état de pleine santé mentale et dont le diagnostic est fort délicat à établir même pour les savants les plus expérimentés. L'internement n'est donc nullement obligatoire, encore qu'il puisse être utile dans des cas déterminés. Mais ces formes douces sont celles qui portent le plus à l'arbitraire et qui provoquent aussi la plus vive émotion publique. On plaint le fou furieux enfermé dans un cabanon, mais on s'inquiète du dément à l'esprit souvent merveilleusement lucide sur toutes choses, sauf une, et l'on se demande si la séquestration ne cache pas un terrible complot contre le plus raisonnable des hommes.

La législation actuelle est déjà ancienne, datant de la loi du 30 juin 1838. Depuis cette époque, d'innombrables propositions de réforme ont été faites, tendant toutes à augmenter les garanties légales contre l'internement arbitraire. L'opinion publique a été saisie de toutes les manières possibles : par le théâtre, le roman, la discussion savante, l'étude juridique la plus remarquable [1]. Le Parlement est, dans l'ensemble, unanime à approuver la réforme, mais, cependant, il n'a pu jusqu'ici trouver le temps de la réaliser. Faudra-t-il donc attendre jusqu'à l'impulsion d'un scandale criant?

Comme nous ne sommes ici que l'interprète des lois, nous devons exposer les règles actuellement en vigueur, tout imparfaites qu'elles sont, craignant d'ailleurs que les réformes désirées ne soient pas immédiatement accomplies.

Il existe deux grandes catégories de locaux destinés à l'internement des aliénés : les asiles départementaux qualifiés d'établissements publics [2] et ceux dirigés par des particuliers appelés établissements privés. Nous ne parlerons pas des premiers, uniquement dirigés par l'administration, mais il importe de noter que les asiles privés ne peuvent être ouverts qu'après autorisation expresse du gouvernement, qui approuve également le choix du directeur. De plus, ces asiles restent sous la surveillance constante de l'autorité publique (loi du 30 juin 1838, art. 3).

La loi distingue deux catégories de placements dans les asiles : le placement d'office par l'autorité préfectorale et le placement volontaire par la famille de l'aliéné. Ce sont les parties importantes du sujet.

Le placement d'office ne s'applique qu'aux aliénés atteints de folie dont les manifestations extérieures mettent en danger l'ordre public, la sécurité des per-

[1] Notamment le savant rapport de M. Larnaude, à la Société d'études législatives.

[2] Cette expression ne signifie nullement que l'asile ait la personnalité morale dans le sens du droit administratif.

sonnes ou celle du malade lui-même. Les préfets peuvent alors ordonner l'internement à titre discrétionnaire, mais dans un asile public de préférence. Aucune formalité n'est requise, si ce n'est l'arrêté d'internement lui-même. Il n'y a ni expertise ni certificat de médecin, non plus qu'aucune intervention de l'autorité judiciaire. En cas d'urgence, le maire et ses agents peuvent même arrêter un fou à titre provisoire, mais à charge d'en référer immédiatement à l'autorité préfectorale (loi de 1838, art. 18 et 19).

Comme on le voit, la liberté individuelle n'est ici garantie que par la prudence et la conscience des fonctionnaires. Cependant il paraît difficile de ne pas admettre l'arrestation provisoire et immédiate des déments dangereux, mais il serait bon de ne rendre l'internement définitif qu'après contrôle de la justice, ainsi que le disposent divers projets ou propositions de loi.

Cependant le danger d'internement injustifié est surtout grave en cas de placement volontaire dans un asile. Le préfet évitera toujours d'engager sa responsabilité dans des cas douteux, les particuliers peuvent avoir moins de conscience et ils ont presque autant de pouvoirs, comme nous allons le montrer.

Toute personne, parente ou même non parente, peut demander le placement d'un individu dans un asile public ou privé en présentant seulement les pièces suivantes : 1° Une demande établissant l'identité du requérant et la désignation de l'aliéné; 2° Un certificat de médecin constatant l'opportunité de l'internement; 3° Une pièce d'identité de l'aliéné. Si le directeur de l'asile accepte la demande, il doit mentionner ces pièces dans un bulletin d'entrée, avec un certificat du médecin de l'établissement et envoyer le tout au préfet dans les vingt-quatre heures (loi de 1838, art. 8).

Ce placement est provisoire dans l'esprit de la loi, car le préfet doit, si le placement est fait dans un asile privé et dans les trois jours de la réception du bulletin, provoquer l'examen du malade par des experts (loi de 1838, art. 9). L'internement est en outre notifié aux procureurs de la République du domicile de l'aliéné et du siège de l'asile. De plus, quinze jours après l'entrée, le préfet doit recevoir un nouveau certificat du médecin de l'établissement. C'est alors seulement que, si rien ne motive la sortie, le placement devient définitif.

Dans la pratique, ces dernières mesures sont peu ou pas exécutées et notamment l'expertise officielle n'est presque jamais approfondie. Il suffit de rencontrer un directeur d'asile insouciant ou peu scrupuleux pour pouvoir interner un individu même sain d'esprit, sans aucune autorisation administrative ou judiciaire. Les propositions de réforme exigent, avec raison, que l'internement définitif n'ait lieu qu'après approbation de l'autorité judiciaire, gardienne de la liberté individuelle.

Dans le but d'éviter ces redoutables séquestrations arbitraires, la loi de 1838 a organisé diverses procédures de contrôle dont nous retracerons seulement les grandes lignes, car elles sont peu efficaces et peu appliquées en pratique. Tout d'abord, le préfet, le maire, le président du Tribunal, le Procureur de la République ont le droit et le devoir de visiter à leur gré les établissements publics et privés d'aliénés pour y recevoir les réclamations des internés. Le Procureur de la République doit en outre faire des visites trimestrielles dans les asiles privés, semestrielles dans ceux publics et se faire représenter un registre sur lequel l'état mental de chaque malade est inscrit une fois par mois (l. 1838, art. 4 et 12).

Quant aux sorties, elles ont lieu dès que les médecins de l'établissement ont constaté la guérison (l. 1838, art. 13) où dès que certains parents de l'aliéné le requièrent, en cas de placement volontaire (l. 1838, art. 14). Mais, dans les deux cas, le préfet et le maire, en cas d'urgence, peuvent s'opposer à la sortie.

S'il s'agit d'un placement d'office, le préfet peut toujours en ordonner la cessation à la requête de toute personne. De même, tout parent ou ami, ainsi que le Procureur de la République, peuvent demander la libération de tout interné, en s'adressant au tribunal civil du lieu de la situation de l'établissement. Le tribunal statue, après enquête, en chambre du conseil, sans motiver sa décision (l. 1838, art. 29).

Nous noterons enfin, pour mémoire, les règles de droit civil applicables à la sauvegarde des biens des aliénés non interdits.

Comme nous l'avons dit à plusieurs reprises, toute cette procédure demande une réforme urgente. La loi de 1838 fut un progrès pour son époque en introduisant la notion que l'aliéné doit être soigné et protégé, mais elle a laissé trop de pouvoirs à l'administration et aux simples particuliers. Une meilleure répartition de l'expertise médicale, un contrôle médico-légal avant l'internement, l'augmentation de la garantie judiciaire, telles sont les bases d'une réforme dont nul ne peut nier la nécessité absolue. En outre, les personnes internées dans les asiles devraient avoir un moyen efficace de faire valoir leurs réclamations et surtout d'en provoquer l'examen par des personnes qui ne soient pas disposées à traiter ces demandes comme œuvres de fous. Cela doit être possible sans, pour cela, diminuer les droits essentiels de la sécurité publique menacée par les déments dangereux.

Condamnés libérés et mendiants. — Il va sans dire que la liberté individuelle est supprimée par les peines d'emprisonnement ou similaires, mais nous voulons parler ici du régime spécial fait à certains condamnés ayant exécuté leur peine.

Tout d'abord, les condamnés aux travaux forcés sont astreints, après leur libération, à l'obligation de résidence dans la colonie pénitentiaire.

Cette obligation est perpétuelle pour les condamnés à huit ans de travaux forcés ou davantage et pour les autres elle dure autant que la peine principale, d'où son nom usuel de *doublage*.

A un autre point de vue, tout condamné pour crime peut être astreint à l'interdictiou du séjour dans les localités dont la liste lui est notifiée par l'administration (loi du 27 mai 1885, art. 19). Cette interdiction dure de dix à vingt ans, elle est même perpétuelle au cas où elle remplace la relégation pour certains condamnés. Entrave légale à la liberté individuelle, l'interdiction de séjour est rarement observée en pratique; ainsi Paris, lieu défendu toujours, est la ville qui renferme le plus d'interdits de séjour.

Enfin, en cas de condamnation pour mendicité, le mendiant valide est conduit, par voie administrative, à un local appelé dépôt de mendicité où il est interné quelque temps pour se régénérer par le travail (C. pén., art. 274 et suiv.). En fait, nombre de mendiants ne sont pas internés et les résultats économiques obtenus par les dépôts sont d'ordre minuscule. Il faudrait, pour arriver à quelque chose, recourir au système du *workhouse* anglais, véritable maison de détention et de travail forcé.

Régime de la prostitution. — On peut encore classer comme échappant aux règles normales de la liberté individuelle les femmes se livrant à la prostitution publique. Nous ne voulons pas traiter ici le très gros problème de la réglementation de la prostitution, mais nous devons indiquer que l'administration se donne le droit, illégal d'ailleurs, de punir d'emprisonnement, sans jugement, les prostituées surprises sur la voie publique en méconnaissance des règlements en vigueur. Remarquons, pour éviter toute ambiguïté, que la réglementation par voie d'arrêté est légale dans la plupart des cas, mais que la seule sanction juridique de ces arrêtés est la poursuite et la condamnation des contrevenantes en simple police. Ce qui est arbitraire et contraire au droit, c'est, nous le répétons, l'incarcération des femmes par voie disciplinaire, sans intervention judiciaire. Il y a là un régime sur lequel tout a été dit et contre lequel les propositions de réformes les mieux étudiées ont été formulées, mais ici encore les errements anciens sont diffiles à déraciner, si injustifiables qu'ils soient.

Il convient pourtant de demander des modifications qui, sans que l'on puisse espérer détruire la plaie sociale de la prostitution, ne permettront plus de voir appliquer dans nos sociétés modernes des punitions analogues à celles de l'esclavage antique à des personnes mises hors la loi sans aucune justification juridique.

Telles sont les principales exceptions au principe de la liberté individuelle. Il est facile de voir qu'elles sont graves et importantes et que, pour la plupart d'entre elles, une réforme s'impose dans le sens d'une garantie efficace donnée par l'autorité judiciaire. Il y a encore en droit français trop d'anciens souvenirs des lettres de cachet et autres mesures analogues et il nous manque une procédure générale et facile pour porter remède à toute atteinte arbitraire contre la liberté de chacun de nous.

Le principal usage que l'homme doit faire de sa liberté est de la consacrer à l'activité économique et sociale. Nous allons donc tout naturellement exposer la règle connue sous le nom de principe de la liberté du travail et de l'industrie.

CHAPITRE VI

LA LIBERTÉ DU TRAVAIL

La liberté du travail est une question des plus vastes, susceptible d'embrasser, à la bien étudier, la majeure partie de l'économie politique et de la sociologie. Nous ne prétendons pas nous livrer à ces recherches hors de proportion avec le but du présent ouvrage et nous limiterons nos efforts, comme précédemment, plus à des constatations législatives qu'à des discussions théoriques.

Il est cependant indispensable de préciser en quelques mots l'importance du sujet. La liberté du travail prend en effet différentes acceptions suivant le point de vue. On oppose d'abord le travail libre au travail servile et on dira que l'homme, dans les sociétés modernes, n'est astreint au travail qu'autant qu'il y consent librement et aux conditions qu'il débat en toute indépendance. Il est certain que l'esclavage étant chose du passé pour les Etats civilisés, le travailleur ne peut pas être soumis à un régime de coercition de la part d'un supérieur quelconque pour l'obliger à l'activité, mais cette liberté est quelque peu théorique, car la vie ne se maintient que par l'action et pour l'immense majorité des hommes, l'effort est une nécessité. De par sa nature même d'organisme vivant, l'homme n'a pas la liberté de ne rien faire.

Quant aux conditions dans lesquelles chacun pourrait se placer pour régler ses modes d'activité, il est également quelque peu paradoxal de dire qu'on en est l'arbitre. Sans doute, le contrat de louage d'ouvrage ou ses analogues est régi, d'après le Code civil, par le principe de la liberté absolue des conventions. Mais cette liberté n'est qu'apparente, déterminée qu'elle est par une multitude de facteurs sociaux sur lesquels les individualités n'ont guère d'action.

Dans un autre sens, plus précis, la liberté du travail signifie que l'autorité étatique ne peut pas canaliser à son gré l'action individuelle et qu'elle doit laisser les citoyens s'orienter dans la vie comme bon leur semble. Ainsi présentée, cette liberté est un corollaire assez direct de la liberté individuelle, car il est certain que cette dernière oppose un grand obstacle à la réglementation par voie administrative. Aussi, pour mieux exprimer cette notion, on parle communément de liberté du travail, du commerce et de l'industrie, indiquant par là que chacun peut embrasser à son gré telle profession que bon lui semble.

Il n'est pas besoin d'ajouter que cette liberté repose sur une conception individualiste des sociétés. Si on admet au contraire que la collectivité est la seule fin sociale, comme dans l'armée par exemple, chaque individu reçoit en réalité une besogne très nettement déterminée et qu'il ne peut pas refuser ou échanger contre une autre. Mais dans l'état actuel, ces situations obligatoires sont l'exception et la plupart des systèmes socialistes ne les prévoient même pas.

Enfin, dans un troisième sens, la liberté du travail, du commerce et de l'industrie signifie que chacun est maître des modalités de son activité, des procédés employés et des résultats désirés. Ici encore l'individualisme est à la base de cette conception de la liberté et on estime que l'initiative personnelle est la meilleure source de progrès économique. Mais les intérêts de la collectivité sont en opposition souvent flagrante avec cette liberté ainsi entendue et nous indiquerons de nombreuses hypothèses où elle est tenue en échec. Il ne faut pas se dissimuler par ailleurs que les tendances sociales contemporaines ne sont nullement orientées vers une extension de la liberté qui nous occupe et qu'au contraire les lois se superposent pour la réduire d'une façon de plus en plus marquée.

Au lieu de se rallier à l'école libérale dont la doctrine absolue revient à faire de l'Etat un simple gardien de la loyauté des échanges économiques (Laissez faire, laissez passer), les législations de tous les pays tendent nettement à réglementer les conditions du travail tant du patronat que du salariat. Il ne nous appartient pas de discuter ici la valeur économique ou sociale de l'intervention étatique, mais nous ne pouvons pas la passer sous silence, d'autant plus que le régime opposé à la liberté du travail forme un véritable système qui sera bientôt codifié et qu'on désigne déjà sous le nom de législation industrielle et ouvrière. Nous serons donc conduits à n'étudier de la question traitée en ce chapitre que les côtés relevant plus spécialement du droit public.

Historique. — Il est bien connu que l'ancien régime n'admettait pas la liberté du travail. Tout un réseau de corporations, jurandes et maîtrises enserraient l'activité économique dans d'étroites limites. Les membres du clergé et de la noblesse ne pouvaient pas se livrer au commerce sans rompre avec leur ordre et sortir de leur caste sociale; mais, en sens inverse, les membres du tiers-état n'avaient pas la faculté d'exercer tel métier qui leur convenait. L'apprentissage, le compagnonnage, la maîtrise étaient soumis à des règles fixes qui les hiérarchisaient, quand ce n'étaient pas des sortes d'offices héréditaires. On ne pouvait pas, par exemple, quelque fortune qu'on possédât, ouvrir un nouveau commerce qui eût concurrencé ceux existants. D'autre part, les conditions du travail étaient l'objet de précisions des plus minutieuses. Patrons et ouvriers formaient des groupes d'une discipline absolue, obéissant, quant aux salaires et aux heures de travail, à des principes fixés par la coutume et qui formaient de véritables contrats collectifs entre employeurs et employés. Enfin, il n'existait pas non plus de liberté quant à l'exploitation industrielle et commerciale. Les procédés de fabrication, les prix de vente, la nature des marchandises, tout cela était l'objet d'une réglementation minutieuse et parfois puérile. Par dessus la surveillance des corporations, jalouses et hostiles les unes envers les autres, la royauté entretenait des corps d'inspecteurs qui entravaient encore les transactions de tout genre.

Cette organisation soulevait les plus vives critiques à la fin du XVIIIe siècle, il est juste pourtant de reconnaître qu'elle n'était pas sans quelques mérites. Le principal était de fournir au salariat une base assez stable pour établir ses conditions d'existence et le moyen de se défendre victorieusement par l'emploi de la force corporative. D'autre part, les excès de la spéculation et de la concurrence étaient rendus impossibles et la surveillance des moyens de fabrication pouvait rassurer le consommateur.

Mais ces avantages certains étaient compensés par de graves défauts. Le principal était de faire de chaque commerce une sorte de caste fermée dans laquelle l'individu travaillait mécaniquement, sans stimulant ni initiative. Toute invention, tout progrès, troublait l'harmonie vétuste de ces castes et était impitoyablement rejeté. La fin de l'industrie humaine paraissait être, non pas la satisfaction des besoins économiques, mais la justification de l'existence de catégories d'individus. Il en résultait une cristallisation et une paralysie sociales qui devaient se heurter fatalement aux tendances à l'action progressive des hommes du XVIIIe siècle.

Devinant l'état des esprits, Turgot supprima les corporations en 1776, mais le célèbre édit de février rencontra une résistance basée sur les intérêts menacés et quelques mois après il tombait avec son auteur. L'impulsion était pourtant donnée ; en 1779 les règlements sur l'exercice des métiers sont abrogés.

La loi des 2-17 février 1791 pose le principe moderne : tout commerce, tout travail est libre, sous la réserve de se conformer aux lois de police.

Mais la Révolution va plus loin, elle professe l'individualisme absolu et interdit tout accord, toute coalition tendant à réglementer par voie générale les conditions du travail. Les associations, syndicats, grèves, etc., sont prohibés tant pour les patrons que les ouvriers. Il n'y a plus que des individus en présence.

Il convient de noter que, sous la pression des circonstances, la Révolution ne put pas maintenir le principe de la liberté économique complète et elle intervint même d'une façon abusive et inefficace par des essais de fixation du prix des denrées (loi du maximum).

Les années qui suivirent la Révolution virent triompher la pratique d'une liberté commerciale à peu près complète. L'industrie française était d'ailleurs peu vivace, longtemps étouffée par les guerres du Premier Empire. Lorsque, sous la Restauration et surtout sous la monarchie de juillet, la richesse nationale s'accrut rapidement, on vit aussitôt apparaître des difficultés ouvrières, nées de l'isolement trop absolu créé par la Révolution. Le Gouvernement de 1848 essaya vainement d'une organisation du travail, rapidement disparue dans l'émeute de juin. Le second

Empire rétablit la faculté de coalition en 1864 et la troisième République vit l'élaboration d'une législation toujours plus complexe, qui sans détruire le principe de la liberté du travail, en limita l'application, ainsi que nous l'avons fait déjà remarquer.

Régime actuel. — Les explications que nous avons fournies au commencement de ce chapitre nous permettront de réduire à quelques règles fondamentales le régime actuel de la liberté du travail, du commerce et de l'industrie.

Nul n'est astreint au travail, excepté les militaires ou marins sous les drapeaux et les individus frappés d'une peine privative de liberté. Toutefois, celui qui est sans ressources et qui ne veut pas travailler court le risque d'être déclaré en état de vagabondage et puni comme tel. Si le travail n'est pas obligatoire, en revanche, il n'est pas non plus mis à la disposition de tout requérant. En termes plus simples, notre législation ne prévoit pas le droit au travail, c'est-à-dire l'obligation sociale de fournir un salaire à tout individu en état de chômage et qui offre son activité.

Lorsqu'une personne veut travailler, elle est en principe libre de se tourner vers telle branche des connaissances humaines qu'il lui plaît d'embrasser. Notamment ses concurrents déjà établis ne peuvent pas l'empêcher d'exercer une industrie similaire. C'est aux intéressés de supputer les chances de succès économiques sur un marché donné. En général également, nulle autorisation administrative, nul contrôle professionnel n'intervient à l'ouverture d'une maison de commerce. Il faut également noter que les étrangers jouissent, comme les nationaux, de la faculté de commercer et de travailler sur le territoire français, sous la seule réserve d'une déclaration à la mairie (loi du 8 août 1893).

Nous verrons bientôt que la liberté du travail entendue dans le sens que nous venons de définir est l'objet de nombreuses restrictions pratiques, dont la plus grave est l'institution des monopoles.

Si nous continuons l'examen du régime contemporain, nous noterons encore la liberté de laisser les industriels employer tels procédés de fabrication que bon leur semble. En un mot l'invention est admise et même encouragée. Toutefois, par les dispositions législatives sur les brevets et marques de fabrique, ainsi que sur la propriété littéraire et artistique, certaines personnes se voient attribuer des droits exclusifs sur leurs créations. Non seulement l'inventeur breveté a seul droit à exploiter son œuvre, ce qui est logique, mais il peut empêcher les tiers d'en profiter, même s'il n'exploite pas lui-même, ce qui est plutôt étrange.

La liberté de fabrication est restreinte dans une mesure importante par une législation nouvelle tendant à la répression des fraudes (loi du 1er août 1905 et divers textes complémentaires). Assurément, la liberté ne peut pas aller jusqu'à la falsification et l'escroquerie au préjudice du consommateur, mais la réglementation tend à devenir minutieuse et à définir les produits et leurs origines par une série de dispositions de détails qui rappellent fâcheusement les règles promulguées jadis par les anciennes corporations. En outre, certaines industries se voient défendre l'emploi de produits déterminés (interdiction du blanc de céruse par exemple).

Enfin la liberté du commerce prend un sens beaucoup plus vaste et pratique, lorsqu'on saura qu'elle comporte la faculté de livrer au public aux prix et conditions qu'il agrée au marchand d'établir. La fixation des prix est absolument libre, exception faite bien entendu des industries monopolisées. Toutefois des épaves de la législation de l'ancien régime et de la période révolutionnaire donnent aux municipalités le pouvoir de taxer le prix maximum que ne pourront pas dépasser le pain et la viande.

Mais, même pour ces dernières denrées, nulle autorité ne peut en imposer le débit au public. Egalement la qualité des produits mis en vente ne peut pas être réglementée tant du moins qu'il n'y a pas lieu à application de la législation sur les fraudes. Il n'est pas besoin d'ajouter que, par contre, l'administration et les tribunaux sont expressément chargés de veiller à la loyauté des transactions commerciales. C'est ainsi notamment que la loi du 4 juillet 1837 soumet tout commerçant à la vérification périodique des poids et mesures et que pour certains commerces, drogueries, eaux minérales, etc., des services d'inspection spéciaux sont organisés. L'autorité administrative peut d'ailleurs prendre certaines mesures d'hygiène pour assurer la salubrité des denrées offertes à la consommation, ce droit lui est expressément reconnu par la loi du 5 avril 1884 (art. 97), mais dans la pratique l'exercice de cette faculté donne lieu à de nombreuses difficultés qu'il est impossible de résumer en propositions précises. Le conseil d'Etat, appelé à maintes reprises, à statuer sur la légalité d'arrêtés municipaux argués d'excès de pouvoir, étudie chaque question et statue surtout par des décisions d'espèce. Sa jurisprudence part de l'idée suivante : laisser au commerce et à l'industrie le plus de liberté possible, tant que les intérêts publics et ceux des consommateurs ne sont pas gravement menacés et ne peuvent pas être protégés autrement que par des mesures de police administrative. En outre, le Haut Tribunal annule toujours les arrêtés qu'il juge inspirés plus par le désir de vexation de certains commerces que par le souci de la salubrité générale.

Comme on le voit, une grande latitude est laissée

aux particuliers dans l'exercice de leurs facultés économiques. On estime que c'est la meilleure source de progrès et de richesses générales. Mais il ne faut pas se dissimuler que ces principes de liberté subissent des atteintes de plus en plus nombreuses. La constitution des sociétés financières à capital et à puissance énormes, les doléances des salariés et des consommateurs, la nécessité fiscale de plus en plus pressante, tout cela a incité les Etats à introduire dans le commerce et l'industrie une série de mesures législatives toujours accrues et qui placent nombre de professions sous un contrôle plus ou moins rigide. Sans avoir l'ambition d'entrer dans le détail de ce contrôle, nous voulons néanmoins indiquer les plus notables restrictions à la liberté qui nous occupe.

Professions à monopoles. — Nous avons eu déjà l'occasion de signaler cette large exception à la libre activité de chaque citoyen. Sans entrer dans la discussion économique, nous dirons cependant que les monopoles tendent plutôt à s'accroître qu'à diminuer.

Au point de vue purement administratif qui est le nôtre, nous pouvons concevoir deux classes de monopoles : les industries qui ne sont exploitées que par l'Etat et celles qui sont ouvertes à certaines catégories de personnes seulement.

Les industries monopolisées du premier groupe échappent complètement à la liberté du travail et du commerce. Nul ne peut en établir de similaires sous peine de commettre un délit. Nous citerons tout particulièrement les monopoles à base fiscale : tabacs et allumettes, que l'industrie privée pourrait aussi bien gérer que l'Etat, questions d'impôts mises à part. Il y a aussi d'autres monopoles également interdits aux particuliers, mais où le côté fiscal est mitigé par des considérations d'utilité publique. Telles sont, par exemple, la fabrication des poudres et salpêtres, l'organisation des postes, télégraphes et téléphones, l'institution des concessions de chemins de fer. Notons à ce propos que le monopole postal n'empêche pas la transmission des paquets et imprimés par les particuliers, non plus que la concession des voies ferrées ne met obstacle aux autres moyens de transports terrestres, aquatiques et même aériens.

Il faut assimiler aux monopoles que nous étudions ici les industries locales pourvues de concessions exclusives, telles que les entreprises d'eau, de gaz, de tramways concédées par les communes. De très nombreux procès ont eu lieu notamment entre les compagnies de gaz et celles d'électricité, spécialement quand les municipalités toléraient l'occupation de la voie publique par ces dernières.

On ne doit pas non plus perdre de vue que le Parlement a été saisi plus ou moins ouvertement de projets tendant à l'établissement de nouveaux monopoles d'Etat, spécialement sur le raffinage des pétroles, l'alcool, les assurances et les mines. Ce seront éventuellement de nouvelles entraves à la règle de la liberté commerciale. La plupart des économistes sont d'ailleurs hostiles ou peu favorables à ces extensions des monopoles, mais divers arguments, et spécialement la recherche d'impôts nouveaux, peuvent influencer en sens contraire les décisions du législateur. On peut d'ailleurs indiquer que l'exploitation des mines est soumise d'ores et déjà à une réglementation des plus strictes, combinée avec une intervention fiscale de l'Etat. Nous ne faisons qu'indiquer ce point, la législation minière relevant du droit administratif général.

Nous arrivons maintenant aux monopoles du second groupe, c'est-à-dire aux professions non accessibles à tout venant.

Ces professions sont en grand nombre, si l'on y fait rentrer les emplois civils et militaires, c'est-à-dire l'armée des fonctionnaires de tous ordres. Toutefois il y a quelque abus de langage à dire que les conditions d'aptitude mises à l'entrée des carrières publiques constituent des entraves à la liberté du travail. Au contraire, il existe des professions purement privées où les particuliers sont astreints à des conditions spéciales.

Comme transition, nous citerons tout d'abord les offices ministériels, avoués, notaires, huissiers et autres. On ne peut pas dire que ce soient des fonctionnaires proprement dits, cependant nul ne peut s'établir officier ministériel, même remplissant les conditions d'aptitude requises, sans l'agrément du gouvernement.

Cet agrément, au contraire, n'est pas nécessaire pour d'autres professions libérales, c'est-à-dire celles d'avocat, médecin et pharmacien. Mais elles ne sont accessibles qu'aux personnes pourvues de certains diplômes et en outre présentant des garanties d'honorabilité spéciales.

Pour être pharmacien, il faut avoir le diplôme correspondant et, de plus, l'exercice de la pharmacie est réglementé étroitement par une loi, d'ailleurs surannée, de germinal an XI. Toutefois des textes récents (décr. du 1er août 1908) ont remanié les dispositions applicables à l'inspection des pharmacies et soumis les officines à un contrôle sévère destiné à assurer la satisfaction des légitimes *desiderata* du corps médical et des malades.

Pour exercer la médecine, l'art dentaire ou celui des accouchements, un diplôme spécial est nécessaire, lequel doit être en outre enregistré à la sous-préfecture et au greffe du tribunal civil de l'arrondissement. Mais ni les médecins, ni les dentistes, ni les sages-femmes, ne sont soumis à une inspection quelconque et ce n'est que par voie judiciaire et après condamnation grave qu'ils peuvent se voir retirer le droit d'exercer leur art.

La profession d'avocat est certainement la plus réglementée et elle constitue une survivance historique des principes corporatifs.

Non seulement le diplôme de licencié en droit est nécessaire, mais il doit s'accompagner d'un serment prêté devant la Cour d'appel. En outre et surtout, pour plaider, il faut être inscrit sur une liste spéciale appelée tableau ou être admis au stage. Dans les deux cas, ce sont les avocats en fonctions, par l'intermédiaire d'un Conseil de l'ordre présidé par le bâtonnier, qui décident si l'impétrant sera ou non admis. De même, l'avocat inscrit peut être frappé de peines disciplinaires, allant jusqu'à la radiation, et cela pour des faits étrangers à l'exercice de la profession, la gérance d'un autre métier par exemple, fût-il très honorable. Toutefois, à titre de garantie contre les abus, les décisions du Conseil de l'ordre emportant suspension ou radiation de l'avocat peuvent être revisées par la Cour d'appel. Mais, dans l'ensemble, suivant la formule classique, l'ordre des avocats est maître de son tableau.

Les professions dont nous venons d'esquisser la réglementation constituent des semi-monopoles. En un sens, elles sont ouvertes à tous ceux qui remplissent les conditions requises, il n'y a pas limitation du nombre d'avocats, de médecins ou de pharmaciens. Mais, en sens inverse, ceux-là seulement qui satisfont aux exigences légales et professionnelles ont le droit de plaider, de soigner et de délivrer des remèdes. Les tiers qui usurperaient ces droits sont passibles de peines correctionnelles et de dommages-intérêts.

Nous n'avons pas besoin d'ajouter que les règles

qui nous occupent sont motivées non par le désir de créer des castes, mais par la nécessité de protéger la vie, la santé, la fortune et l'honneur du public contre des aventuriers qui exploiteraient la crédulité générale. Ces restrictions à la liberté du travail sont très justifiables, tout autant par exemple que les obligations imposées aux commerçants par le code de commerce et les lois sur les sociétés.

Nous ne pouvons pas clore ce chapitre sans indiquer les grandes lignes des tendances modernes relatives à l'intervention de l'Etat dans le domaine du travail et de l'industrie. On peut discuter en économie politique et en sociologie sur le bien-fondé et l'utilité de pareille intervention, mais, en droit positif, il suffit de tracer l'esquisse du système, d'ailleurs commun à tous les Etats civilisés, dans lequel la puissance publique oblige l'industrie moderne à se mouvoir de gré ou de force.

Police de l'industrie. — Parmi les questions les moins discutables en théorie, encore que l'application pratique ne soit pas toujours aisée, on peut placer celles relatives à l'hygiène et à la sécurité publique. Il existe des industries insalubres ou dangereuses non seulement pour ceux qui y sont employés, mais encore pour les voisins. On comprend aisément que la liberté absolue soit ici un excès. La législation française est, d'ailleurs, plutôt insuffisante sur ce point, le vieux décret du 15 octobre 1810 exige bien l'autorisation administrative pour les établissements dangereux ou insalubres, et les voisins lésés ont toujours la possibilité de recourir à l'action en dommages-intérêts, mais, en fait, il n'est pas aisé de se débarrasser des usines incommodes et de celles qui souillent les cours d'eau et les plus beaux paysages.

En outre, pour tous les ateliers, les lois des 12 juin

1893 et 13 juillet 1903 édictent des séries de mesures relatives à l'hygiène des travailleurs dans l'intérieur des usines.

Une étape plus avancée mène à la réglementation du travail lui-même. Cette réglementation est surtout spéciale aux ateliers et est édictée par diverses lois (2 nov. 1892, 30 mars 1900, etc.). Très complète au regard des mineurs de dix-huit ans et des femmes, elle l'est moins par rapport au travail des adultes. Toutefois, le principe du repos hebdomadaire (loi du 13 juillet 1906) est commun à tous.

La caractéristique de cette législation est l'inspection du travail, c'est-à-dire l'organisation d'un contrôle d'Etat dont les agents ont le droit de pénétrer dans les locaux qui y sont soumis pour y constater les infractions. Il est à noter que les ateliers de famille et les maisons particulières échappent à cette inspection.

Nous ne citerons que pour mémoire les institutions de prévoyance et de protection ouvrières, l'assurance contre les accidents, le régime de la saisie-arrêt et du paiement des salaires, les retraites ouvrières, l'arbitrage et le syndicalisme obligatoires. Tout cela est du ressort direct de la législation ouvrière, encore que l'accomplissement ultime de toutes ces réformes ramènerait de très près au régime corporatif pur.

Telles sont les principales conséquences du principe de la liberté du travail et de ses restrictions. Il serait vain de se dissimuler que cette liberté est moins protégée par la conscience publique que d'autres droits individuels. Il ne paraît pas cependant que le progrès immédiat soit sa disparition absolue.

CHAPITRE VII

LA LIBERTÉ DE LA PRESSE

La liberté de la presse peut être définie la faculté pour les citoyens de faire connaître leurs pensées par l'emploi des arts graphiques et spécialement par l'écriture imprimée. D'une façon un peu plus spéciale, la liberté de la presse ne comprend que les manifestations écrites destinées à être lues par tous, autrement dit, portées à la connaissance du public.

La question de publicité est, en effet, à la base de toutes les législations sur la presse. C'est ce qui fait la raison d'être et la force de l'imprimerie et du journalisme. Les écrits privés ne sont pas régis par les lois que nous allons étudier. Pour mieux parler, ces écrits échappent à toute réglementation tant que la publicité, même restreinte, n'apparaît pas. Chacun de nous peut composer les manuscrits les plus délictueux, tant qu'ils séjournent dans les tiroirs de l'auteur, nulle intervention n'est possible. Il faut, nécessairement, au moins que ces écrits soient communiqués à autrui et communiqués volontairement. Alors, il pourra y avoir éventuellement application des lois pour délit civil, injures non publiques, chantage, etc. Mais tous ces cas, nous le répétons, ne font pas partie de la législation sur la presse, l'écrit privé fût-il imprimé. Nous ne nous occuperons donc, sauf exception formelle, que des œuvres réalisant la condition de publicité.

Comme nous le disions plus haut, c'est l'appel au public qui constitue l'importance de la presse. Tant que l'imprimerie n'était pas inventée, les travaux des écrivains ne se diffusaient que par la voie de la copie. Assurément, certains ouvrages étaient ainsi reproduits à un nombre surprenant d'exemplaires, ainsi que l'attestent les fragments des bibliothèques de l'antiquité. Mais ces copies restaient rares et coûteuses et l'autorité ne sentait nul besoin d'avoir une législation spéciale sur la matière.

Aussi bien, dans les premiers âges de l'imprimerie, les presses ne servaient guère à populariser que des ouvrages antiques et ces premiers essais n'attirèrent pas l'attention des pouvoirs sociaux. Il en fut tout différemment lorsque, de très bonne heure, l'imprimerie servit de moyen aux hommes politiques pour répandre leurs pensées et faire appel à une force énorme et jusque-là méprisée, sinon ignorée, l'opinion publique.

Le but de l'impression, livre, journal, dessin, est en effet de mettre un grand nombre de personnes à même de connaître les idées de l'auteur. L'usage de la parole, la prédication dans le sens le plus large du mot, ne permet que d'atteindre un nombre restreint d'auditeurs et pendant un temps limité. L'écriture, multipliée indéfiniment par l'invention de Gutenberg, peut s'adresser à tous, amis, ennemis et surtout indifférents. L'essaimage des idées est accru dans une énorme proportion, avec cette aggravation que l'impression produite peut être renouvelée un très grand nombre de fois. Il en résulte que l'auteur voit ses théories rallier tous ceux qui, sans le connaître, pensaient comme lui et même il peut espérer l'adhésion d'amis latents dont les sentiments ne demandaient qu'une légère excitation pour prendre une forme concrète. La presse matérialise la pensée, unit les cerveaux semblables et donne à l'idée commune une force matérielle et psychique qui peut devenir énorme.

C'est ce qui explique que la législation sur la presse ait eu, le plus souvent, une allure compressive et répressive et que, par contre, tous les écrivains aient réclamé la liberté absolue. L'appel à l'opinion publique, la publicité de l'imprimerie, ont coïncidé en Europe avec une période où l'état social était directement contraire à ces tendances. Tous les Etats tendaient vers la monarchie absolue, vers l'autoritarisme de droit divin qui ne se discute pas, précisément au moment où la libre discussion devenait possible. La royauté ne pouvait être favorable à la presse, elle ne pouvait admettre sa liberté, alors surtout que de nombreux ouvrages ou pamphlets, si abondants à l'époque des guerres de religion, lui montraient la puissance de l'invention nouvelle. Il n'est pas surprenant que le monarque ait songé à monopoliser la force sociale qui venait de naître et à n'en autoriser l'emploi qu'à bon escient et pour ses intérêts. Comme le portent très-exactement nombre de vieux ouvrages, on n'imprime qu'avec privilège du Roi, selon son bon plaisir pour ainsi parler et il serait tout à fait superflu de chercher alors une législation dans le sens moderne du mot.

Principes généraux de la législation sur la presse. — Avant d'aborder l'étude tant historique que législative des différentes conditions auxquelles a été soumise la presse, il peut être bon de résumer les principaux régimes applicables à cette question qui a toujours soulevé de vives polémiques.

Occupons-nous d'abord des extrêmes : la presse peut n'avoir aucune liberté ou au contraire n'être soumise à aucune restriction. Dans le premier cas, le gouvernement, quelle que soit sa forme, transforme la presse en une sorte de service public abandonné à son autorité disciplinaire.

On n'imprime et on ne publie que ce qui est autorisé et on autorise ou on défend sans avoir de motifs à donner. En allant un peu plus loin (c'était, dit-on, le rêve de Napoléon Ier), on arrive à supprimer la presse pour n'admettre que les publications officielles, régime qui se pratique encore en temps de guerre à raison du secret nécessaire aux opérations stratégiques et militaires ([1]).

Nous ne croyons pas nécessaire de réfuter cette doctrine absolue, qui revient à annihiler la belle invention de l'imprimerie et à vouloir étouffer toute opinion publique. Il est certain qu'aucun pays civilisé ne tolèrerait actuellement l'absorption de la presse par le gouvernement, exception faite des temps de crises passagères où rien ne paraît exagéré pour le salut de l'Etat.

Passons maintenant à la thèse contraire qui demande à être bien précisée. Ce qu'on réclame pour la presse, au nom de la liberté de penser, ce n'est pas l'assimilation de l'écrit aux autres manifestations de l'activité humaine, mais bien au contraire l'absence de toute entrave pour la pensée écrite, constituât-elle un délit si elle se manifestait par d'autres modes. Ainsi on ne réprimerait pas la provocation au crime par voie de la presse, tout en punissant la complicité par instruction entre deux malfaiteurs. Les injures et outrages imprimés échapperaient à toute poursuite, sans qu'on cessât de qualifier délits ceux effectués d'une autre façon. En un mot, la presse ne peut pas commettre

([1]) On sait qu'un article trop bien informé apprit à l'armée allemande, en 1870, la marche des Français sur Sedan et fut la cause indirecte de la défaite.

de délit, tout ce qui est imprimé est intangible et sacré, dans le sens romain du mot.

Sous sa forme absolue, cette théorie est évidemment inadmissible et, de fait, elle n'a jamais été pratiquée d'une façon complète, mais il en est resté une influence très notable se traduisant par des privilèges importants réservés aux journalistes. Ici, comme ailleurs, la liberté de penser et d'écrire est limitée dans son essor par le respect des droits et des libertés d'autrui. Si on la rend absolue, cela revient à mettre l'Etat et les citoyens à la discrétion de la presse devenue monarque multiple, mais autocrate et irresponsable.

En dehors des extrêmes, un régime mixte s'offre d'emblée, qui paraît devoir concilier toutes choses et qui, par une ironie des faits, n'est presque jamais appliqué. C'est la soumission de la presse au droit commun, en ce sens qu'il n'y a pas de délits dits de presse, mais une responsabilité civile et pénale applicable à l'écrivain comme à quiconque, sans privilège ni défaveur. Les tribunaux, la procédure, la pénalité seraient les mêmes pour tout le monde et les infractions auraient la même gravité, quel que fût le mode employé pour les perpétrer.

Ce régime simple, qui revient à supprimer toute loi sur la presse, n'a jamais rencontré grande faveur, ni auprès des journalistes, ni auprès des pouvoirs gouvernementaux. Les uns et les autres allèguent, mais avec des conclusions contraires, l'importance spéciale et les répercussions sociales des manifestations écrites et surtout imprimées. L'écrivain demande plus de liberté que le citoyen ordinaire, étant donné, dit-il, la grandeur de sa mission d'instruire et d'éclairer les hommes. Le Gouvernement, à l'inverse, se déclare incapable de maintenir la société, si on ne lui donne pas des armes spéciales contre le pouvoir destructif de la presse. En un mot, il faut des lois particulières, mais orientées dans un sens différent suivant les points de vue auxquels on se place.

Tantôt, et c'est le cas de la législation de nombreux Etats modernes et de la France en particulier, on concède aux écrivains des faveurs spéciales, tout un code de la presse, suivant l'expression consacrée. Tantôt on les soumet à un régime de compression et de surveillance plus ou moins arbitraire ou encore à une combinaison de défaveurs et de privilèges.

La question qui nous occupe peut s'énoncer d'une façon plus classique.

On peut concevoir deux régimes : celui dit préventif où l'administration empêche le délit de presse de naître par une surveillance préalable, et celui dit répressif où l'autorité judiciaire n'intervient que pour appliquer la pénalité au délit accompli.

Suivant la phrase célèbre, mieux vaut prévenir que guérir. On serait donc en droit de donner ses préférences au régime préventif, malheureusement un rapide exposé des procédés pratiques employés va nous montrer qu'ils présentent plus de défauts que d'avantages.

Il y a tout d'abord des moyens détournés qui cherchent à gêner la presse sans l'attaquer directement. Ce sont des surtaxes sur le papier, un timbre fiscal sur les journaux, des frais de poste volontairement exagérés, l'obligation d'un cautionnement imposée aux propriétaires de feuilles publiques. Le résultat est que l'imprimé coûte plus cher, il est souvent moins lu, mais il peut rester extrêmement délictueux et agressif.

On arrive alors au moyen connu sous le nom de censure. L'autorité se donne le droit d'interdire la publication de telles nouvelles ou articles qu'elle le juge à propos. Tout écrit est soumis au visa préalable avant la mise en vente. Par conséquent, si la censure est bien faite, la perpétration d'une infraction de presse est matériellement impossible, puisque la censure en serait moralement complice [1].

Une forme de censure plus accusée encore est l'autorisation préalable, qui se confond à peu près avec l'arbitraire absolu. Les écrits les plus innocents ne peuvent paraître qu'après avoir été formellement approuvés par l'administration, tandis que la censure se borne à interdire.

Comme nous le verrons bientôt, tous ces systèmes ont été pratiqués et combinés entre eux, mais il convient d'exposer en quelques mots leurs vices fondamentaux.

Le défaut essentiel des systèmes préventifs est qu'ils dégénèrent tous en la transformation de la presse en journalisme officiel. Prenons par exemple le plus répandu des modes préventifs : la censure ; il faudra à ceux qui l'exercent ou l'inspirent, des vertus surhumaines pour laisser librement exprimer les idées contraires à celles qu'ils représentent. En d'autres termes, jamais gouvernement ne consentira à laisser publier des articles d'opposition, lorsqu'il lui suffit de les interdire purement et simplement.

Bien plus, si, par hasard, il laissait passer ces articles, le seul fait que la censure les a tolérés les transformerait en armes formidables. Le but essentiel de la presse, de la presse politique surtout, celle dont nous nous occupons plus particulièrement d'ailleurs, est d'éclairer et de chercher à influencer l'opinion publique. La censure préalable supprime, à vrai dire, l'influence contraire aux pouvoirs établis, mais elle

[1] On a parfois transformé l'imprimeur en censeur, en n'autorisant l'imprimerie et la librairie qu'après concession d'un brevet révocable au gré de l'administration. La crainte d'une ruine commerciale empêchait l'impression de tout ouvrage suspect.

annihile aussi toute confiance en la presse. On ne croit plus aux journaux et, y eût-il des milliers de feuilles remplies d'éloges du gouvernement, l'esprit d'opposition n'en serait que plus vivace.

A ces motifs d'ordre politique s'ajoutent, en faveur de la liberté de la presse, des raisons constitutionnelles encore plus graves.

Les Etats actuels, au moins ceux dits civilisés, sont basés plus ou moins explicitement sur la souveraineté nationale, autrement dit sur le droit des citoyens de décider eux-mêmes de la marche du gouvernement. Or, cette souveraineté ne peut prendre de décision, même à titre indirect, que si elle connaît ce qu'elle doit faire et où on la mène. La presse peut égarer le peuple, mais seule elle lui apprend ce que ses représentants font. Le seul mode de renseignements dans un grand Etat est la presse, non pas la presse officielle qui ne présente qu'un aspect des choses, mais la presse écrite par tout le monde, ouverte à toutes les opinions, surtout à celles d'opposition, comme étant le contrôle le plus efficace des hommes au pouvoir.

Quant aux inconvénients de la presse, aux abus, aux malheurs qu'elle peut engendrer, ils sont malheureusement trop certains et cela justifie l'existence d'une répression à leur égard. Mais on a reconnu, dans à peu près tous les pays, que la prévention affaiblit plus qu'elle ne renforce l'état social qui y recourt. Au lieu d'expansion verbale, violente en la forme, peu agissante au fond, l'esprit de mécontentement semble somnoler, s'accentue en secret et finit par aboutir à une explosion révolutionnaire. L'histoire montre que les gouvernements qui ont le plus comprimé la presse ont disparu sans trouver de défenseurs, tandis que d'autres se maintiennent, bien que chaque jour ils soient en butte à des attaques de la dernière violence dans une multitude de journaux.

Remarquons encore que, n'en déplaise aux journalistes, la puissance de la presse, encore immense, tend à s'atténuer chaque jour. D'abord, les feuilles se multiplient, se critiquant et s'annihilant mutuellement; les livres abondent au point de ne plus trouver de lecteurs; enfin, les citoyens deviennent sceptiques et les affirmations les plus terrifiantes perdent de plus en plus ce caractère d'authenticité que l'on accordait autrefois à la lettre moulée. Ici encore, c'est la liberté d'écrire qui a limité ses propres excès. A force, par exemple, de prédire des cataclysmes politiques et sociaux non réalisés d'ailleurs, la presse d'opposition, celle particulièrement suspecte aux pouvoirs établis, finit par ne trouver qu'une créance relative auprès de ses plus fidèles lecteurs. Au total, et c'est là l'important, la presse a perdu sa puissance de suggestion d'action qui faisait son péril naguère.

Il ne faut rien exagérer et il convient de ne pas nier en sens inverse la possibilité de nuire à l'ordre social par la voie de la presse. Par suite, comme nous l'avons déjà indiqué, l'impunité absolue n'est pas admissible et il faut recourir à un régime répressif contre les écarts intolérables de plume ou de langage.

Ici reparaissent les difficultés, dès qu'il s'agit de déterminer cette répression nécessaire. Tantôt on accorde des armes à l'autorité administrative qui punit sans jugement par saisie et destruction de l'écrit. Tantôt, au contraire, on donne à l'écrivain le privilège d'une poursuite fort lente et d'une juridiction considérée comme favorable *a priori* (la Cour d'assises). Tantôt, enfin, on revient au droit commun, les juges et la procédure ordinaire étant compétents pour les délits de presse comme pour tout autre. Nous retombons ici dans une discussion déjà faite et il est préférable de recourir à des faits concrets par l'étude sommaire de l'historique de la législation sur la presse.

Historique de la législation sur la presse. — Nous avons dit que la liberté de l'imprimerie n'existait pas sous l'ancien régime. Aucun écrit ne pouvait paraître s'il n'était expressément autorisé par les censeurs royaux du Grand-Chancelier. Cela n'empêchait pas d'ailleurs une énorme circulation clandestine de gazettes et libelles, imprimés notamment en Hollande et contre lesquels le pouvoir se défendait mal par l'embastillement des colporteurs.

La Révolution Française s'empressa d'abolir la censure préalable, comme contraire au droit naturel de communiquer ses pensées. L'art. 11 de la Déclaration des Droits de l'homme a excellemment précisé la théorie et le but de toute législation sur la presse : « La libre » communication des pensées et des opinions, y est-il » dit, est un des droits les plus précieux de l'homme. » Tout citoyen peut donc parler, écrire, imprimer » librement ; sauf à répondre de l'abus de cette liberté » dans les cas déterminés par la loi ». Ces principes se retrouvent, avec quelques variantes, dans les Constitutions de 1791, 1793 et de l'an III.

Mais la liberté de la presse à peine née est, d'une part, déshonorée par les excès de certains journaux terroristes, de l'autre, entravée pour des motifs politiques. Le délit d'opinion mène droit devant les tribunaux révolutionnaires et nombreux furent les journalistes qui périrent à raison de leurs articles. En fait, seule subsiste une presse quasi-officielle, sinon officielle.

Les journaux d'opinions diverses reparaissent avec le Directoire, mais c'est pour provoquer aussitôt une législation restrictive. La loi du 18 germinal an IV oblige l'auteur et l'imprimeur à apposer leurs noms sur les écrits publiés. Et cette responsabilité n'est pas théorique, car les lois des 27 et 28 germinal an IV déclarent attentat à la sûreté de l'Etat et passibles de mort les provocations politiques par voie de la presse.

Un peu plus tard, on soumet les journaux au timbre de dimension et on les place sous la surveillance de la police. De nombreux journalistes sont déportés et leurs feuilles supprimées purement et simplement.

La Constitution de l'an VIII passa sous silence la liberté de la presse. En fait, un arrêté du 27 nivôse an VIII fixe les journaux qui pourront paraître après prestation de serment de fidélité. La Constitution de l'an XII prévoyait bien une commission du Sénat, chargée de veiller à la liberté de la presse non périodique, mais ce n'est là qu'un leurre. Livres et journaux dépendent exclusivement du bon plaisir de l'Empereur. La censure préalable sévit, les imprimeurs et libraires sont assujettis au serment politique et ne peuvent exercer leur industrie que sur concession d'un brevet toujours révocable. En **1811**, on aboutit au maximum de rigueur : les journaux sont déclarés propriété impériale et plusieurs sont enlevés à leurs légitimes possesseurs. La presse n'existait plus qu'à titre de moyen de domination officielle. Loin de renforcer le régime impérial, ces sévérités, comme la proscription du livre de Mme de Staël sur l'Allemagne, ne firent qu'augmenter le nombre des mécontents de l'Empire.

La charte de **1814** reproduisit le principe de la Déclaration des droits quant à la liberté de la presse. Toutefois les premiers textes votés reproduisent les restrictions impériales : censure et brevet révocable pour les imprimeurs et les libraires. M. de Serres, garde des sceaux, fait adopter les lois des 17 mai, 26 mai et 9 juin **1819**, qui constituent la première organisation libérale de la presse. La censure est remplacée par un cautionnement, officiellement destiné à assurer l'exécution des condamnations pécuniaires. L'autorité administrative ne peut entraver la distribution des journaux et, point de la plus haute importance, les délits de presse sont déférés au juge.

On revint vite au système compressif, après la mort du duc de Berry, assassiné, disait-on, par une idée libérale. La censure et l'autorisation préalable reparaissent en 1821. La loi du 25 mars 1822 rétablit la compétence des juges correctionnels et crée le célèbre délit de tendance. On peut incriminer l'esprit général d'une publication et le tribunal peut la suspendre d'abord, l'interdire ensuite, sans avoir à relever un article déterminé.

La loi du 18 juillet 1828, due à M. de Martignac, ramène les principes libéraux de 1819, mais la liberté de la presse est vue avec une défaveur toute spéciale dans l'entourage de Charles X et une des premières ordonnances de 1830 a précisément pour but de supprimer cette liberté. Les journalistes menacés organisent la résistance et les journées de juillet consacrent l'échec du dernier retour de la monarchie absolue, vaincue ici par la nouvelle puissance de la presse.

Comme on pouvait s'y attendre, la Charte révisée de 1830 proclama l'abolition de la censure et le jury reprit compétence des délits de presse. Toutefois, les feuilles publiques attaquent violemment la monarchie de juillet et ont une large part de responsabilité dans les insurrections et les attentats qui désolèrent les premières années du règne de Louis-Philippe. L'attentat de Fieschi amena des restrictions inévitables, mais bornées au relèvement du cautionnement (100.000 fr. en numéraire) et de certaines pénalités. Au point de vue de la discussion politique courante, la presse restait libre et elle se développa très largement.

Les premiers décrets du gouvernement de 1848 commencèrent par supprimer toutes espèces d'entraves. Des abus eurent lieu, facilités par l'état des esprits, et, après l'insurrection de juin, on remit en vigueur presque exactement le régime de la monarchie de juillet. Toutefois, la Constitution de 1848 maintient l'abolition de la censure et proclame la liberté de la presse sous la garantie de la juridiction *exclusive* du jury. La loi du 16 juillet 1850 accentue le retour en arrière par le rétablissement du timbre, du cautionnement et l'obligation pour tout écrivain de répondre personnellement de ses œuvres par l'apposition de sa signature.

Ces exigences paraissent bien bénignes devant les excès de sévérités que le Second Empire allait déployer contre la presse. Il semble que le journal soit l'ennemi mortel de ce régime pourtant officiellement basé sur l'opinion publique et le plébiscite. Dès le 17 février 1852, un décret dictatorial combine une série de mesures des plus rigoureuses. Le taux du cautionnement et du timbre est relevé, aucun journal ou écrit politique périodique ne peut se créer sans autorisation préalable. Puis c'est le retour à la juridiction correctionnelle, avec interdiction de publier les débats des procès de presse, procès très graves cependant, puisque deux condamnations entraînent de plein droit la suppression. Enfin, l'autorité administrative est armée d'énormes pouvoirs, soit de favoriser les feuilles dévouées en leur accordant le droit exclusif à la publicité, soit de ruiner les journaux hostiles en les suspendant après deux avertissements, ou même sans avertissement du tout, par mesure de sûreté générale. En un mot, la presse est soumise au bon plaisir gouvernemental.

Ces rigueurs ne restèrent pas théoriques. Les livres eux-mêmes furent poursuivis dans des procès célèbres (*Les Fleurs du Mal* de Baudelaire et *Madame Bovary* de Flaubert). Quant aux journaux, leur liste n'était qu'une nécrologie, condamnations et suspensions s'amoncelaient pour des motifs souvent futiles. Il est vrai que les feuilles supprimées reparaissaient, menant contre l'Empire un combat caché et d'autant plus dangereux.

La loi du 11 mai 1868 supprima le régime de l'arbitraire administratif, mais la répression judiciaire restait très lourde. Rappelons, d'ailleurs, que le système du brevet continuait à fonctionner pour les libraires et imprimeurs.

La Révolution du 4 septembre 1870 ne pouvait manquer de revenir au régime libéral. On supprime définitivement le timbre et le brevet d'imprimeur, mais le cautionnement ne parvient pas à disparaître complètement. La loi du 15 avril 1871 renvoie une fois de plus la presse devant le jury, mais avec des exceptions, accrues encore par la loi du 29 décembre 1875. Ces textes n'offraient pas un tout complet, mais se combinaient avec des lois antérieures notamment celles de 1819. Il en résultait un manque d'harmonie et une confusion complète. Un des premiers efforts de la majorité républicaine victorieuse en 1876 fut d'élaborer une loi sur la presse, celle du 29 juillet 1881, dont il convient maintenant d'étudier les traits généraux.

Caractéristiques de la loi du 29 juillet 1881. — Cette loi est de tendances essentiellement favorables à la presse et elle se rattache presque aux théories qui donnent à l'imprimeur le droit à l'impunité absolue. Il en résulte que la plupart des modifications postérieures ont été restrictives, sans que d'ailleurs on ait bouleversé les grandes règles de la législation de 1881.

Ces règles fondamentales sont souvent appelées le droit commun de la presse en France. Il importe de ne pas confondre ces mots avec le régime dit de soumission de la presse au droit commun. La loi de 1881 crée pour la presse des exceptions aux règles normales du droit, exceptions toujours dans un sens favorable à la liberté la plus complète. Le droit commun de la presse est précisément d'échapper au droit commun des citoyens, ainsi que nous allons le voir immédiatement.

Toute mesure préventive est abolie. Il n'y a plus de timbre, de cautionnement, d'autorisation, de censure (¹). Comme le dit la déclaration de principe de l'article 1er de la loi : « L'imprimerie et la librairie sont libres ». Bien plus, même en cas de délit, dans nombre de cas, aucune atteinte ne peut être apportée à la circulation du journal avant condamnation définitive.

Les formalités imposées aux journaux sont très réduites; l'une d'elles, l'obligation d'avoir un gérant responsable, est une faveur, puisqu'elle permet l'anonymat des articles délictueux et fait échec à la règle de la responsabilité personnelle en matière pénale. Les délits de presse sont notablement réduits, notamment le délit d'opinion disparaît d'une manière presque complète. On peut tout attaquer, tout critiquer ou tout approuver, dans des mesures extrêmement larges. Il nous paraît inutile de développer ce point, la lecture des journaux appartenant aux opinions extrêmes suffit pour montrer combien la libre discussion est permise, quelque violence qu'elle revête.

Ce n'est pas tout; les délits de presse, rares en eux-mêmes, ne peuvent être poursuivis en principe que devant le jury. C'est une énorme garantie, un véritable privilège, la tendance bien connue du jury étant d'être favorable aux journalistes. En tous cas, l'influence gouvernementale, même indirecte, cesse

(¹) La censure théâtrale, longtemps maintenue, a également disparu.

d'être sensible. Il convient, toutefois, de remarquer que les infractions de presse connues sous le nom générique d'outrages relèvent plutôt de la police correctionnelle. Nous préciserons les détails un peu plus loin.

Devant la Cour d'assises et souvent devant le tribunal correctionnel, les délinquants en matière de presse sont jugés suivant une procédure spéciale et favorable. La prescription est extrêmement courte, l'instruction ne comprend ni saisie ni arrestation préventives, la récidive n'est pas applicable, l'effet des circonstances atténuantes est toujours fort important. Enfin, la preuve du bien fondé de l'attaque est permise dans nombre de cas et même si la preuve ne réussit pas, son seul essai suffit souvent à épouvanter bien des gens et à empêcher la naissance de toute poursuite.

Il convient d'ajouter que le libéralisme de la loi sur la presse s'étend à des faits qui n'appartiennent pas à la presse à proprement parler, mais qui constituent, comme elle, des moyens de publicité de la pensée.

Nous voulons parler non seulement de la presse non périodique (livres, brochures, etc.), mais encore des affiches, des dessins, des cris, gestes ou chansons. Sauf en certains cas que nous indiquerons, tout cela est garanti par les mêmes dispositions légales.

Sous le bénéfice de ces observations, nous nous occuperons successivement des règles administratives encore imposées à la presse, puis des infractions de presse et de leur répression. On sait déjà que ce second point est presque seul conservé par la législation actuelle.

Régime administratif de l'imprimerie et de la librairie. — Nous rappelons pour mémoire la règle essentielle de la législation actuelle : la liberté de tout commerce connexe à la presse. C'est ainsi que la librairie n'est plus soumise à aucune réglementation, déclaration ou autorisation. Il faut toutefois noter que le libraire étant l'agent essentiel de la publicité en matière de presse, il peut être considéré dans certains cas comme auteur principal ou complice des infractions de presse (arg. art. 22, loi 29 juillet 1881).

Il semblerait logique d'assimiler à la librairie la vente sur la voie publique, ce qu'on appelle le colportage. Par une anomalie ou pour mieux dire une survivance des restrictions antérieures, on exige du colporteur ou distributeur une déclaration à la mairie, sous-préfecture ou préfecture (loi du 29 juillet 1881, art. 18), déclaration constatée par reçu (art. 19) et dont l'absence constitue une contravention de simple police (art. 21). Toutefois le colportage accidentel n'est astreint à aucune déclaration (art. 20). Nous n'hésitons pas à déclarer qu'il y aurait lieu d'abroger ces formalités sans intérêt pratique.

En parlant de la vente sur la voie publique, il est bon d'ajouter qu'une loi spéciale du 19 mars 1889 interdit de créer des titres constituant par eux-mêmes un délit ou de faire connaître le contenu plus ou moins exact des feuilles publiques. La pratique contraire arrivait à encourager de véritables escroqueries. Par exemple, en Angleterre où la restriction n'existe pas, on vend quelquefois de vieux numéros relatant des événements sensationnels en laissant croire qu'il s'agit de faits contemporains.

Si aucune obligation n'est imposée au libraire, l'imprimeur est astreint à deux formalités : l'apposition de son nom sur ce qui sort de ses presses et le dépôt légal. Ces formalités ne s'appliquent ni l'une ni l'autre aux menus ouvrages d'imprimerie : cartes de visites, factures, prospectus, bulletins de vote, etc. Mais y sont soumis tout autre imprimé ou assimilé : livres, brochures, musique, dessins, gravures et même photographies par procédés mécaniques, bien qu'il y ait discussion sur ce dernier point.

Il y a peu à dire sur l'apposition du nom de l'imprimeur (loi 1881, art. 2) dont l'absence ou la fausseté est une contravention de police. Le motif en est d'éviter les imprimeries clandestines, généralement dévolues à l'impression des ouvrages suspects. Il faut remarquer d'ailleurs qu'en présence d'un ouvrage sans nom d'imprimeur, il ne sera pas toujours aisé de découvrir la presse anonyme dont il est sorti et que la recherche risque d'être disproportionnée avec la peine encourue.

Le dépôt légal est plus intéressant. Il consiste, sous peine d'une amende correctionnelle, à déposer gratuitement deux exemplaires de tout imprimé publié, avec indication du tirage, et trois exemplaires pour la musique, les gravures et tout ce qui n'est pas imprimerie proprement dite (loi 1881, art. 3).

Le dépôt légal est fait à Paris au ministère de l'intérieur. Ailleurs, suivant les cas, on l'opère à la préfecture, à la sous-préfecture ou à la mairie. L'ensemble des dépôts est d'ailleurs centralisé au ministère de l'intérieur qui garde un exemplaire et envoie le second ou les deux autres à la Bibliothèque nationale pour la formation des collections.

Outre ce dernier rôle, le dépôt légal sert encore à fixer authentiquement le fait et la date de la publication, ce qui peut avoir son intérêt en cas de contrefaçon. Le dépôt s'applique même aux livres en souscription ou qui ne sont pas mis en vente, mais il ne serait pas obligatoire, à notre avis, pour un imprimé conservé sans circulation par son auteur.

Les formalités précédentes sont les seules exigées des livres et généralement de tout ce qui ne constitue pas le journal ou la presse périodique. Avant de passer à l'étude du régime de cette dernière, nous étudierons, comme transition, la situation faite à l'affichage.

De l'affichage. — La loi du 29 juillet 1881 réglemente l'affichage comme une manifestation écrite et publique de la pensée. Cette réglementation est d'ailleurs extrêmement libérale. C'est ainsi qu'on a supprimé la déclaration exigée antérieurement pour être afficheur et aussi l'interdiction d'apposer des affiches politiques. On peut actuellement tout afficher, sauf à répondre du délit commis si l'affiche en constitue un.

La seule formalité de l'affiche est qu'elle ne soit pas sur papier blanc, couleur réservée aux affiches officielles. On interdit aussi l'emploi d'affiches imprimées de façon à imiter le drapeau national, des billets de banque, des valeurs de bourse, etc. (¹) (loi 30 mars 1902, art. 44). L'affiche peut être apposée partout, sauf le droit pour l'administration de réserver certains emplacements pour les actes officiels (loi 1881, art. 15). Les affiches électorales notamment peuvent être librement apposées sur les édifices publics (loi 1881, art. 16), exception faite de certains monuments artistiques (l. 27 janvier 1902). Pour les emplacements appartenant à des particuliers, murs et autres, le propriétaire peut s'opposer à l'affichage et enlever l'affiche apposée à son insu. Il peut aussi concéder contre rémunération la faculté d'affichage à qui bon lui semble.

L'affiche officielle est protégée contre toute dégradation par des sanctions pénales. Il en est de même, réserve du droit du propriétaire du mur, à l'égard des affiches électorales. La peine devient correctionnelle, si la dégradation est commise par un agent de l'autorité publique (loi 1881, art. 17).

Si l'affiche n'est ni électorale ni officielle, sa dégra-

(¹) Le timbre des affiches est purement fiscal.

dation, dans le silence des textes, ne nous paraît susceptible que de sanctions civiles (dommages-intérêts). On se heurtera par conséquent à des difficultés au cas assez fréquent où une affiche politique aura été détruite par un agent de l'autorité administrative, car, en ce cas, l'administration soulèvera généralement le conflit de juridiction.

Régime de la presse périodique. — La réglementation du journalisme est la partie la plus importante de la loi de 1881. Ici encore cependant, les formalités sont bien réduites si on les compare aux entraves rappelées dans l'historique.

La loi ne définit pas le caractère de périodicité. Les règlements postaux exigent une publication au moins trimestrielle, mais au point de vue administratif, nous croyons que la périodicité peut être quelconque, même annuelle, pourvu que son caractère de répétition régulière soit certain.

Tout imprimé périodique ou, brièvement parlant, tout journal, quel que soit son titre, est astreint à trois formalités essentielles : 1° Une déclaration préalable; 2° La désignation d'un gérant; 3° Un dépôt spécial.

Occupons-nous d'abord de la déclaration. Celle-ci doit être faite sur papier timbré et avant le début de la publication, au Procureur de la République du lieu où s'imprime le journal. Cette déclaration est signée par le gérant dont nous allons parler, elle indique le nom de ce dernier, le titre et le mode de publication du journal, ainsi que l'imprimerie utilisée. Tout changement doit être également déclaré (loi 1881, art. 7).

Cette déclaration a simplement pour but d'aviser les autorités administratives et judiciaires de la naissance d'un nouveau journal. Ce n'est pas une autorisation préalable et le Parquet doit en délivrer reçu, même si la déclaration lui paraît irrégulière. Au surplus, l'absence de déclaration entraîne une amende correctionnelle, contre le propriétaire et le gérant du journal ou à défaut l'imprimeur, amende qui peut s'accroître pour chaque numéro publié après une première condamnation (loi 1881, art. 9). La saisie du journal en faute n'est pas possible.

La gérance est une des obligations les plus curieuses imposées à la presse périodique. Tout journal a nécessairement un propriétaire ou directeur, des auteurs ou rédacteurs, un imprimeur. Mais cela ne suffit pas; la loi du 29 juillet 1881 (art. 6) reproduisant d'ailleurs des textes antérieurs, exige un gérant pour tout imprimé périodique. Ce gérant signe nécessairement le journal (loi 1881, art. 11), mais à part cela, il n'a aucun droit, par sa qualité seule, à intervenir dans la rédaction ou la publication. C'est, dit-on, un représentant légal, personnifiant la feuille publique au regard de l'autorité et responsable de tout le contenu du journal, l'ignorât-il absolument. En termes plus simples, le gérant n'est qu'un personnage destiné à éviter aux auteurs qui veulent rester anonymes les ennuis pouvant résulter de leurs articles, jusqu'aux condamnations pénales inclusivement. C'est un des principaux privilèges de la presse, faisant échec, comme nous l'avons dit, au principe de la responsabilité en matière pénale. Rien de moins logique, répétons-le, que de voir le gérant condamné, pour un article qu'il n'a ni rédigé, ni approuvé, mais aussi rien de plus protecteur pour l'auteur.

Le gérant, véritable mannequin à récolter les condamnations, doit être Français, majeur et n'être pas privé de ses droits civils par une condamnation judiciaire. Il n'est pas nécessaire qu'il soit électeur. Les femmes peuvent parfaitement être gérantes.

Reste enfin la troisième obligation imposée aux périodiques : celle d'un dépôt légal spécial, supplémentaire de celui dont nous avons parlé précédemment. Ce dépôt nouveau consiste en deux exemplaires de chaque numéro et il s'effectue au parquet du procureur de la République du lieu de publication. A défaut du parquet, le dépôt est fait à la mairie qui le transmet au procureur (loi 1881, art. 10). Ce dépôt judiciaire a pour but de permettre au ministère public de rechercher les crimes et délits contenus dans le journal et de les poursuivre le cas échéant.

Les journaux circulent en principe librement en France, jouissant même d'un tarif réduit de la part de l'administration des postes. Il est à noter que l'autorité administrative ne peut pas arrêter un numéro, même jugé dangereux ou délictueux et que l'autorité judiciaire ne jouit pas non plus de ce droit, sauf des cas très exceptionnels. C'est ici qu'apparaît nettement la suppression de toute mesure préventive, donnant au gouvernement un pouvoir d'appréciation. Il en résulte par contre que la presse peut commettre les plus graves délits sans qu'on puisse les empêcher de se produire, même les connaissant d'avance.

Le principe de la liberté du journal souffre exception en cas de journaux étrangers ou imprimés en France en langue étrangère (loi 28 juillet 1881, art. 14 et loi du 22 juillet 1895). Ici, en effet, la constatation des délits est rendue difficile et la sûreté générale de l'Etat peut être gravement compromise. Aussi si les journaux en question circulent en France sans formalités, ils peuvent être frappés d'interdiction par délibération spéciale prise en conseil des ministres, interdiction qui dure jusqu'à ce qu'une nouvelle délibération en prononce la levée. En cas d'urgence, le ministre de l'intérieur peut interdire la vente d'un numéro isolé.

Avant de passer à l'étude du régime répressif de la presse, nous croyons utile d'esquisser la théorie de ce qu'on appelle le droit de réponse, lequel, sans être une mesure pénale, n'en constitue pas moins une sanction efficace des écarts de la presse.

Du droit de réponse. — Pour reprendre une phrase célèbre, la presse est comme la lance d'Achille, elle guérit les blessures qu'elle a faites. En d'autres termes, le meilleur remède aux nouvelles erronées ou aux imputations fausses qui peuvent se trouver dans un journal est le droit accordé aux intéressés de rectifier l'erreur, volontaire ou non, en obligeant le journal à insérer la réclamation produite dans des conditions identiques à celles où a paru l'article critiqué. On peut penser que les mêmes lecteurs liront l'attaque et la riposte et pourront par suite se faire une opinion raisonnée et impartiale.

Le droit de réponse ne s'applique qu'aux périodiques, on ne le concevrait pas à l'égard des livres, même en vue d'une édition ultérieure. Par contre, il s'applique à toute espèce de périodiques, y compris les revues (affaire de la *Revue des Deux-Mondes,* cour de Paris, 5 avril 1898).

On distingue la rectification et le droit de réponse. La première émane d'un fonctionnaire, dépositaire de l'autorité publique, le second appartient à toute personne suffisamment désignée dans un journal. Il y a d'ailleurs plusieurs règles communes.

La rectification consiste dans l'obligation pour le gérant, à peine de poursuites correctionnelles, d'insérer gratuitement en tête du plus prochain numéro, la communication émanée d'un dépositaire de l'autorité publique au sujet des actes de sa fonction inexactement rapportés dans le journal. Ce droit n'appartient qu'aux fonctionnaires dits d'autorité, préfets et maires par exemple, mais non aux agents subalternes, lesquels n'ont que le droit de réponse (loi 1881, art. 12 et 13).

La rectification ne doit pas dépasser le double de l'article incriminé. Mais on admet que le surplus doit être inséré, contre payement, comme en matière de droit de réponse. Elle ne peut s'exercer qu'une seule fois et doit ne pas contenir des allégations injurieuses ou diffamatoires. Le gérant ne doit pas modifier le texte de la rectification.

La rectification est d'un usage assez rare et l'administration ne s'en sert guère, afin d'éviter des polémiques interminables. Le gouvernement préfère faire défendre sa politique par des journaux amis, ce qui est plus simple et pratiquement aussi efficace. Par contre, le droit de réponse est d'un usage fréquent.

Toute personne nommée ou suffisamment désignée dans un article de journal acquiert par cela seul le droit de requérir l'insertion, dans le plus prochain numéro [1], d'une note ne dépassant pas le double de la longueur de l'article critiqué. Cette insertion doit avoir lieu à la même place et avec les mêmes caractères que le premier article et elle est faite gratuitement. Si la note rectificative dépasse la longueur que nous venons d'indiquer, le surplus est payé au journal conformément au tarif des annonces judiciaires (l. 1881, art. 13).

Le refus d'insertion est passible d'une amende correctionnelle, sans préjudice de dommages-intérêts civils.

Le droit de réponse est fort usité en pratique et donne lieu à une très abondante jurisprudence. Nous ne ferons qu'en dégager les grandes lignes.

Le droit de réponse appartient à toute personne, française ou étrangère, désignée dans la feuille publique, mais à elle seulement. C'est un droit éminem-

(1) Le gérant a toutefois un délai de trois jours pour faire l'insertion.

ment personnel et les représentants légaux des incapables ne peuvent l'exercer qu'autant qu'ils ont un intérêt direct. Par contre, ce droit est ouvert même si l'article est élogieux et ne contient aucune attaque. On peut en effet vouloir se défendre contre certaines approbations.

Le droit de réponse n'est pas absolu, en ce sens qu'il ne doit pas donner lui-même naissance à de nouvelles difficultés. Ainsi le gérant doit refuser les réponses délictueuses, injurieuses et surtout mettant des tiers en cause. Ces tiers auraient en effet le droit de réponse à titre secondaire et le journal finirait ainsi par être rempli de polémiques personnelles. Mais le gérant ne peut pas dénaturer ou tronquer la réponse insérée.

D'après la jurisprudence, la longueur du droit de réponse est illimitée, sauf paiement de l'excédent, comme nous le disons plus haut. Toutefois il convient de ne pas forcer le sens des expressions et la réponse doit être restreinte à la longueur nécessaire pour atteindre son but.

Ainsi un auteur dont l'œuvre est critiquée peut faire insérer précisément le passage blâmé, mais non la série entière de ses travaux [1]. L'opinion contraire aboutirait à faire donner une énorme publicité précisément aux plus mauvais auteurs et à transformer les journaux en réceptacles des ouvrages critiqués.

Nous ajouterons que l'usage du droit de réponse, en réplique à une attaque diffamatoire, ne supprime nullement la responsabilité pénale et civile du journal. Ce sont deux choses absolument distinctes. La réponse rectifie l'erreur, volontaire ou non, la poursuite, pénale ou civile, tend à la réparation du préjudice causé.

[1] Malgré la jurisprudence contraire dans l'affaire précitée de la *Revue des Deux-Mondes*.

Droit pénal de la presse. — Le régime répressif fait à la presse a toujours été aussi important que compliqué. Les difficultés naissent surtout parce que nombre de législations, la loi du 29 juillet 1881 notamment, soumettent la presse à un droit pénal différent de celui généralement usité.

Tout d'abord se soulève une question de terminologie : on distingue les contraventions d'une part, les délits de presse de l'autre. Ces termes n'ont pas la même acception qu'en droit pénal.

La contravention est le fait matériel punissable même sans intention coupable, et par conséquent ne soulevant aucune appréciation de la question d'opinion. Cela s'applique très bien aux infractions jugées en simple police (omission du nom de l'imprimeur, notamment) ; mais, par extension, on qualifie de contraventions les infractions, même punies correctionnellement, à condition que le fait matériel soit seul en jeu (refus d'insertion, par exemple).

Les délits de presse sont des infractions volontaires et conscientes provenant de l'abus de la manifestation de la pensée imprimée ou tout au moins publiée. Ces délits peuvent être punis de peines correctionnelles et mériter alors absolument leur nom. Ou bien, ils sont passibles de peines criminelles et constituent alors techniquement des crimes commis par la voie de la presse. Néanmoins, et d'une façon abusive, on confond les deux cas sous la même dénomination de *délits.*

Le délit de presse est un délit de publicité ; sauf exceptions rares, il n'y a infraction qu'en cas de publicité. Celle-ci consiste essentiellement en tout moyen destiné à porter la pensée à la connaissance du public. Ce sont notamment des discours, cris ou chants, des paroles isolées même. Ce sont aussi la distribution et l'exposition publiques, gratuites ou à titre de vente, d'écrits, imprimés, gravures, etc.

La question de publicité doit être examinée préalablement à toute poursuite et son défaut fait tomber l'inculpation. Ainsi des conversations privées, des lettres fermées, l'impression même d'un ouvrage non accessible au public ne peuvent pas constituer des délits de presse, quelque coupable que soit leur caractère; mais ces faits peuvent tomber sous le coup d'autres lois pénales.

La base théorique du délit de presse est le délit d'opinion, c'est-à-dire la manifestation par l'un des moyens indiqués plus haut de pensées jugées de nature à nuire à la société ou à quelques-uns de ses membres. On dit souvent que le délit d'opinion n'existe plus. Cela est exact, si on entend par là le délit qui consiste à faire de la politique contraire à un ordre de choses établi, à un gouvernement donné, notamment; par contre, l'infraction subsiste dans un certain nombre de cas où le législateur estime que la liberté absolue de la presse est incompatible avec la sûreté de l'Etat ou les droits des particuliers. La loi sur la presse a pour but précisément de délimiter les cas d'infraction.

Toujours à titre de théories générales, nous indiquerons que les délits de presse se divisent en deux groupes : ceux dirigés contre la chose publique et ceux qui visent des citoyens privés. Ces derniers sont normalement de la compétence des tribunaux correctionnels et les autres relèvent de la cour d'assises, encore ici avec de nombreuses exceptions. Mais en l'absence de règles spéciales, c'est la cour d'assises qui est compétente, même si la peine encourue est simplement correctionnelle.

La juridiction du jury substituée à celle des juges de carrière a toujours été considérée comme une base essentielle de la liberté de la presse. Elle a sa base dans la législation anglaise où d'ailleurs l'intervention du jury est normale en matière pénale. Historiquement, il faut bien avouer que les magistrats correctionnels ont souvent mis un tel zèle au service d'intérêts contingents qu'ils se sont rendus suspects de ne pas pouvoir être impartiaux en la matière. En sens inverse, il est certain que le jury est *à priori* favorable à la presse, quelquefois par crainte de sa puissance, souvent par indifférence pour les questions en jeu. On peut cependant considérer que le délit de presse, délit d'opinion comme nous l'avons vu, n'est coupable que s'il heurte l'opinion publique; les jurés sont donc plus qualifiés pour décider si un journal quelconque est ou non subversif.

Catégories de délits de presse. — Nous ne reviendrons pas sur les contraventions de peu d'importance dont nous avons déjà parlé et nous diviserons les infractions de presse en quatre groupes qui sont les suivants par ordre d'importance : 1° Publications interdites; 2° outrages par la voie de la presse; 3° diffamations et injures; 4° provocations à des actes délictueux. Nous devons toutefois faire observer que les classifications des divers jurisconsultes sont souvent différentes de la précédente, mais cette division n'ayant qu'un intérêt didactique, les divergences sont sans conséquences pratiques.

1° *Publications interdites.* — On ne peut pas tout publier par voie de la presse. Tout d'abord on ne doit, ou plutôt on ne devrait répandre que la vérité. A tout le moins, il ne faut pas publier sciemment de fausses nouvelles. L'article 27 de la loi du 29 juillet 1881 l'interdit en effet, mais en exigeant que la fausse nouvelle ait troublé la paix publique.

En réalité, cette disposition reste pratiquement lettre morte; elle est d'ailleurs d'une application malaisée, car il faut prouver que le journaliste a connu l'erreur et a passé outre volontairement. Le seul fait d'insérer des nouvelles incontrôlées, les *canards*, suivant l'expression populaire, n'est pas punissable. C'est aux lecteurs d'accorder plus ou moins de confiance aux informations des feuilles publiques.

Sont encore interdites les reproductions d'un certain nombre de pièces judiciaires : actes d'accusation ou de procédure pénale, tant qu'ils n'ont pas été lus en audience publique (L. 1881, art. 38), les délibérations intérieures des jurys et des juges, les débats en divorce ou séparation de corps, ceux en diffamation quand la preuve n'est pas admise, tout débat civil dont le tribunal aura interdit la publication (L. 1881, art. 39). Mais les jugements de tous ordres peuvent toujours être publiés. Ces règles ont pour but d'éviter la publicité de faits sans intérêt pour le public ou, au contraire, notoirement scandaleux. Il est à noter toutefois que la sanction n'est qu'une amende et que les journaux n'hésitent pas à passer outre quand l'accroissement du tirage compense et au-delà la peine pécuniaire encourue.

Au contraire, c'est une peine de prison qui consacre l'interdiction d'ouvrir ou d'annoncer publiquement des souscriptions tendant à couvrir les condamnations pécuniaires en matière criminelle ou correctionnelle. On a voulu éviter que ces souscriptions servissent à opposer l'opinion publique à la sentence rendue.

2° *Outrages par la voie de la presse.* — Rentrent dans cette catégorie des délits d'un caractère fort différent : les outrages contre les chefs d'Etat et leurs représentants et les outrages aux bonnes mœurs. L'idée commune, discutable d'ailleurs pour le premier groupe, est qu'il n'y a pas là de délits d'opinion, mais des attaques intolérables contre l'ordre social.

Sont d'abord réprimées toutes offenses commises publiquement (publicité rentrant dans les termes de l'art. 23 de la loi sur la presse) envers le Président de la République, les chefs d'Etats étrangers et leurs représentants diplomatiques régulièrement accrédités (L. 1881, art. 28, 36 et 37). Par une anomalie, les outrages contre le Président de la République restent soumis à la cour d'assises, tandis que ceux dirigés contre des souverains étrangers ou agents diplomatiques ont été rendus à la compétence correctionnelle (l. 16 mars 1893). On a voulu éviter les débats devant le jury de questions touchant la politique extérieure; mais il s'ensuit que le chef de l'Etat français est, en pratique, fort peu protégé contre les attaques de presse. Ici encore, les procès sont rares.

Il en est différemment pour le délit d'outrages aux bonnes mœurs qui est régi par une législation compliquée et que nous ne pouvons qu'esquisser ici (loi du 29 juillet 1881, art. 28, lois des 2 août 1882, 16 mars 1898, 7 avril 1908). Ici, il n'est pas nécessaire qu'il y ait publicité, la vente, même clandestine, d'objets ou écrits obscènes tombant sous le coup de la loi. De plus, on distingue entre le livre et tout autre écrit, imprimé, dessin, contraires aux bonnes mœurs.

Le livre reste jugé par la cour d'assises et suivant la procédure spéciale de la loi sur la presse. Les autres écrits relèvent de la police correctionnelle qui statue suivant la procédure pénale ordinaire, notamment avec le droit, pour le juge d'instruction, de pratiquer la saisie préventive des publications obscènes. En un mot, le livre toujours excepté, on cherche à s'écarter ici de la notion du délit de presse pour appliquer les règles du droit commun. Il est à noter que l'outrage aux bonnes mœurs n'est pas défini par la loi et que c'est une des rares infractions dont l'élément de fait est abandonné à la discrétion des magistrats.

Nous profitons de l'occasion pour signaler que la censure théâtrale a été abolie en 1906 sur le vœu du

Parlement, ce qui a amené l'éclosion de pièces et de scènes souvent fort scandaleuses. L'autorité n'est pas absolument désarmée pourtant, le préfet et le maire ayant le droit d'interdire les représentations jugées susceptibles de produire du scandale. De plus, les jeux de scène peuvent être, et ont été, poursuivis comme outrages publics à la pudeur. Les chants, paroles obscènes, proférés publiquement, rentrent également dans la qualification d'outrages aux bonnes mœurs.

Comme nous le disions, cette législation est spéciale et d'ailleurs d'une application malaisée. Les écrits licencieux cherchent à s'abriter sous le voile de la liberté littéraire ou artistique et la répression est entravée par l'état indifférent de l'opinion publique.

Il est bon d'ailleurs de reconnaître qu'au nom de la morale, on a parfois cherché querelle à de véritables chefs-d'œuvre de la pensée humaine et qu'il faut se garder de tout excès.

3° *Diffamations et injures.* — Ce sont les cas les plus fréquents de délits de presse, peut-être pas les plus graves, mais ceux qui surexcitent le plus les passions et qui amènent des procès violents. Ils constituent en outre la seule catégorie d'infractions de presse intéressant directement les particuliers et il est donc utile de donner ici quelques détails (1).

La diffamation et l'injure ont pour caractère commun de porter atteinte à la considération de la personne attaquée. La distinction entre elles est indiquée par l'article 29 de la loi du 29 juillet 1881. La diffamation contient l'imputation d'un fait nuisant à l'honneur ou à la considération, sans distinction si le fait est

(1) La diffamation à l'égard des personnes décédées ne tombe pas sous le coup de la loi, en raison des nécessités de la critique historique. Il en est autrement si l'attaque n'avait d'autre but que de nuire à des personnes vivantes (loi 1881, art. 34).

vrai ou faux. L'injure est une invective sans précision, simplement outrageante. Il n'y a souvent là d'ailleurs qu'une différence presque grammaticale. Ainsi dire : « X... est un voleur », constitue une injure.

L'intérêt de la distinction est que la peine de la diffamation est plus grave et, d'autre part, l'injure seule bénéficie de l'impunité en cas de provocation (loi 1881, art. 32 et 33). Rappelons une fois de plus que toutes ces règles ne s'appliquent qu'à la diffamation et à l'injure publiques, mais peu importe que le mode de publicité soit écrit ou verbal. En fait, les procès à la suite de discussions injurieuses sont les plus fréquents.

La diffamation ou l'injure publiques peuvent s'adresser à des collectivités comme les armées de terre ou de mer ou à des fonctionnaires isolés ou encore à des particuliers. Ces distinctions ont de grandes conséquences pratiques.

Toute diffamation envers une collectivité publique relève de la cour d'assises, avec cette particularité fort importante que l'inculpé peut faire la preuve de la vérité du fait diffamatoire. Si cette preuve est rapportée, l'acquittement s'impose (loi 1881, art. 30 et 35). En d'autres termes, pour nous servir d'expressions usuelles, la calomnie est seule punissable, la médisance ne l'est pas.

La preuve possible de la diffamation est un puissant moyen d'action de la presse et une garantie de sa liberté si précieuse qu'elle aboutit parfois à des abus. C'est le jury, magistrature d'opinion, qui apprécie le bien fondé de la preuve et cela par un verdict aussi souverain que non-motivé. Il en résulte que les procès de presse devant la Cour d'assises sont souvent tellement délicats et scandaleux qu'il y a intérêt à ne pas les engager, même si le bon droit du corps diffamé est certain. D'une part, l'inculpé apporte à la barre tout ce qu'il peut trouver de nature à discréditer le plaignant dans l'opinion du jury et souvent des faits insignifiants prennent une importance spéciale dans l'optique de la salle d'audience. D'autre part, même si la diffamation est reconnue mensongère, il peut se faire que le jury acquitte; néanmoins, il semblera alors que la calomnie soit sanctionnée par une décision de justice.

La diffamation peut frapper un fonctionnaire à l'occasion de ses fonctions. Dans ce cas, nous retrouvons les règles précédentes : compétence de la Cour d'assises et possibilité de la preuve de la diffamation.

On doit entendre ici par fonctionnaire tout citoyen chargé d'un service public, même temporaire ou gratuit. Les membres du Parlement, les jurés, les témoins, etc., rentrent dans les termes exprès de la loi. Par contre, les ministres des cultes ne sont plus chargés d'un service public depuis la séparation des Eglises et de l'Etat (loi 1881, art. 31 et 35).

La diffamation doit viser le fonctionnaire pris comme tel, c'est-à-dire dans l'exercice de sa fonction publique. Sinon, il y a diffamation contre particulier, ce qui est tout différent. Ainsi l'allégation que tel fait indique l'affaiblissement mental de M. Z..., professeur, est un délit contre particulier. Au contraire, dire que le cours du professeur Z... révèle son affaiblissement mental est une diffamation à raison du service public. Il y a d'ailleurs sur ces questions une très importante jurisprudence que nous ne pouvons que signaler ici.

Reste enfin la diffamation et l'injure contre les particuliers (loi 1881, art. 34). Ici la compétence est correctionnelle et la preuve de la diffamation n'est pas admise. Mais on ne suit pas complètement la procédure du Code d'instruction criminelle et il faut obéir aux prescriptions spéciales de la loi sur la presse. En outre, la preuve de la diffamation peut être faite, à titre exceptionnel, même en police correctionnelle, lorsque le plaignant a fait publiquement appel à la fortune ou à l'épargne et que la diffamation s'est produite à ce propos (loi 1881, art. 35). Ici encore, on veut permettre à la presse de remplir sa mission d'éclairer l'opinion publique en démasquant les financiers sans scrupules. La preuve sera d'autant plus importante que les juges devront motiver leur décision s'ils estiment la diffamation suffisamment établie pour justifier la relaxe de l'inculpé.

4° *Provocation à des actes délictueux.* — Nous arrivons ici aux plus graves des délits de presse, à ceux qui pourraient justifier, en certains cas, les rigueurs déployées contre le journalisme, si, comme dans la fable célèbre d'Esope, la presse n'était susceptible de faire autant de bien que de mal. Tout d'abord la provocation n'est punissable qu'autant qu'elle incite à commettre un acte délictueux déterminé, autrement dit prévu et puni par le Code pénal. La loi de 1881 a complètement supprimé le délit de tendances ou d'opinions générales ainsi que les infractions prévues par des lois antérieures sous les noms vagues d'attaques contre la morale et l'ordre social. Nous verrons toutefois bientôt que la législation est devenue plus répressive au cas de propagande anarchiste.

Revenons au cas normal. Toute incitation par les modes de publicité que nous avons déjà indiqués, écrits ou verbaux, peut d'abord réaliser son but, c'est-à-dire que l'infraction conseillée est réalisée. En termes techniques, la provocation est suivie d'effet.

En ce cas (loi 1881, art. 23), on se borne à appliquer les règles générales du Code pénal. Il y a là un cas de complicité punissable même en cas de tentative et on applique purement et simplement les principes de la complicité, tant dans la pénalité que dans la compétence.

Précisons pour éviter toute ambiguïté. Chaque fois que la presse provoque à un crime ou un délit et en amène la réalisation, l'auteur de la provocation comparaît comme complice à côté de l'auteur principal, en cour d'assises ou en police correctionnelle et cela sans pouvoir bénéficier des privilèges de la législation de 1881. Pour mieux dire, il n'y a plus de délit de presse dans le sens de la loi et cela a lieu quelle que soit l'infraction.

Il en est différemment si la provocation n'est pas suivie d'effet et reste théorique. En ce cas, elle n'est punissable que dans des cas déterminés et seulement pour les incitations les plus graves. Ce sont les provocations aux crimes contre la sûreté de l'Etat, au meurtre, pillage et incendie, ainsi qu'au vol sous toutes ses formes (loi 1881, art. 24 et loi du 12 décembre 1893). La provocation est également punissable, même si elle n'est pas suivie d'effet, lorsqu'elle a pour but d'inciter à la méconnaissance de leurs devoirs des militaires des armées de terre ou de mer.

Tous ces cas constituent des infractions en soi et non plus des cas de complicité. Il en résulte qu'elles devront être jugées par la cour d'assises et conformément à la procédure de la loi de 1881. La loi va même jusqu'à exiger l'intervention de la cour d'assises pour les chants et les cris séditieux, ce qui amène pratiquement l'impunité de pareils actes qu'on n'ose plus poursuivre que comme contravention de tapage injurieux.

Une série d'attentats anarchistes a montré que la législation précédente était lourde à mettre en mouvement et ne réfrénait pas suffisamment les écarts de la plume et de la parole. Il en est résulté les lois des 12 décembre 1893 et 28 juillet 1894, violemment critiquées d'ailleurs. Ces textes paraissent, en effet, exagérer la répression, il est vrai qu'ils ne s'appliquent qu'au cas de propagande anarchiste, mais ce caractère n'est pas défini.

D'après les lois en question, non seulement la provocation à certains crimes et délits est punissable, même non suivie d'effet, mais il en est de même de l'apologie ou glorification de ces mêmes infractions. La compétence devient correctionnelle, avec droit d'arrestation préventive, interdiction de publier les débats et, en cas de condamnation, régime cellulaire et relégation à la seconde condamnation. Il est juste d'ajouter que ces mesures rigoureuses ont été peu appliquées et ont réussi d'ailleurs à faire disparaître presque immédiatement les attentats à caractère anarchiste.

Tel est le tableau sommaire des délits de presse. Il faut ajouter que la plupart ne sont pas poursuivis et qu'on n'atteint que les plus graves et les plus caractérisés. Nombre d'articles, de dessins, de livres commettent plus ou moins quelques-unes des infractions précédentes et ne sont l'objet d'aucune rigueur judiciaire. Il y a à cela plusieurs raisons. D'abord la multiplicité même des délits qui finiraient par déborder l'activité des tribunaux et qui obligent à ne procéder que par voie d'exemples. En outre, plus la presse est libre et multipliée, plus ses mauvais effets éventuels s'atténuent et les citoyens prêtent de moins en moins attention à des excitations qui commencent par la dernière violence. Certains journaux ont tellement pratiqué la brutalité de discussion que les lecteurs sont blasés et ne s'émeuvent plus des appels les plus enflammés ou des attaques les plus virulentes. En un mot, il est d'usage de ne pas poursuivre tous les délits de presse par cela seul qu'ils existent, mais seulement de réprimer ceux qui nuisent réellement à la société.

Immunités de certaines publications. — Il existe un certain nombre de cas où le délit de presse ne peut pas se commettre, quelque violents et injurieux que soient les écrits publiés ou les paroles prononcées. Des motifs d'ordre divers sont l'explication de ces situations exceptionnelles que nous allons indiquer (l. 1881, art. 41).

Tout d'abord, aucune action n'est possible à raison des discours et écrits parlementaires. C'est une application du principe de l'immunité constitutionnelle qui couvre tous les actes de la fonction des députés et des sénateurs. Cette immunité est absolue, un particulier attaqué à la tribune ne peut pas poursuivre son diffamateur. Par contre, elle ne s'applique qu'au Parlement. Les discours prononcés dans toute autre assemblée (conseils généraux ou municipaux, par exemple), restent sous l'empire du droit commun.

La loi accorde la même impunité aux « comptes-rendus des séances publique des deux chambres, faits de bonne foi dans les journaux ». Il ne s'agit pas là de la reproduction officielle des débats parlementaires, laquelle rentre dans la situation déjà examinée. La loi vise seulement les articles plus ou moins complets que les journaux rédigent librement pour renseigner leurs lecteurs sur la physionomie des séances. On a voulu que, sauf le cas de mauvaise foi voulue, la presse pût faire connaître les travaux des Chambres sans risquer de se voir attaquée pour des faits non punissables lorsqu'ils sont accomplis par un membre du Parlement. Cette immunité n'est qu'un prolongement de la précédente.

Une impunité différente couvre les débats judiciaires. Dans l'intérêt de la justice et pour assurer les droits de la défense, il importe de pouvoir tout produire devant les magistrats, sans être retenu par la crainte de poursuites possibles. Les pièces les plus injurieuses peuvent être produites, si c'est nécessaire, les allégations les plus graves peuvent être faites au cours des plaidoiries, des comptes rendus fidèles peuvent en être publiés dans la presse, le tout sans que les intérêts lésés puissent se plaindre. Mais cette immunité est limitée dans une certaine mesure par la faculté, pour le tribunal, d'interdire la reproduction des débats, par le pouvoir disciplinaire des magistrats sur les avocats et les avoués et enfin par le droit pour les tiers d'agir lorsqu'ils sont atteints, par des diffamations inutiles et étrangères à la cause.

En un mot, la liberté de la défense ne va pas jusqu'à accorder le droit de nuire à autrui sans nécessité absolue.

Tels sont les grandes caractéristiques des délits de presse, très limités comme on le voit. En fait, les particuliers sont bien protégés contre les abus de la presse, mais les fonctionnaires et l'Etat ne le sont pour ainsi dire pas. Diverses propositions ont été émises à plusieurs reprises pour diminuer les invectives et les attaques dont certains journaux se sont fait un monopole, mais aucune de ces propositions n'a été accueillie par le Parlement ni même par l'opinion publique. La liberté de la presse paraît un si grand bienfait qu'on se résigne à une licence inévitable.

Règles sommaires de procédure. — Ces questions relèvent surtout du droit pénal, mais elles doivent néanmoins être indiquées brièvement en tant qu'elles constituent des dérogations aux principes généraux, dérogations qui sont presque toutes favorables à la presse et qui constituent, par conséquent, des garanties complémentaires de la liberté de la pensée.

A ce point de vue rationnel, un délit de presse suppose généralement l'intervention de trois personnes : l'auteur, créateur et responsable moralement de l'infraction; l'imprimeur, dont les machines assurent la diffusion du délit; enfin le publicateur, éditeur ou gérant, dont l'œuvre porte l'infraction à la connaissance du public. L'imprimeur et le publicateur ne sont, au fond, que des complices par aide et assistance.

Au point de vue légal, on n'applique pas ces règles. Le délit de presse est essentiellement un délit de publicité, c'est donc l'agent de cette dernière qui devient le principal responsable et souvent même le seul. On considère que l'écrivain fournit seulement les moyens de commettre l'infraction. Quant à l'imprimeur, on considère son rôle comme accessoire et purement mécanique; dans la plupart des cas, il échappe à toute poursuite.

On voit tout de suite que ces principes sont très favorables à l'écrivain, puisque l'expression de sa pensée ne l'engage pas d'emblée, mais seulement indirectement, après le publicateur. Dans certaines hypothèses, c'est même l'impunité assurée, si l'on admet que devant un article anonyme, la justice n'a pas le droit de rechercher la personnalité qui se dissimule derrière la signature du gérant du journal. Cette interprétation est discutée, mais elle nous paraît la plus conforme à la notion de la gérance en matière de presse.

En principe donc, la poursuite est dirigée contre le gérant ou l'éditeur, l'auteur, écrivain ou dessinateur, n'apparaissent qu'à titre de complices. Ce point n'a d'ailleurs pas une grande importance, puisque le complice est passible de la même peine que l'auteur principal (loi 1881, art. 42).

Ce qui est plus intéressant, c'est l'exemption presque complète de toute responsabilité accordée aux imprimeurs pour faits d'impression. On admet, ce qui est d'ailleurs fréquent, que l'imprimeur ne lit pas ce qui sort de ses presses et par suite qu'il y a lieu de ne pas l'inquiéter.

Il convient de remarquer que la loi du 29 juillet

1881 consacre un renversement complet des législations antérieures qui tendaient, au contraire, à rendre l'imprimeur toujours responsable, allant même jusqu'à le mettre sous la dépendance administrative. Il en résultait que l'imprimeur, simple commerçant et ne subissant pas l'excitation de la lutte politique, ne songeait qu'à s'éviter tout ennui et exerçait une sorte de censure préalable sur tous les manuscrits qu'on lui apportait. Actuellement, la situation est inverse, on imprime tout sans avoir grand'chose à craindre. Il en résulte une conséquence déjà connue, c'est que le délit de presse ne peut guère être prévenu et, qu'en fait, ses conséquences sont déjà accomplies au moment de la poursuite.

Exceptionnellement, les imprimeurs peuvent être inquiétés si l'écrit incriminé ne présente ni nom d'éditeur ni nom d'auteur. Ils sont encore responsables comme complices en cas de provocations à un attroupement (loi 1881, art. 43), mais les amendes restent personnellement à la charge du condamné, *à fortiori* les condamnations à des peines corporelles.

Ces dispositions sont mises à profit par une certaine presse à scandales. Le nom du gérant apparaît seul et lui seul est poursuivi et condamné. Sitôt la décision devenue irrévocable, comme la détention préventive est interdite en matière de presse, le gérant disparaît et est remplacé par un nouveau venu, contre lequel la condamnation n'est évidemment pas exécutoire. Le journal continue ainsi indéfiniment à commettre les mêmes délits devant la justice impuissante.

Les distributeurs, vendeurs (les libraires compris), afficheurs, ne sont punissables qu'à défaut d'éditeurs, auteurs ou imprimeurs. Ici il est presque toujours exact que ces personnes ignorent le contenu des imprimés qu'ils répandent parmi le public. Mais si leur complicité *consciente* était prouvée, ils pourraient être impliqués dans les poursuites. Notons ausi qu'en matière d'outrages aux bonnes mœurs par la voie de la presse, les vendeurs, même si la vente est clandestine, sont au contraire les premiers punissables, sans qu'il soit besoin de faire contre eux la preuve de la connaissance du caractère illicite de l'objet vendu.

Nous venons de voir les personnes responsables en matière de délits de presse, il convient maintenant d'étudier le fonctionnement de la procédure et tout d'abord de déterminer à qui appartient le droit de poursuite.

Ici comme ailleurs, c'est le ministère public qui est l'organe de la poursuite des infractions, mais la règle subit des exceptions si importantes qu'elle disparaît presque.

Le ministère public agit librement lorsqu'il s'agit de publications interdites, d'outrages aux bonnes mœurs, d'offenses envers le président de la République ou les ministres et dans les cas de provocation aux crimes et aux délits. Il est bien entendu que le parquet reste subordonné, en ces cas comme dans les autres, à l'autorité du ministre de la justice, mais il n'a pas besoin d'une plainte préalable pour mettre en mouvement l'action judiciaire.

Il en est tout différemment dans les autres hypothèses, notamment à l'égard des offenses envers les chefs d'Etats et diplomates étrangers et dans l'énorme matière des diffamations et injures (1). Le ministère public reste inactif devant le délit le plus flagrant, tant qu'il n'est pas saisi d'une plainte formelle de la partie lésée. D'ailleurs, la plainte n'oblige pas le parquet à agir; mais, en sens inverse, le plaignant peut

(1) Les injures envers les témoins et jurés peuvent être poursuivies sans plainte préalable.

intenter lui-même l'action, à ses risques et périls, bien entendu. Dans la pratique, le parquet n'intervient que dans les cas les plus graves et il laisse les particuliers défendre eux-mêmes leurs intérêts.

La plainte préalable n'est soumise à aucune forme ; elle doit seulement être écrite. Aucune difficulté ne se soulève lorsqu'elle émane d'une personne isolée, mais il n'en est pas de même s'il s'agit de diffamation envers une collectivité. Si celle-ci est une personne morale, la plainte sera déposée par ses représentants légaux. Dans le cas contraire, chaque membre du groupe devra agir en son nom personnel.

Si la diffamation porte contre un corps constitué, tribunaux, armées, etc., la plainte préalable reste nécessaire et doit être prise en assemblée générale du corps diffamé, mais il n'est pas nécessaire que les membres prenant part à la délibération soient précisément ceux-là mêmes qui aient été outragés par la diffamation. En d'autres termes, le corps constitué forme une individualité indépendante de ses membres (Cass., 2 avril 1878).

Au cas fréquent où le groupement n'a pas d'assemblée générale, comme pour les armées, les administrations publiques, la plainte est déposée par le ministre dont le groupe relève ou même simplement par le chef de l'administration attaquée. Ainsi, un commandant de gendarmerie dépose une plainte valable contre les injures dirigées à l'égard de ses subordonnés. Il convient d'ajouter qu'un fonctionnaire diffamé individuellement conserve son droit de plainte personnelle, mais sous l'autorité hiérarchique de ses supérieurs.

En fait, comme nous le disions, il est exceptionnel que le ministère public agisse d'office en matière de délit de presse. L'utilité d'une plainte préalable se justifie en effet par des motifs très puissants. Même en présence des attaques les plus violentes, la victime peut avoir intérêt à garder le silence. Il arrive parfois que les critiques sont fondées et on comprend qu'il n'y ait pas lieu de les faire reproduire à la barre du tribunal. Même si la diffamation est calomnieuse, l'indifférence est souvent la meilleure tactique, mais cela est au fond dû aux défauts de notre législation sur la presse. Même devant les tribunaux correctionnels, le diffamé s'entend souvent attaquer par la partie adverse, et devant la Cour d'assises il faut être véritablement courageux pour poursuivre le redressement de son droit. L'inculpé peut en effet faire la preuve de la diffamation et il réussit tout au moins à étaler en public tout ce qu'il pourra trouver de défavorable ou de suspect dans la vie de son adversaire. Au besoin, on se bornera à des imputations non précisées, mais que la malignité publique aura vite fait d'amplifier. Si à cela on ajoute que le jury acquitte souvent pour des motifs tout à fait étrangers à l'administration de la preuve et que le procès entraîne des frais élevés, on comprendra que les poursuites pour diffamation et injures ne doivent pas être entreprises à la légère et sur la seule constatation du délit le plus caractérisé. Ici encore, la liberté de la presse passe avant les intérêts privés et l'on peut même dire que le législateur estime la protection du journaliste et de l'écrivain plus importante que celle des fonctionnaires et même des particuliers.

Pour toutes ces raisons, il ne saurait convenir à beaucoup de personnes d'être lancées dans l'arène judiciaire sur la seule initiative du parquet et la nécessité d'une plainte formelle est édictée au fond plus dans l'intérêt du diffamé que du diffamateur.

Compétence en matière de presse. — Nous nous sommes déjà expliqué à plusieurs reprises en termes suffisamment clairs pour que nos lecteurs sachent déjà que le juge naturel des délits de presse est la Cour d'assises. C'est le principe posé par l'article 45 de la loi du 29 juillet 1881. Nous avons au surplus indiqué les motifs de cette dérogation, laquelle n'existe, répétons-le une dernière fois, que lorsque le jury est appelé à prononcer un verdict entraînant une peine correctionnelle. Car si la peine encourue est criminelle, la compétence de la Cour d'assises est aussi normale à l'égard de la presse qu'en toute autre matière.

La compétence de la Cour d'assises est loin d'être générale. Elle ne s'applique, comme nous le disions plus haut, qu'aux délits d'opinion en principe, mais cette règle est loin d'être suivie avec rigueur dans toutes ses conséquences. Nous devons nous résoudre à une énumération et indiquer comme rentrant dans la compétence en question : 1° Les provocations aux crimes et délits par la voie de la presse, mais qui n'ont pas un caractère de propagande anarchiste; 2° les diffamations et injures à l'égard de corps ou personnes investies d'un mandat public; 3° l'offense au Président de la République; 4° la publication de fausses nouvelles; 5° l'outrage aux bonnes mœurs commis par la voie du livre et par paroles; 6° les cris séditieux.

Nous renonçons à reproduire ici une énumération complète des cas de compétence des tribunaux correctionnels ou même de celle des tribunaux de simple police en matière de presse. Nous nous bornerons aux hypothèses les plus fréquentes. Les juges correctionnels connaissent des délits de diffamation et injures envers les particuliers, des reproductions interdites, des offenses envers les chefs d'Etat et diplomates étrangers, des outrages aux bonnes mœurs par écrits (autres que le livre), dessins, emblèmes ou par chant.

La même compétence s'applique aux provocations aux crimes et délits par voie de la presse, lorsque ces faits ont le caractère de propagande ou d'apologie anarchiste (l. 1881, art. 45 et l. du 28 juillet 1894). Il en est de même de toute provocation à la désobéissance adressée à des militaires ou des marins, quel qu'en soit le mobile.

Nous ajouterons que les délits de presse commis par des personnes justiciables des juridictions militaires sont jugés exclusivement par lesdites juridictions.

Quant à la compétence *ratione loci*, elle s'étend à tout tribunal dans le ressort duquel a eu lieu la publicité indispensable pour la constitution des délits de presse. Un grand nombre de tribunaux sont ainsi ouverts le plus souvent au libre choix du plaignant.

En traitant des questions de compétence, nous devons ajouter que le juge de la répression connaît également de l'action civile portée devant lui accessoirement à l'action publique, mais il y a lieu de signaler quelques dérogations aux principes généraux. Tout d'abord, chaque fois que la preuve de la diffamation est possible, l'action civile est nécessairement portée devant le tribunal répressif, contrairement au droit d'option accordé, en thèse générale, à la partie lésée (l. 1881, art. 48). La raison en est que l'on veut permettre l'administration de la preuve en tous les cas, alors qu'elle serait impossible au cours d'un procès exclusivement porté devant les tribunaux civils. Il y a exception pourtant en cas d'amnistie ou de décès du coupable.

D'autre part, lorsque le procès de presse est de la compétence de la cour d'assises et que le verdict du jury est négatif, la partie civile ne peut obtenir aucuns dommages-intérêts, l'article 58 de la loi du 29 juillet 1881 dérogeant expressément à l'article 358 du Code d'instruction criminelle. Ici encore, on consacre la toute-puissance du jury en ce qu'elle a de favorable à la liberté de la presse.

De l'information et du jugement. — Nous nous bornerons, ici plus que jamais, à de simples esquisses des principes fondamentaux, l'étude des détails étant exclusivement relative au droit pénal [1].

Nous nous occuperons d'abord du cas normal, c'est-à-dire de la poursuite du délit de presse devant la cour d'assises.

Contrairement au droit commun, la cour d'assises peut être saisie non seulement après une information régulière, mais directement, par citation directe du ministère public ou même par citation à la requête de la partie civile, sans intervention du parquet. Ces dérogations ont pour but de faciliter la poursuite, mais elles ne sont pas défavorables aux journalistes, auxquels elles évitent les ennuis d'une information préalable (l. 1881, art. 47).

Lorsque le ministère public préfère user des modes de droit commun, il est néanmoins astreint à une série de règles exceptionnelles dont l'ensemble donne à la procédure un caractère très formaliste. En premier lieu, le réquisitoire introductif d'instance doit, *à peine de nullité,* articuler et qualifier les faits incriminés (loi 1881, art. 48).

L'articulation est l'exposition précise et sans ambiguïté des faits supposés délictueux, la reproduction des diffamations, l'indication des articles jugés coupables, de telle sorte que le prévenu connaisse exactement ce qu'on lui reproche. Mais une copie intégrale n'est pas nécessaire, si aucune erreur n'est possible.

[1] Voyez les ouvrages de droit criminel, notamment Laborde, *Cours de Droit criminel,* 2e édit.

Quant à la qualification, elle consiste dans la désignation légale de l'infraction et l'indication des textes de loi qui la répriment. On veut encore ici faciliter l'exercice du droit de défense et aussi enserrer l'information exactement dans le cadre tracé. Il s'ensuit que toutes questions connexes à la première infraction ne pourront être relevées que moyennant l'accomplissement de toutes les formalités requises pour la répression du délit initial.

Lorsque l'on emploie le système de l'information préalable, les pouvoirs du juge d'instruction sont inférieurs à ceux du droit commun sur deux points de première importance : l'arrestation et la saisie préventives. L'une et l'autre sont également impossibles en matière de presse. C'est là un des privilèges les plus notables faits aux écrivains. En dehors de la privation de liberté provenant de la détention préventive, celle-ci a l'inconvénient moral d'obliger le prévenu à se présenter devant les juges sous la surveillance de la force publique. On a voulu éviter aux journalistes de comparaître devant le jury avec l'escorte forcée de la gendarmerie, contrairement à la règle invariablement suivie à la cour d'assises.

En outre, l'écrivain a toute faculté, pendant l'information, non seulement de préparer sa défense à son gré, mais encore de continuer son métier comme si il n'était pas inculpé.

L'interdiction de la saisie préventive est encore plus importante. C'est même une des mesures les plus discutées de la loi de 1881. La saisie de l'écrit incriminé, d'un journal par exemple, dès que l'information est ouverte, risque de causer un préjudice irréparable quand la condamnation ne s'ensuit pas. La restitution des exemplaires saisis n'est pas un remède, car nul n'achètera la feuille vieille de plusieurs semaines, sinon de plusieurs mois. Il s'ensuivrait que le juge d'instruction aurait un moyen indirect, mais très efficace, de ruiner la prospérité d'un journal ou de porter un coup mortel à un ouvrage quelconque. C'est la raison qui a fait interdire ici la saisie avant condamnation.

En sens inverse, l'impossibilité de toute saisie laisse le délit de publicité produire ses conséquences les plus dommageables sans remède possible. L'arrêt de condamnation ordonnera bien la saisie et la destruction des publications déclarées coupables, mais le plus souvent la mesure sera inexécutable, tous les exemplaires étant déjà vendus pendant l'information. Même si la justice peut mettre la main sur le solde, la mesure sera sans intérêt pratique et on ne retirera de la circulation que des écrits que personne ne lirait. Bien plus, il arrive que l'action judiciaire sert de réclame aux journaux incriminés et le numéro qui est poursuivi obtient une vente exagérée par l'attrait du scandale.

L'importance pratique des deux privilèges que nous venons d'indiquer rend nécessaire de préciser leur étendue exacte. L'arrestation préventive est possible en cas de non domicile en France (loi 1881, art. 49) et aussi dans celui de poursuite pour outrages aux bonnes mœurs dans les cas prévus par la loi du 16 mars 1898. De plus, la même arrestation est toujours possible en cas de complicité de crime et dans les cas déjà indiqués de propagande anarchiste. Mais la provocation à un délit, même suivie d'effet, ne donne pas au juge d'instruction la faculté de mettre l'écrivain en état de détention préventive, même si les auteurs de l'infraction provoquée par la presse sont sous la main de la justice. Il n'est pas possible de faire mieux sentir le régime de faveur fait à la liberté de publier ses pensées.

Les règles sont analogues pour la saisie. Le juge d'instruction peut toujours saisir quatre exemplaires de toute publication non déposée conformément à la loi. Il peut, de plus, ordonner la saisie préventive de l'ensemble des écrits ou dessins poursuivis dans les cas déjà connus de propagande anarchiste et d'outrages aux bonnes mœurs prévus par la loi de 1898. Mais ces hypothèses sont limitatives, nous rappellerons toutefois le droit du gouvernement d'arrêter la vente de publications étrangères ou en langues étrangères, comme nous l'avons indiqué plus haut.

Le juge d'instruction conduit l'information suivant les règles ordinaires sous la réserve des considérations que nous venons d'énumérer. Il en est de même de la chambre des mises en accusation lorsque le juge a renvoyé l'inculpé devant cette juridiction.

Nous avons dit que le parquet et la partie civile peuvent saisir la cour d'assises par voie de citation directe, sans le préalable d'une instruction. Nous croyons devoir brièvement indiquer les formes substantielles de cette citation, formes d'autant plus importantes qu'elles sont applicables au cas où le délit de presse est déféré aux juges correctionnels et qu'elles sont en outre prescrites à peine de nullité.

La citation remise au prévenu doit d'abord satisfaire aux règles générales des exploits d'huissier et que nous n'avons pas à indiquer ici, mais en outre, il est nécessaire qu'elle porte l'indication précise des faits incriminés avec leur qualification et l'indication des textes qui répriment l'infraction visée (loi 1881, art. 50).

Nous retrouvons ici les règles applicables au réquisitoire introductif d'instance et les motifs des exigences légales sont les mêmes : délimiter le terrain de la discussion pour mieux permettre au prévenu de préparer sa défense. Aucune forme sacramentelle n'est d'ailleurs exigée pour l'énonciation et la qualification des faits, mais il faut, comme nous le disions déjà, qu'aucune ambiguïté ne soit possible. Ainsi, il est d'usage de rapporter textuellement les paroles injurieuses, d'indiquer très nettement l'article incriminé, de préciser le lieu et la date où le délit de publicité a été commis.

Lorsque c'est une partie civile qui assigne directement devant la cour d'assises, la citation doit porter élection de domicile au siège de la cour d'assises et elle doit être notifiée au ministère public (loi 1881, art. 50).

Quant au délai de comparution, il est de cinq jours francs, plus les délais de distance, s'élévant même à douze jours si le procès comporte l'administration de la preuve des faits diffamatoires.

Devant la cour d'assises, le prévenu doit comparaître en personne. Il est même réputé présent à l'audience pendant tout le procès, dès qu'il a assisté à l'appel des jurés (loi 1881, art. 55). On veut éviter que l'inculpé fasse défaut tout simplement parce que ses juges naturels ne lui inspirent pas une confiance suffisante.

Avant l'appel des jurés, il faut présenter, tant de la part de la partie poursuivante que du prévenu, toutes demandes de renvoi ou incidents sur la procédure. En d'autres termes, les nullités sont couvertes par le commencement des débats en présence du jury. C'est la cour seule qui tranche ces questions et comme son arrêt est susceptible de pourvoi en cassation, il y avait là un moyen dilatoire possible, à tel point que des abus ont motivé une loi spéciale. C'est celle du 4 juillet 1908, qui ordonne de joindre les incidents au fond, sauf pour la compétence, mais celle-ci ne peut être invoquée qu'une seule fois.

Quant aux débats et au verdict, ils suivent purement et simplement les règles du droit commun. Il en est de même, avec des modifications peu importantes, au cas de procédure par défaut (loi 1881, art. 56 et 57).

Devant le tribunal correctionnel, on suit, en thèse générale, les dispositions du Code d'instruction criminelle. Il convient toutefois de noter qu'en période électorale le délai de citation peut tomber à vingt-quatre heures (loi 1881, art. 60). L'opposition et l'appel ne sont également l'objet d'aucune règle particulière.

Nous répèterons ici que la preuve des faits diffamatoires n'est pas possible devant les tribunaux correctionnels, sauf le cas de plainte émanant de personnes faisant appel au crédit public.

Le pourvoi en cassation est toujours possible contre un arrêt de condamnation ou pour les intérêts pécuniaires de la partie civile [1]. Les formes en sont tracées par les articles 61 et 62 de la loi du 29 juillet 1881. Le seul point qui mérite d'être signalé est la dispense de toute consignation préalable de l'amende. On a voulu, ici encore, favoriser autant que possible les inculpés en matière de délits de presse et n'exiger d'eux que le minimum de frais pour leur défense.

Peines et prescription. — Nous terminerons ces notions de procédure pénale par l'énoncé de quelques questions qui constituent à nouveau des exceptions au droit commun en faveur de la presse.

Deux points sont à retenir à ce point de vue, l'impossibilité de toute récidive en matière d'infractions de presse (loi 1881, art. 63) et l'obligation pour le juge, s'il y a des circonstances atténuantes, de ne pas prononcer une peine excédant la moitié de celle

[1] Aucun pourvoi, même à titre civil, n'est possible contre une ordonnance d'acquittement rendue après verdict de non-culpabilité.

édictée par la loi (loi 1881, art. 64), c'est-à-dire la moitié du maximum déterminé par le texte applicable.

La prescription en matière de presse est une des plus courtes de notre législation, trois mois seulement (loi 1881, art. 65) [1]. On a voulu que les infractions de publicité fussent ainsi jugées pendant que l'opinion publique en est encore saisie et que, d'autre part, des procès ne vinssent pas réveiller des scandales oubliés. Cette prescription, applicable aussi bien aux intérêts civils qu'aux instances répressives, court du jour où la publicité a commencé et cela même si, pour des raisons de force majeure (voyage, etc.), le plaignant n'a pu avoir connaissance des écrits délictueux. Par contre, la prescription est interrompue par des actes de poursuite, conformément au droit commun.

La brièveté de la prescription en matière de presse ne doit pas être perdue de vue au cours d'une instance dans laquelle des renvois sont prononcés. Si plus de trois mois s'écoulent sans un acte judiciaire, la prescription est acquise à l'inculpé.

Nous n'avons pas songé, dans les pages précédentes, à écrire un Code abrégé de la presse, notre but ayant été seulement de montrer l'importance et les garanties de la liberté de penser. Nous pensons avoir suffisamment montré le libéralisme de la loi du 29 juillet 1881 et nous pouvons même dire que la France est, à ce point de vue, une des nations les plus avancées. Seuls, peut-être, les Etats-Unis disposent d'un journalisme à peu près débarrassé de toute entrave. En Angleterre, en effet, pays classique de la liberté de la presse, celle-ci est parfaitement indépendante au

[1] Un an pour les outrages aux bonnes mœurs commis par la voie du livre.

point de vue politique, mais beaucoup plus restreinte que la nôtre en ce qui touche les intérêts privés. Il est fort rare qu'un journal anglais se livre à des attaques directes contre des particuliers et aussi qu'il contienne des provocations à l'agitation et au désordre fréquentes chez certains journaux français. Si ces faits viennent à se produire, ils sont invariablement réprimés très énergiquement.

Malgré les imperfections et même les abus, nous croyons que la liberté de la presse n'a pas été nuisible en France. En tous cas, elle semble avoir pour elle l'approbation de tous les partis, car son principal avantage est précisément de profiter à tous. Il y aurait toutefois des points de détails à remanier, notamment ce qui touche la poursuite, vraiment trop difficile, des diffamations et des injures.

CHAPITRE VIII

LA LIBERTÉ DE RÉUNION

La liberté de réunion est un complément indiqué de la liberté de la presse, garantissant comme elle la libre communication de la pensée. A un autre point de vue, la réunion sert le plus souvent à entendre des discours ou à une discussion, c'est-à-dire à l'exercice de la manifestation d'opinion régie par la loi sur la presse. Il est donc logique de rapprocher les deux libertés et de fait leurs législations respectives ont toujours passé par des vicissitudes analogues.

Définition de la réunion. — Comme la presse, la réunion est une chose qui se comprend mieux qu'elle ne se prête à une définition parfaite. Nous n'apprendrons rien à personne en disant que la réunion est une collection d'individus unis par l'idée commune de se trouver ensemble. Un groupement accidentel, un rassemblement, une foule qui stationne ou circule, ne sont pas des réunions, mais une manifestation où chacun a un but commun constitue au contraire une réunion spéciale.

Au point de vue juridique, il convient de distinguer les réunions qui se tiennent dans un local clos et celles qui ont lieu sur la voie publique. Ces dernières portent le nom plus technique d'attroupements. En outre, on distingue les réunions privées et les réunions publiques, la différence étant fondamentale comme nous le verrons plus loin.

On ne considère pas comme réunions, dans le sens légal du mot, les spectacles publics, même gratuits, les cérémonies des différents cultes, les cours d'enseignements divers. Tous ces points sont réglementés par des lois spéciales.

Historique du droit de réunion. — Le parallélisme est évident avec la réglementation de la presse. Sous l'ancien régime, les réunions étaient tout-à-fait exceptionnelles et d'ailleurs soumises à l'arbitraire de l'administration. La Révolution inaugure un système diamétralement opposé : « la liberté aux citoyens de s'assembler paisiblement et sans armes, en satisfaisant aux lois de police » (Constitution de 1791, titre I).

Comme aucune loi n'intervient, il en résulte que la législation des réunions se réduit à rien. Tout est donc possible et les réunions publiques pullulent sous le nom de clubs ou d'autres appellations. Ces réunions exercent d'ailleurs une influence politique énorme, ils sont le berceau des grands événements de la Révolution et leur puissance est telle qu'elle finit par inquiéter les comités de la Convention eux-mêmes. Sous couleur de salut public, les clubs sont fermés les uns après les autres, mesure légalisée par un décret de la Convention du 6 fructidor an III. Diverses autres mesures législatives interviennent sous le Directoire, visant à la fois les réunions et les associations politiques et interdisant les unes et les autres. La réunion publique avait eu une courte liberté, mais ses abus devaient la faire disparaître pour de longues années.

A partir de la Révolution et jusqu'en 1848, il n'y aura aucune loi expresse touchant le droit de réunion. Nul ne paraît y songer sous l'Empire et la Restauration et il semble inutile de réglementer un droit que personne ne réclame. En fait, les rares réunions qui se tiennent le font sous l'autorité du Gouvernement.

Au contraire, la monarchie de juillet voit réapparaître la question, concomitante des agitations politiques de l'époque. Les partis avancés, surtout socialistes et républicains, cherchent à augmenter leur puissance par la tenue de nombreuses réunions publiques.

On soutient que l'absence de textes précis laisse subsister le grand principe libéral posé en 1789 et que par conséquent les réunions ne sont astreintes à aucune règle, notamment qu'elles échappent à la prohibition frappant les associations de plus de vingt personnes. Le Gouvernement accepte bien ce dernier point; mais pour tirer argument de la Constitution de 1791 et soutenir que son droit de police lui donne le droit d'interdire toute réunion lui paraissant de nature à troubler l'ordre public. On sait que l'opposition souleva, en 1848, une campagne de banquets qui n'étaient que des réunions déguisées et que l'interdiction d'un de ces banquets servit de prétexte à la Révolution de 1848. Le droit de réunion provoquait ici un soulèvement populaire, mais ce ne fut en réalité qu'une cause occasionnelle de l'explosion du mécontentement général.

Il allait sans dire que la seconde République, née comme nous venons de le dire, ne pouvait qu'être favorable aux réunions publiques. Celles-ci prirent tout de suite la forme dangereuse de clubs politiques, qu'un décret du 19 avril 1848 qualifia pompeusement « de besoin pour la République et pour les citoyens un droit ».

On vit réapparaître dans les clubs les excitations violentes du temps de la Révolution et les mouvements populaires qui en étaient la conséquence. A la suite des journées de juin, un décret du 28 juillet 1848, suivi de la loi du 19 juin 1849 donnèrent au Gouvernement un pouvoir discrétionnaire sur les réunions publiques.

Ce n'était pas le Second Empire qui devait se montrer plus libéral. Le décret du 25 mars 1852, confondant réunions et associations, interdit tout groupement de plus de vingt personnes sans autorisation préalable de l'administration. Mais de nombreux citoyens revendiquent le droit de réunion, notamment à raison des élections faites au suffrage universel, et pour donner satisfaction à ces demandes, la loi du 6 juin 1868 donnait aux réunions l'apparence de la liberté. Nous disons l'apparence, puisque les assemblées où l'on devait traiter des questions politiques ou religieuses devaient être autorisées à l'avance et que toute réunion pouvait être ajournée par les préfets ou interdite par le ministre, sans autre raison que la prévision de troubles possibles.

Les événement de 1870-1871 virent reparaître les clubs et leurs agitations, mais on ne tarda pas à revenir à la pratique de la loi de 1868. Toutefois de vives protestations s'élevaient et, pour y satisfaire, les Chambres votèrent la loi du 30 juin 1881 sur la liberté de réunion, loi très libérale comme nous le montrerons bientôt.

La nécessité d'une loi sur les réunions se justifie aisément par quelques considérations élémentaires de psychologie des foules. Il est fort connu actuellement qu'un groupement d'individus, au sein duquel les unités sont reliées par un but ou un sentiment commun à tous, ce groupement, disons-nous, tend à prendre un caractère personnel en lui-même. Il subit des impulsions globales, prend des résolutions, les exécute immédiatement et surtout annihile les volontés individuelles de ses constituants. De plus, la mentalité de la foule est toujours d'ordre inférieur, nullement la moyenne des intelligences des membres qui en font partie. Parfois même, les masses d'hommes se livrent à des excès qu'*aucun* de leurs participants ne songerait à commettre. Ajoutons que les groupements sont très suggestionnables, très accessibles aux ordres des meneurs ou aux impressions qu'ils veulent provoquer. Le théâtre repose d'ailleurs sur cette faculté d'émotion collective. Il est donc de pratique courante que les réunions ont souvent de graves répercussions sur l'ordre public, elles mettent en mouvement des forces énormes et généralement ingouvernables, et à ce titre elles justifient une certaine législation de police dans le sens le plus large du mot.

En sens inverse, il est inadmissible de supprimer le droit de réunion ou de le subordonner à l'agrément de l'autorité. Comme le dit la Déclaration des droits de l'homme, chacun de nous doit pouvoir manifester sa pensée par tous moyens et la forme oratoire n'est efficace qu'à condition de s'adresser à un certain nombre d'auditeurs. De même que pour la presse, il conviendra seulement de réprimer les abus et c'est le système de la loi de 1881.

La loi du 30 juin 1881 ne vise, malgré son titre, que les réunions publiques. Nous croyons donc utile de dire quelques mots au préalable des réunions privées, qui sont de grande importance pratique.

Des réunions privées. — De tout temps, sauf de rares exceptions, les réunions ont été à l'abri de toute réglementation, notamment en raison de l'inviolabilité du domicile qui rend vexatoire toute intervention administrative. Il importe donc de bien préciser les caractères auxquels une réunion reste privée.

D'après la jurisprudence, pour que le caractère privatif soit maintenu, il faut que les membres soient réunis sur des invitations personnelles ou individuelles et que le public ne puisse pénétrer sans un contrôle précis des lettres d'invitation. Il faut de plus qu'il y ait entre les organisateurs et les assistants un certain lien de connaissance mutuelle.

Si les invitations restent à la disposition du public, notamment si elles sont déposées dans des lieux publics, la réunion perd son caractère privé, même si les organisateurs se sont réservé le droit d'exclure telle personne que bon leur semblera.

Par contre, si des invitations nominatives sont utilisées par d'autres que leurs titulaires, par fraude ou négligence, ce fait ne suffirait pas à lui seul pour transformer la réunion en réunion publique ; il en est de même, *a fortiori*, quand des individus s'introduisent par la violence dans une assemblée privée.

L'annonce d'une réunion, par journaux ou affiches, n'influe pas sur son caractère; c'est uniquement à la facilité d'admission à la porte que l'on reconnaît la publicité.

Quand la réunion est privée, nous avons déjà dit que la législation de 1881 ne lui était pas applicable, mais il ne s'ensuit pas, bien entendu, que cette réunion soit à l'abri de l'action de la loi. C'est ainsi que, si des délits de parole ou autres sont commis au cours de l'assemblée, ils sont punissables; seulement, le plus souvent, le caractère de non publicité empêchera de mettre en jeu les principes de la loi sur la presse. En matière de spectacles, le fait d'admettre sur invitation personnelle n'empêche pas la poursuite éventuelle de certaines scènes licencieuses pour outrage public à la pudeur.

Réunions publiques. — Le système de la loi du 30 juin 1881 est des plus simples et une loi du 28 mars 1907 l'a encore réduit, à tel point qu'il n'y a presque plus de réglementation.

L'article 1er de la loi de 1881 pose le principe fondamental : les réunions se tiennent librement et sans autorisation. Nous devons toutefois faire remarquer que les pouvoirs généraux de police donnent aux maires (ou à défaut aux préfets) le droit de prendre les mesures destinées à assurer l'ordre et la sécurité des agglomérations d'hommes. Les maires peuvent donc exiger des organisateurs des précautions matérielles : solidité de la salle, secours d'incendie, etc.

Ils peuvent aussi, à notre avis, interdire la réunion quand celle-ci a pour but avoué de provoquer des actes délictueux. Mais la seule possibilité de troubles au sein de la réunion ne justifierait pas pareille mesure.

Dans le système de la loi de 1881, on exigeait, avant toute réunion, une déclaration signée de deux personnes et indiquant le but et les lieu, jour et heure de la réunion. Cette déclaration était faite, contre reçu, à l'autorité administrative (préfets, sous-préfets ou maires) et elle avait pour but de mettre les pouvoirs compétents à même de sauvegarder tant l'ordre public que la liberté de la réunion (loi 1881, art. 2).

La réunion ne pouvait avoir lieu que vingt-quatre heures après la déclaration, excepté pour les réunions électorales et en période électorale, le délai pouvait être réduit à deux heures et même s'annuler pour les élections sénatoriales.

La loi du 28 mars 1907 a supprimé la nécessité de la déclaration qui reste néanmoins facultative et qui peut avoir son intérêt lorsqu'on désire mettre l'autorité en demeure de protéger la réunion. La loi de 1907 a été rendue à la suite d'incidents se rapportant à la législation des cultes et pour éviter de faire des déclarations préalables aux cérémonies religieuses. Sans mettre en doute les motifs sérieux qui ont amené le vote de la loi du 28 mars 1907, nous trouvons un peu regrettable la suppression de la déclaration, mesure peu compliquée, non vexatoire et qui facilitait le maintien de l'ordre public. Actuellement, l'autorité s'enquiert des préparations des réunions publiques par des moyens d'investigation quelconques, tandis que le système de la loi de 1881 était simple et net.

Les réunions publiques doivent être tenues dans un local clos et ne pas empiéter sur la voie publique. Le groupement dans la rue est en principe interdit et constitue un attroupement ou manifestation dont nous allons bientôt parler (loi 1881, art. 6).

L'heure de la réunion est fixée par les organisateurs, la loi (art. 6), prenant le cas le plus général, suppose que la réunion a lieu le soir et édicte alors qu'elle ne peut pas se prolonger après 11 heures du soir ou après la fermeture des établissements publics (cafés, cabarets, théâtres), si cette fermeture est fixée après 11 heures du soir. Cette règle est tout simplement dictée par le motif, très prosaïque, de permettre au service d'ordre de prendre un repos mérité.

En l'absence de texte, nous ne voyons nul obstacle à ce que les réunions se tiennent dès les premières heures du matin, dès après minuit par exemple, si l'on trouve des auditeurs à cette heure, tardive ou précoce, suivant les idées de chacun.

Toute réunion doit avoir un bureau (loi 1881, art. 8), lequel a pour but de diriger l'assemblée, de maintenir l'ordre et d'éviter tout acte contraire aux lois. Mais il est évident que le bureau n'est pas responsable des délits et crimes commis au cours de la réunion, à moins qu'il n'y participe expressément. Il l'est au contraire des contraventions pour tenue tardive.

Le bureau doit comprendre au moins trois personnes, mais la loi n'exige pas la désignation d'un président spécial. Ce bureau peut être formé d'avance par les organisateurs, et pour éviter toute discussion, il peut être désigné d'avance dans la déclaration facultative. A défaut, l'assemblée désigne elle-même le bureau, mais il faut de toute nécessité une organisation provisoire, ne serait-ce que pour provoquer cette élection.

Le caractère de réunion publique ne donne pas, par cela seul, le droit à tout venant d'y pénétrer. Les organisateurs peuvent d'abord exiger un droit d'entrée. Ils peuvent même interdire l'accès aux personnes qu'ils ne désirent pas voir dans la salle ou faire sortir celles qui s'y trouvent déjà, sans commettre de violences bien entendu.

Il est toutefois une personne que l'on est obligé d'admettre aux termes de l'article 9 de la loi de 1881. C'est le fonctionnaire administratif ou judiciaire (commissaire de police généralement) que l'autorité a le droit de déléguer à toute réunion. Ce fonctionnaire choisit librement sa place et peut, par conséquent, s'installer au bureau, mais il ne prend pas part aux discussions.

Le rôle du délégué administratif est double. En premier lieu, il dresse procès-verbal des infractions, notamment de paroles, qui peuvent se produire au cours de la réunion. En second lieu, il peut prononcer la dissolution de l'assemblée, mais seulement en cas de voies de faits entre les assistants ou sur la demande du bureau. Les discours les plus délictueux n'autorisent pas à eux seuls l'exercice du droit de dissolution.

Nous ajouterons que les règles de la loi de 1881 sont sanctionnées par des peines de simple police, mais que la prescription de l'action publique et de l'action civile est de six mois seulement (l. 1881, art. 11).

Attroupements. — Nous avons déjà indiqué que ce sont des groupements sur la voie publique, spontanés ou préparés, mais dont les membres ont un but commun. Ils prennent d'ailleurs des noms divers : cortèges, manifestations, meetings, etc.

Les attroupements sont interdits, en principe, en France, par la loi du 7 juin 1848, comme de nature à provoquer des désordres. Il faut ajouter qu'ils constituent aussi une entrave pour la circulation générale et qu'à ce titre, lorsqu'ils sont exceptionnellement tolérés par l'administration, celle-ci a le droit de les réglementer à son gré. En Angleterre, pays où le *meeting* jouit d'une grande liberté, on a toujours soin d'éviter l'encombrement de la voie publique,

L'attroupement est qualifié d'armé ou de non armé. Il est dit armé dès qu'un seul de ses membres porte des armes apparentes, même des armes dont le port n'est pas prohibé (fusils de chasse, par exemple) et n'est pas expulsé par ses voisins. Il est également qualifié d'armé si *plusieurs* personnes portent des armes cachées.

L'attroupement armé n'est jamais licite et doit être dispersé après deux sommations.

L'attroupement non armé peut être toléré ou dissous, suivant que l'autorité estime que la tranquillité publique est ou non menacée. Pour le disperser, il faut trois sommations préalables. C'est, d'ailleurs, un axiome de police banal qu'il vaut mieux empêcher la formation d'attroupements que les disperser ensuite.

Nous ne croyons pas devoir nous étendre plus longuement sur les garanties du droit de réunion. Ce droit est tellement libre, si peu réglementé, que, pratiquement, il donne lieu à fort peu de difficultés juridiques. La réunion est souvent le théâtre ou l'origine de délits divers, mais cette question est indépendante du régime administratif que nous avons seulement à étudier ici.

CHAPITRE IX

LA LIBERTÉ D'ASSOCIATION

Les questions relatives aux associations ont toujours compté parmi les plus difficiles et les plus complexes du droit public.

L'intérêt en jeu est très grand. D'une part, les hommes sont naturellement portés à se grouper pour défendre leurs idées communes, et de l'autre, la puissance du groupement devient souvent fort grande, égale, sinon supérieure à celle de l'Etat. L'antagonisme entre les tendances autoritaires de l'Etat et la puissance d'indépendance de l'association devient donc aisément très marqué et le conflit s'ensuit tout naturellement.

A un autre point de vue, l'association et l'Etat sont des organismes de même ordre, des créations artificielles sans doute en apparence, mais reposant cependant sur des bases sociologiques réelles. Tous deux ont pour produit un esprit collectif, analogue à première vue à celui qui naît de toute réunion d'hommes, mais en réalité beaucoup plus fort et surtout plus durable.

L'association et aussi l'Etat sont en principe indéfinis dans le temps et aussi, peut-on dire, dans l'espace, en ce sens qu'ils cherchent à se développer tant qu'ils ne sont pas limités par des forces contraires au moins égales. Or ici encore, c'est précisément entre l'Etat et l'association que les points de contact sont les plus fréquents et les frictions les plus irritantes.

Les difficultés relatives à l'association se compliquent encore de questions étrangères au droit public proprement dit.

Les associations cherchent, dès que fondées, à se créer un patrimoine spécial et à posséder une fortune propre. Pour parler la langue juridique, toute association entend acquérir une personnalité morale plus ou moins étendue et en user. De là naissent des problèmes touchant surtout le droit civil ou commercial, mais intéressant néanmoins le droit public à titre indirect, en raison des répercussions économiques de la propriété collective.

Tout cela fait que la législation des associations a subi de nombreuses vicissitudes et donné lieu à de graves conflits politiques et sociaux.

Définition de l'association. — Cette expression a plusieurs sens. D'une façon générale, elle implique un groupement d'hommes quelconque, mais permanent et ayant un but collectif et déterminé. Toutefois, dans la langue juridique, on réserve le nom de société aux groupements à but lucratif, c'est-à-dire ayant pour but de réaliser des bénéfices. L'association devient alors l'agrégation dépourvue d'intérêt pécuniaire; mais par contre ayant en vue des objectifs élevés et idéaux, religieux, politiques, littéraires, scientifiques. Dans ce dernier sens, on peut définir l'association comme le groupement des facultés intellectuelles de plusieurs personnes, dans le but d'assurer et de fortifier le développement de tout ou partie des idées communes.

Nous ne parlerons ici que des associations dépourvues de but lucratif, les autres appartenant spécialement aux études de droit privé.

L'association a pour caractère primordial d'être collective. Cela est évident, mais peu importe le nombre des associés, en théorie du moins. En législation, au contraire, ce nombre est souvent l'objet de déterminations précises : tantôt on prohibe les grandes associations comme trop puissantes; tantôt, au contraire, on exige un minimum d'associés pour éviter l'excès de faiblesse du groupement.

Un second caractère essentiel est la pérennité de l'association. Sans doute, elle peut être faite à temps, mais le plus souvent, son but étant un des concepts généraux de l'entendement humain, nul terme n'apparaît à son activité. Il ne faut pas en conclure que les associations, même absolument libres, soient éternelles. Rien n'est stable sur notre globe et les efforts de l'humanité ne peuvent rien créer de perpétuellement durable. Mais il résulte de ce caractère de perpétuité, qu'à l'encontre de la réunion, mobile et transitoire, l'association a l'esprit d'avenir, un certain mépris du présent en vue de l'action future et, par conséquent, des méthodes de continuité qui sont à la fois sa force et son danger.

C'est un corollaire de l'idée précédente qui provoque la constitution d'un fonds social indépendant de la fortune propre des associés et subsistant envers et contre tous changements de personnes. Ce patrimoine, ainsi soustrait aux fluctuations usuelles des mutations économiques, forme ce qu'on appelle techniquement des biens de mainmorte, biens qui ont toujours été considérés avec défaveur par les pouvoirs publics. On leur reproche, et aux associations par conséquent, de faire échec aux lois sur les changements de propriétés et, en outre, d'être utilisés d'une manière moins parfaite que les patrimoines changeant fréquemment de détenteurs. En outre, et c'est revenir à un argument déjà connu, la constitution d'une fortune propre à l'association renforce sa puissance et l'amène de plus en plus à contrebalancer l'Etat lui-même.

Historique du droit d'association. — Ce droit a subi des vicissitudes très nombreuses, égales, sinon supérieures, à celles de la liberté de la presse. Les deux tendances, libérale et répressive, ont eu tout particulièrement ici des succès alternatifs dont un bref raisonnement nous montrera l'importance des conséquences pratiques.

En faveur de la liberté d'association, il y a tout d'abord ce fait fondamental que le groupement est naturel à l'homme. Nous cherchons tous à nous rapprocher de nos semblables et nous sentons d'instinct que nous augmentons nos moyens de lutte pour l'existence en nous appuyant mutuellement pour la défense de nos intérêts communs. Devant un fait sociologique aussi constant, la loi ne peut pas opposer un obstacle absolu, sous peine de se heurter aux résistances spontanées de la masse des hommes. L'humanité est faite pour vivre en groupes plus ou moins étendus et la volonté arbitraire de quelques-uns ne peut aller à l'encontre de cette loi naturelle.

A un point de vue moins élevé, l'association est une force sociale qu'il faut encourager et faciliter. En face d'une poussière d'individus isolés, l'Etat est sans entraves, mais aussi sans soutien et le moindre choc renverse le colosse d'argile. Si, au contraire, les citoyens sont unis par des liens mutuels, les secousses sociales s'amortissent contre la force de résistance des groupes et l'Etat en tire finalement un bénéfice certain.

D'autre part, malgré la tendance moderne d'amplifier les fonctions de l'État, il est nombre de services, d'intérêt collectif, que les particuliers sont encore seuls chargés de faire prospérer. Certains de ces services dépassent les forces d'un individu isolé, fût-il un génie, et seul l'esprit d'association permet de les gérer d'une façon à peu près convenable.

En sens inverse et en faveur d'une restriction plus ou moins grande de la liberté d'association, on fait valoir la puissance même de toute collectivité, tendant à former, suivant l'expression usuelle, un Etat dans l'Etat. Comme le disait Mathieu Molé en termes plus frappants : c'est un corps vivant dans le cœur de la nation. Il en résulte que les pouvoirs publics, comme nous l'avons déjà indiqué, ont en face d'eux des forces sociales de même grandeur, parfois même supérieures et qui sont mues par des considérations différentes. La résultante est une stagnation de l'état social d'abord, puis des tentatives des intérêts privés de tirer des profits excessifs de leur coalition, enfin des troubles et des conflits entre l'Etat et les groupes.

On remarque en effet que les systèmes associationnistes se développent et prospèrent surtout sous les gouvernements très faibles ou très forts. Dans le premier cas, les intérêts publics sont abandonnés ou mal défendus et les particuliers font prédominer leurs revendications. Dans la seconde hypothèse, la force des groupements reste toujours inférieure à celle de la puissance publique. Les associations ne sont donc pas tentées par un esprit d'indépendance absolue et se contentent de coordonner leurs fonctions avec celles de l'Etat.

Au point de vue pratique, la liberté d'association a entraîné souvent de graves conséquences politiques, ainsi qu'un historique sommaire va nous le faire voir immédiatement.

La civilisation grecque et surtout romaine se montra très favorable aux associations. Celles-ci ne tardèrent pas à prendre une grande importance au cours des luttes politiques qui marquèrent la fin de la République romaine. Les collèges de quartier (*collegia sodalicia*) sont une partie intégrante du système électoral corrompu et diverses lois en prononcent l'interdiction.

L'Empire aggrava naturellement ces tendances, n'acceptant que les associations gérant des intérêts publics (ensevelissement des morts par exemple) et encore sous le contrôle du Sénat. Ulpien (loi 2, Digeste, 47, 22) va même jusqu'à assimiler l'association à une sédition armée.

Le régime des associations fut plutôt confus sous l'ancien régime. Il serait difficile de dire que la liberté en était la caractéristique, car les principes étaient que le roi devait autoriser tout groupement nouveau et ne le tolérer que comme auxiliaire de l'ordre public. Mais en fait, les associations, religieuses et laïques, étaient extrêmement nombreuses et non moins puissantes.

Les ordres religieux d'une part, les corporations, jurandes et maîtrises de l'autre, formaient de véritables bases sociales, complétant et accomplissant l'œuvre de l'Etat en beaucoup de matières.

Ce fut même l'appui donné à l'ancien régime par les groupes associationnistes qui leur valut l'hostilité bien connue de la Révolution française. Celle-ci distingue entre le droit de réunion, groupement temporaire, et l'association, union permanente. La première était libre, la seconde fut toujours vue avec défaveur, comme suspecte de contrebalancer le nouvel état social.

Sans doute, le décret des 13-19 novembre 1790 consacre théoriquement le droit d'association, mais celui des 14-17 juin 1791 prohibe tout groupement professionnel ou corporatif. Par contre, on tolère les associations politiques, supposées favorables, comme les clubs, et la constitution montagnarde de 1793 consacre le droit des Français à former des *sociétés populaires*, protégées au surplus contre toute entrave par des lois pénales spéciales.

La réaction thermidorienne fait disparaître les clubs.

On revient à considérer que les associations ne peuvent naître qu'avec l'approbation du gouvernement (Constit. an III, art. 360 et 364) et un peu plus tard, la loi du 7 thermidor an V prohibe toute société à tendances politiques.

Le Code pénal de 1810 (art. 291) voulut interdire toute association, non autorisée par le gouvernement, mais son texte ne s'appliquait qu'aux associations ayant plus de vingt membres et se réunissant à jours fixés. Dès lors, on tourna aisément la prohibition par la division des associations en groupes ou sections de moins de vingt membres et surtout par le procédé, presque puéril, de ne se réunir qu'à des dates irrégulières, sur convocations spéciales.

Les associations politiques prirent ainsi une vive extension et menacèrent le gouvernement de Louis-Philippe. Pour se défendre, ce gouvernement fit voter la loi du 20 avril 1834 étendant l'interdiction, sauf autorisation administrative, à toute association, quelle que fût sa forme ou son importance.

La Révolution de 1848 proclama la liberté absolue d'association. Puis, devant l'agitation fomentée par les clubs, diverses lois vinrent suspendre, *provisoirement,* la liberté en question. Ce provisoire fut rendu définitif et même aggravé par le décret-loi du 25 mars 1852, revenant purement et simplement à l'interdiction absolue de toute association, non expressément autorisée par l'administration et aux conditions imposées par celle-ci.

Ce régime dura jusqu'à la loi du 1er juillet 1901. De temps à autre, comme après le 4 septembre 1870, une liberté de fait laissait s'épanouir les associations. Puis une politique restrictive s'ensuivait, réprimant certains groupes et en épargnant d'autres. Des procès politiques continuaient à atteindre les associations non autorisées, mais un mouvement d'opinion et de nombreux projets de loi protestaient contre la suppression de la liberté d'association. La loi sur les syndicats professionnels fut une première étape, celle de 1901 réalisa une large liberté et donna aux associations un statut juridique qu'elles n'avaient jamais eu aussi nettement dans notre législation.

Principes de la loi du 1er juillet 1901. — La loi formule nettement une distinction depuis longtemps esquissée en droit public, mais jamais précisée d'une manière formelle : la distinction entre l'association et la congrégation. C'est en effet par crainte de donner trop d'extension à cette dernière forme de collectivité que l'on a longtemps hésité à déterminer le statut des associations. La loi de 1901 résout la difficulté en traçant deux régimes juridiques différents : l'un pour les associations, l'autre pour les congrégations. Nous ne nous occuperons ici que des associations proprement dites, l'étude et la définition des congrégations devant venir ultérieurement.

Le principe fondamental de la loi est la liberté presque absolue de l'association. Toute entrave antérieure disparaît, spécialement la nécessité d'une autorisation administrative. La nouvelle législation marque même un effort très net pour faire rentrer le contrat d'association dans la sphère du droit civil, mais, dans l'ensemble, son étude appartient cependant au droit public.

Toute association est libre dans le fond et dans la forme ou, plus exactement, elle participe de la liberté des conventions proclamée par le Code civil. Aucune règle n'est posée ni quant au nombre, ni quant à la nationalité des associés. On admet, par exemple, une association composée uniquement d'étrangers et en nombre quelconque, malgré certains inconvénients évidents.

Le contrat d'association, ainsi assimilé au droit commun, est ouvert à tout le monde, sous les seules restrictions nées des incapacités du droit civil. Ce contrat comporte en effet certains engagements, immédiats ou éventuels, pour lesquels il est nécessaire d'avoir la capacité de s'obliger.

La même règle libérale prédomine aussi quant au but que peut se proposer le groupement. En théorie, tout ce qui est licite peut faire l'objet d'un contrat et en pratique cette règle s'applique presque exactement aux associations. Il y a cependant lieu de faire quelques distinctions.

Comme nous l'avons dit et comme le rappelle l'article 1er de la loi du 1er juillet 1901, le but de l'association doit être dépourvu de caractère lucratif et d'idée de spéculation. S'il en était autrement, nous aurions une société, civile ou commerciale, soumise aux règles du droit privé. Mais il faut savoir que l'absence de but lucratif signifie seulement que les associés ne doivent pas avoir en vue un partage de bénéfices. Cela n'implique nullement que l'association soit sans patrimoine. Il peut même se faire, pour les groupements de bienfaisance par exemple, que l'administration du patrimoine collectif soit l'objet principal des efforts de l'association, toujours sans idée d'enrichissement.

L'article 3 de la loi du 1er juillet 1901 interdit, à un autre point de vue, les associations fondées en vue d'un but illicite ou contraire aux lois et aux bonnes mœurs. On a voulu rappeler tout simplement la théorie des nullités contenue dans les articles 1131 et 1133 du Code civil et nous renvoyons sur ce point aux traités de droit civil. En outre, le même texte prohibe les associations de nature à porter atteinte à l'intégrité du territoire ou à la forme républicaine du Gouvernement. Il convient de remarquer que l'interdiction vise des associations ayant en vue de véritables complots contre la sûreté intérieure ou extérieure de l'Etat, associations par conséquent déjà illicites en elles-mêmes et pouvant au surplus tomber sous le coup du Code pénal. Il n'est pas défendu, au contraire, de discuter dans une association les différentes modifications à apporter à la Constitution.

La sanction qui menace les associations à but interdit est non seulement civile (nullité et dissolution), mais encore pénale. Les fondateurs ou administrateurs sont passibles de peines correctionnelles, ainsi que les personnes qui favorisent l'association déclarée illicite en lui fournissant un local (loi 1901, art. 3, 7 et 8). Cette sanction ne s'applique d'ailleurs que si l'association se maintient ou se reconstitue après dissolution régulière. C'est une dérogation au système qui voudrait faire de l'association un contrat purement soumis aux règles du droit civil.

Les restrictions de la loi sont limitatives, c'est-à-dire que les associations peuvent prendre n'importe quel objectif pour but de leur activité. Elles peuvent être littéraires, scientifiques, politiques, économiques, religieuses. Pour ces deux derniers points toutefois, l'association économique peut être en réalité un syndicat professionnel et sera régie par la loi du 21 mars 1884 [1]; ou encore l'association religieuse peut constituer une congrégation déguisée et devra alors se soumettre aux règles spéciales applicables aux congrégations proprement dites.

Ces points réservés, on peut répéter que l'activité associationniste est actuellement à peu près sans entra-

[1] La question a pris un vif intérêt à propos des associations de fonctionnaires étant donné que les syndicats sont actuellement interdits à ces personnes. Il faut rechercher le véritable caractère du groupement, sans s'arrêter à l'apparence extérieure.

ves et que seules la préparation et l'exécution des délits civils et pénaux lui demeurent interdites.

Le même libéralisme se retrouve quant au fonctionnement intérieur des associations. La loi laisse complète liberté pour la rédaction des statuts. Il n'est même pas nécessaire d'en rédiger, car, par une tolérance presque abusive, la loi de 1901 autorise la formation d'associations secrètes dont aucun acte ne révèlera la présence. Un seul texte (loi 1901, art. 6) édicte que le rachat des cotisations ne pourra pas être supérieur à 500 francs. Comme le taux des cotisations n'est pas limité par la loi, cette disposition est assez peu pratique.

La durée de l'association est également laissée à la libre convention des intéressés. Elle peut être indéfinie ou à temps déterminé, sans que la loi ait à s'en préoccuper.

Des différentes catégories d'associations. — La loi prévoit trois catégories d'associations : celles non déclarées, celles déclarées et celles reconnues d'utilité publique. Avant d'en indiquer les règles particulières, il est bon de faire remarquer que les promoteurs de la loi avaient considéré que la publicité devait être la base du contrat d'association et que la déclaration devait être la forme de droit commun. La déclaration d'utilité publique, déjà connue sous la législation antérieure, devait être accordée avec discrétion aux sociétés les plus importantes.

Ce dernier point de vue a bien été adopté, mais ce fut tout.

L'initiative parlementaire fit admettre des associations sans déclaration ni publicité. On déclara bien que ces groupements n'auraient pas les avantages juridiques prévus par les textes nouveaux, mais comme ces avantages ne sont que d'un intérêt pratique restreint, il en est résulté que la plupart des associations appartiennent en fait à la catégorie des associations non rendues publiques, qu'elles sont en réalité secrètes, sinon clandestines. Etant donné la force sociale des collectivités, il nous semble qu'une mesure de publicité n'aurait pas nui d'une façon appréciable à la liberté d'association, tout en permettant à l'Etat et aux particuliers de connaître la véritable situation des choses. Le système de la clandestinité n'est pas toujours favorable aux vraies idées de liberté.

Associations non déclarées. — Ces associations, prévues par l'article 2 de la loi de 1901, ne sont soumises à aucune espèce de formes. Elles n'ont besoin que du consentement des associés et, comme nous l'avons déjà indiqué, il n'est pas nécessaire que ce consentement prenne la procédure de statuts écrits. Tout est donc pleinement laissé au libre choix des associés, mais il sera prudent, pour éviter des contestations, de rédiger un acte précisant les conditions de fonctionnement de l'association.

Dans l'esprit de la loi de 1901, les associations non déclarées sont simplement tolérées à titre de groupement de personnes. Toute capacité juridique leur est refusée aux termes de l'article 5. Elles n'ont ni personnalité morale, ni patrimoine, ni droit d'ester en justice.

Bien plus, l'article 17 interdit, à peine de nullité, tout acte, même indirect ou à titre onéreux, qui tendrait à constituer une fortune quelconque au profit des associations non déclarées. Ainsi, par exemple, serait nulle une société civile ou commerciale ayant pour but de suppléer au défaut de capacité du groupement clandestin.

Il semble donc que les associations dont il s'agit soient destinées à vivre de l'existence la plus précaire, ne possédant rien, pas même un lieu de réunion et se bornant, pour ainsi dire, à la seule affirmation platonique d'une pensée commune à leurs membres. En réalité, la majeure partie des associations vivent sous le régime de la clandestinité juridique, tout en étant fréquemment très connues en réalité. Plusieurs de ces collectivités sont très puissantes, il y a donc un régime de fait superposé aux théories juridiques.

Dans la pratique, les associations non déclarées possèdent un patrimoine commun, formé notamment par les cotisations et elles l'administrent d'une façon analogue à celle suivie avant la loi de 1901. L'autorisation administrative ne donnait, en effet, aucune capacité à l'association autorisée, elle lui évitait seulement les rigueurs du Code pénal. Il fallait la reconnaissance de l'utilité publique pour faire une personne morale de la collectivité autorisée.

La législation actuelle a formellement supprimé la nécessité de toute autorisation, mais elle n'a pas accru la capacité de groupements qui ne se soumettent pas à la publicité de la déclaration.

Il convient donc d'appliquer à ceux-ci les règles jurisprudentielles qui prévalaient antérieurement.

Le sujet touchant ici principalement au droit civil, nous nous bornerons à des idées générales.

Le fonds commun appartient à tous les associés en bloc et non pour partie à chacun d'eux. Chacun d'eux n'a aucun droit d'en demander le partage, au moins tant que la dissolution du groupe n'est pas prononcée. Ce patrimoine est administré par les associés collectivement, en pratique par mandat donné à un ou plusieurs des membres du bureau.

Mais, par rapport aux tiers, l'association n'apparaît pas et seuls interviennent les associés qui ont personnellement contracté. Les créanciers sociaux ont ainsi action contre les membres qui ont traité avec eux au bénéfice de l'association. Ils pourraient même, en invoquant le mandat tacite donné à ces membres, exercer leurs droits de gage sur le fonds commun. Au contraire, nous estimons que les créanciers personnels des associés, pour dettes non sociales, n'auraient aucune action sur les biens de l'association.

Au point de vue des actions en justice, l'association est sans existence légale. On sera obligé d'assigner au nom de tous les associés ou, pratiquement, des principaux d'entre eux pris à titre individuel. C'est, en réalité, le plus gros inconvénient de la situation d'association non déclarée.

Nous avons laissé entendre que la formalité de la déclaration aurait pu être imposée, à notre avis, à tous les groupements. Mais, dès l'instant où on ne la jugeait pas nécessaire, nous croyons que l'on aurait dû régler catégoriquement la situation juridique des associations non déclarées. L'imprécision de la loi, l'absence d'une comptabilité quelconque imposée aux associations, l'obligation pour l'autorité de se renseigner d'une manière détournée, tout cela fait que des difficultés juridiques sérieuses risquent de naître du libéralisme absolu du législateur.

Associations déclarées. — C'est le système normal de la loi de 1901. La déclaration (loi 1901, art. 5, et décr. du 16 août 1901) consiste dans une série de formalités ayant pour but tant de faire connaître à l'administration l'existence et le fonctionnement de l'association que de rendre celle-ci publique par une insertion au *Journal officiel*.

Etudions d'abord les formalités.

L'association se constitue par simple consentement et doit nécessairement passer par la phase de la non-déclaration. Ce n'est, en effet, qu'au groupement établi, pourvu d'une organisation et de statuts, qu'incombe la charge de la déclaration. D'une façon plus précise, ce sont les directeurs ou administrateurs du nouveau groupe qui doivent remplir les formalités légales.

Celles-ci consistent essentiellement en une déclaration adressée au préfet ou sous-préfet du siège social (à Paris, au préfet de police) et indiquant ledit siège social, le nom et l'objet de l'association, ainsi que la désignation de tous ses administrateurs et directeurs. Une double copie des statuts est annexée à la déclaration.

L'administration délivre alors reçu de la déclaration; ce récépissé n'est pas une autorisation et ne préjuge en rien de la validité de l'association. C'est la simple constatation du fait matériel de la déclaration, mais il a son importance, car c'est de sa date que part l'acquisition de la personnalité juridique dont nous parlerons bientôt.

Indépendamment de la déclaration, la nouvelle association doit être portée à la connaissance du public. Dans le mois de la délivrance du récépissé, les administrateurs doivent faire une insertion (non gratuite) dans les colonnes de publicité du *Journal officiel.* Cette insertion peut être très brève, elle indique seulement la date de la déclaration, le titre, l'objet et le siège social de l'association. Copie de cette annonce doit être remise à la préfecture pour compléter le dossier (décr. 16 août 1901, art. 1).

L'insertion au *Journal officiel* a simplement pour but d'avertir les tiers que telle collectivité est placée sous le régime des associations déclarées. Pour plus amples renseignements, la loi a rendu les statuts communicables sans déplacement à tout requérant avec faculté d'en prendre copie. Il sera donc loisible de se procurer tous renseignements utiles sur le fonctionnement de l'association (décr. 16 août 1901, art. 2).

Lorsque des modifications sont apportées, soit aux

statuts, soit au personnel administrant le groupement, ces changements doivent faire l'objet de déclarations complémentaires constatées par reçu. Ces déclarations ont pour but de prévenir les tiers des modifications survenues et ces dernières ne leur sont opposables qu'après délivrance du récépissé (loi de 1901, art. 5). Mais il n'est pas besoin d'une nouvelle insertion à l'*Officiel*.

Une mesure complémentaire est la tenue, au siège social, d'un registre communicable seulement à l'administration et où sont relatées les modifications diverses survenues au cours de la vie de l'association dans ses statuts ou sa direction (loi 1901, art. 5 et décr. 16 août 1901, art. 6 et 31). Cette mesure, assez négligée en pratique, ne paraît pas avoir une très grande importance. Cependant cette disposition législative, comme les autres injonctions relatives aux déclarations, est sanctionnée par une amende pénale et la dissolution éventuelle de l'association (loi 1901, art. 7 et 8).

Le côté intéressant et nouveau de la loi de 1901 est la création, en faveur des associations déclarées, d'une capacité juridique spéciale, qualifiée en pratique de *petite personnalité morale*. On n'a pas voulu leur conférer la capacité complète des personnes morales du droit administratif, notamment le droit d'acquérir à titre gratuit, mais dans l'ensemble les concessions législatives sont amplement suffisantes pour les besoins de la vie juridique usuelle [1].

Il va sans dire que les associations déclarées acquièrent les cotisations de leurs membres, mais en outre, elles peuvent acquérir à titre onéreux les immeubles nécessaires à leur fonctionnement et tous objets meu-

[1] Voir les articles de notre excellent collègue M. Margat, dans la *Revue trimestrielle de Droit civil*; 1905, p. 135 et 1907, p. 5.

bles sans limitation d'aucune sorte. Elles ont, de plus, la capacité d'ester en justice, à titre actif et passif, sous leur nom propre et sans avoir besoin de mettre en cause les associés.

Sauf la réserve relative aux immeubles et qui se justifie assez mal par un souvenir des inconvénients des biens de mainmorte, la fortune des associations déclarée n'est nullement limitée. Il peut donc y avoir un fonds de prévoyance aussi important que le désireront les associés, pourvu que ce fonds consiste en objets et valeurs mobilières. Nous noterons ici que l'emploi de ce fonds n'est soumis à aucune restriction légale, que spécialement il n'est nulle obligation de placer le capital social en rentes sur l'Etat ou valeurs assimilées. A ce point de vue, les associations reconnues d'utilité publique sont en général dépourvues d'autant de liberté.

Le patrimoine social forme une entité juridique parfaitement distincte des patrimoines des associés. C'est là une chose qu'il convient de ne pas perdre de vue en pratique. Les créanciers d'une association déclarée n'ont que le fonds social comme gage et ils sont sans action sur la fortune même des administrateurs ayant traité avec eux. L'associé peut être très riche et l'association insolvable; s'il a été nettement stipulé que l'engagement était pris au nom du groupe, le créancier ne pourra inquiéter en rien l'associé.

La capacité juridique ainsi déterminée n'existe que dans les limites mêmes de la déclaration, par suite dans les limites également de l'activité normale de l'association. Si celle-ci entreprend de nouveaux buts non prévus dans une déclaration primitive ou subséquente, nous estimerions qu'il y a, dans cette hypothèse, combinaison de deux types de groupements : l'association primitive, déclarée et capable, et une nouvelle association superposée à la première, mais non déclarée et sans capacité juridique. Ici apparaît nettement l'intérêt des tiers contractants à consulter les statuts déposés.

Au point de vue pratique, le patrimoine de l'association déclarée sera géré, conformément aux statuts, par le bureau ou celui de ses membres (président, trésorier, etc.) qui recevra mandat à cet effet. Au regard des tiers, ce sont donc encore les statuts qui déterminent les personnes capables d'engager l'association.

Nous ajouterons que les associations déclarées ne sont nullement soumises à la règle administrative dite de la *spécialité,* en vertu de laquelle un établissement public peut entreprendre de gérer un service déterminé et celui-là seulement. Une seule association peut embrasser les modes les plus divers de l'activité humaine et elle jouira de la capacité légale pour tous les cas prévus régulièrement dans ses statuts.

Quant aux défenses faites aux associations déclarées de recevoir des dons et legs même mobiliers (exceptions faites des cotisations et des subventions administratives), ainsi que d'acquérir des immeubles non nécessaires à leur fonctionnement, ces défenses sont sanctionnées uniquement par la nullité civile des actes intervenus (loi 1901, art. 17). Ainsi les faits fugitifs, comme les dons manuels, échappent pratiquement à toute sanction.

La loi est complètement muette sur les règles d'administration intérieure des associations, même les plus riches. Les statuts détermineront donc, en toute indépendance, les majorités nécessaires pour la vie même du groupement, l'utilisation et l'administration de son patrimoine, jusques et y compris les mesures les plus graves, comme la dissolution.

Associations reconnues d'utilité publique. — Ces associations existaient déjà sous la législation antérieure, la loi de 1901 s'est bornée à les maintenir et à en rappeler les principes fondamentaux.

La déclaration d'utilité publique signifie, au point de vue théorique, que le groupement qui l'obtient est jugé par la puissance publique, suffisamment organisé et compétent pour satisfaire à des intérêts sociaux collectifs. L'association n'est pas incorporée dans la hiérarchie administrative, mais elle est considérée comme digne de lui servir d'auxiliaire officiel. C'est une sorte de consécration morale, augmentée de quelques privilèges destinés à assurer le maintien de l'œuvre entreprise.

Au point de vue formel, la reconnaissance d'utilité publique est faite par décret pris en la forme des règlements d'administration publique (loi 1er juillet 1901, art. 10), c'est-à-dire après avis de l'assemblée générale du conseil d'Etat. Conformément à une jurisprudence constante, le conseil d'Etat se reconnaît le droit d'étudier les statuts et d'y faire introduire telles clauses qu'il juge convenable pour assurer le bon fonctionnement de l'association. La loi exige d'ailleurs que la fortune sociale soit constituée en titres nominatifs, le conseil d'Etat y adjoint souvent l'obligation de placement en valeurs sur l'Etat ou garanties par lui.

La déclaration d'utilité publique peut être accordée à toute association, même non déclarée. Par contre, elle peut être retirée à la discrétion de l'administration.

L'association reconnue d'utilité publique possède ce que l'on appelle la grande personnalité morale. Il ne faut pas se méprendre sur ce terme et croire que le groupe collectif jouit d'autant de capacité qu'un individu physique ou même une personne morale administrative, telle que le département ou la commune.

En réalité, les associations dont s'agit possèdent la même capacité que les associations déclarées avec une seule adjonction, celle de pouvoir recevoir à titre gratuit. Encore ne faut-il pas qu'il s'agisse d'une donation avec réserve d'usufruit au profit du donateur, chose prohibée par la loi de 1901.

Les associations reconnues d'utilité publique pourront donc faire tous actes à titre onéreux prévus par leurs statuts et suivant les conditions précédemment étudiées. Dans le cas spécial d'acquisition à titre gratuit, elles ne peuvent entrer en possession des dons et legs qu'après autorisation administrative dans les termes de la loi du 4 février 1901. Nous rappellerons que cette loi confère au préfet le droit d'autoriser, excepté s'il s'agit d'immeubles d'une valeur supérieure à 3.000 francs. Un décret est alors nécessaire, dans les termes de l'art. 910 du Code civil. On sait d'ailleurs que la jurisprudence administrative se reconnaît le droit de n'accorder qu'une autorisation partielle, notamment de réserver une portion des legs aux héritiers naturels dépouillés par le testateur.

La déclaration d'utilité publique entraîne l'inconvénient que toute modification aux statuts doit être approuvée dans les mêmes formes que la déclaration elle-même. Mais de même qu'une association déclarée a le droit de renoncer au régime de la déclaration (sauf dol envers les tiers); de même nous pensons qu'un groupement peut toujours décider de ne plus profiter du bénéfice de la déclaration d'utilité publique. En pratique, la procédure la plus simple sera celle de la dissolution, dont nous allons maintenant parler.

Dissolution des associations. — De sa nature, le groupement associationniste est permanent, mais cela ne veut pas dire qu'il soit indéfini. On peut même affirmer que toute association, par cela même qu'elle est née et qu'elle vit, est vouée à la mort certaine. Il convient toutefois de remarquer que les associations admettent le plus souvent l'adjonction de nouveaux membres pour remplacer ceux disparus et que les générations peuvent ainsi se succéder les unes aux autres pendant un temps fort long. Mais, l'histoire en mains, il n'est pas d'association qui ne se dissolve un jour ou l'autre.

Au point de vue juridique, il y a trois causes possibles de dissolution des associations : elles peuvent être dissoutes par l'autorité administrative, par l'autorité judiciaire et enfin par elles-mêmes.

La dissolution par voie administrative est la plus dangereuse de toutes pour la liberté d'association, puisqu'elle subordonne d'une façon plus ou moins nette cette liberté au bon plaisir du gouvernement.

Sous la législation antérieure à 1901, la faculté laissée à l'administration d'autoriser les associations de plus de vingt personnes entraînait *à contrario* le droit de retirer l'autorisation accordée, mais il semble que le seul résultat était de rendre l'association illicite et il fallait une condamnation correctionnelle pour en assurer la dispersion.

La loi du 1er juillet 1901 prohibe en principe l'intervention administrative, elle admet cependant (art. 12) la dissolution par décret en conseil des ministres des associations composées en majorité d'étrangers ou siégeant à l'étranger ou ayant des administrateurs étrangers. Mais il faut que ces associations agissent de manière à menacer la sûreté intérieure de l'Etat dans le sens du Code pénal ou constituent ds *trusts* dangereux pour le jeu normal des fluctuations économiques.

Nous ne pensons pas que ces dispositions soient d'une application fréquente. Le caractère dangereux des *trusts* est généralement difficile à déterminer. Quant à l'attentat contre la sûreté intérieure de l'Etat, s'il est caractérisé, les membres de l'association tombent sous le coup des lois pénales et, par surcroît, l'association doit disparaître comme ayant une cause illicite.

La dissolution judiciaire des associations sera plus fréquente. L'intervention des tribunaux n'a rien de menaçant pour le droit d'association. Basé sur un contrat, ce droit est soumis à l'appréciation des tribunaux. Toutefois, nous ferons remarquer que la nullité du contrat d'association peut être demandée non seulement par les intéressés, mais encore par le ministère public et qu'elle est sanctionnée par une peine. Ici réapparaît le caractère mixte déjà signalé de l'association : convention de droit privé avec admission des principes de droit public (loi 1901, art. 7 et 8).

L'autorité judiciaire, en fait les tribunaux civils (et non correctionnels) prononcent la nullité et la dissolution de l'association lorsque celle-ci a un but ou une cause illicite ou lorsque le groupe ne s'est pas conformé aux formalités exigées en cas de déclaration. Nous ajouterons que l'autorité judiciaire est également compétente pour statuer sur les causes de nullité de droit commun : vices du consentement, défaut de capacité, etc. Seulement, en ces hypothèses, le ministère public ne peut pas agir d'office et la sanction pénale n'est pas applicable.

La dissolution prononcée produit les effets ordinaires que le droit civil attache aux nullités. S'il s'agit par exemple d'une dissolution prononcée pour cause illicite, la nullité est d'ordre public au premier chef et rétroagit. L'association est censée n'avoir jamais existé et tous les actes qui ont été faits pour son compte sont annulés dans le passé. S'il s'agit, au contraire, d'une irrégularité purement relative aux associés (incapacité de s'engager notamment), les actes antérieurs ne seront pas nécessairement nuls pour cela.

Il nous reste enfin à dire quelques mots de la dissolution des associations par elles-mêmes, la cause la plus fréquente de terminaison de la collectivité.

Tout membre peut d'abord se retirer d'une association à une époque quelconque et nonobstant toute clause contraire, mais cela n'entraîne nullement la dissolution du groupement (loi 1901, art. 4) (1). Celle-ci ne peut résulter que des statuts (expiration du terme fixé) ou, plus normalement, d'un vote exprès des associés. Un grand nombre de statuts prévoient même des majorités spéciales quant au vote de la dissolution.

La principale question soulevée par la dissolution volontaire ou forcée, est la liquidation et la dissolution du patrimoine social. On a parfois soutenu que c'étaient là des biens sans maître et revenant par conséquent à l'Etat, après la mort de l'association. La loi de 1901 (art. 9) renverse expressément cette théorie en décidant que la dévolution sera faite par les statuts ou, à défaut, d'après les règles édictées en assemblées générales. C'est, conformément aux principes suivis en droit privé, faire survivre l'association à elle-même pour les besoins de sa liquidation.

Les textes ne fixent pas de règles immuables pour cette liquidation.

Toutefois, le décret du 16 août 1901 (art. 15) rappelle le principe que le patrimoine commun n'est pas

(1) Le membre qui se retire n'a aucun droit à une part quelconque du fonds social; par contre, il ne doit que les cotisations échues et celles courantes. Toutefois, si son départ était fait avec intention de nuire à l'association, le membre en faute serait passible de dommages-intérêts d'après le droit commun.

partageable entre les membres de l'association dissoute. Ceux-ci ne peuvent que reprendre leurs apports et n'ont aucun droit à un enrichissement quelconque contraire au caractère non lucratif de l'association.

Le fonds social doit être dévolu, en règle générale, à des institutions similaires, comme étant le meilleur moyen de continuer à faire prospérer l'activité corporative. Si cependant aucune mesure n'était prise par les associés pour assurer ce transfert, il faudrait bien considérer les biens communs comme abandonnés et faisant retour à l'Etat.

Des unions d'associations. — Pour compléter nos explications, nous devons indiquer que le législateur autorise, par cela seul qu'il ne l'interdit pas, l'association ou la fédération d'associations, autrefois défendue par le Code pénal. Cette fédération sera régie absolument par les principes que nous venons d'exposer, elle pourra être non déclarée, déclarée, reconnue d'utilité publique et, suivant les cas, sa personnalité juridique variera. Enfin elle sera exposée aux mêmes causes de dissolution que ses éléments.

La possibilité d'une fédération aussi puissante qu'on peut l'imaginer, égale à l'Etat lui-même, constitue ainsi la dernière indication du très grand libéralisme dont le droit d'association jouit actuellement. Jamais en France, la puissance publique ne s'est autant désarmée devant les groupements particuliers. Par contre, elle a conservé et précisé ses droits devant une forme corporative spéciale : la congrégation, dont il nous reste à étudier la législation.

CHAPITRE X

LE RÉGIME DES CONGRÉGATIONS

La question des congrégations est extrêmement ancienne en France et elle a donné lieu à d'innombrables difficultés d'ordre politique et juridique. Elle se rattache en effet d'une part au régime des cultes, de l'autre à celui des associations et elle emprunte à tous deux les difficultés qui leur sont propres. Au surplus, les congrégations exercent une influence sur l'état social du pays, influence dont le législateur ne peut se désintéresser et qui complique encore le sujet d'éléments souvent passionnés.

Comme nous l'avons dit, la loi du 1er juillet 1901 a nettement différencié la congrégation et l'association, leur imposant des statuts contraires. Il y a une liberté d'association, il n'y a pas de liberté de congrégation. Une législation spéciale, d'ailleurs empruntée largement à des textes antérieurs, est édictée pour les établissements congréganistes et cette législation doit être étudiée en soi, abstraction faite des principes applicables aux groupements laïques ou même religieux mais non congréganistes. On peut discuter, dans l'ordre politique, sur la distinction dont il s'agit, mais elle est absolument nette au point de vue des textes.

Définition de la congrégation. — On saisit d'emblée l'importance de cette définition, accrue encore par ce fait que la vie congréganiste a, dans certains cas, le caractère d'un délit tombant sous le coup des lois pénales. Néanmoins la définition n'est donnée dans aucun texte, de par la volonté expresse du législateur. Il faut donc, pour les tribunaux et les interprètes de la loi, faire appel à des considérations générales.

Le phénomène de la congrégation, au point de vue psychologique, est évidemment un dérivé du concept religieux, mais il s'y mêle un élément corporatif important. Il y a d'abord, c'est la base religieuse, le fait de la vie en commun d'hommes ou de femmes professant les mêmes doctrines. Mais il y a en outre l'esprit d'agrégation, d'union pour l'accroissement et la culture des idées communes, élément qui est commun à l'association ordinaire. Les statuts des congrégations peuvent être à première vue assimilés à ceux d'une collectivité quelconque, mais l'analogie disparaît immédiatement en présence des vœux monastiques, vœux qui entraînent des engagements de forme et de durée contraires à ceux usités et permis dans le domaine des contrats civils. L'associé est un citoyen pour qui l'association n'est qu'un côté accessoire de de son activité sociale, le congréganiste est le membre d'un agrégat qui absorbe son énergie totale, jusqu'à sa personnalité même.

Nous noterons incidemment que le système des congrégations se rencontre dans beaucoup de religions. S'il est très répandu dans les religions catholique et orthodoxe, il est également fréquent dans plusieurs religions d'Orient. L'Islam ne l'ignore pas et les couvents de boudhistes se rapprochent singulièrement de leurs similaires d'Occident. Il y a là quelque loi générale qui rend encore plus complexe le régime à imposer aux congrégations.

Au point de vue canonique, ce sont les vœux (de pauvreté, obéissance et chasteté) qui forment la base essentielle de l'état monastique. Pour le laïque, ces vœux sont d'abord de simples faits de conscience échappant à toute matérialisation. De plus, ils sont déclarés sans valeur par la loi civile dès que l'on veut en tirer quelque argument positif. On ne peut donc baser sur eux une définition absolue de l'état congréganiste.

Un élément plus important est la vie en commun, avec son corollaire de l'habit uniforme. Néanmoins, il est certain qu'une congrégation peut parfaitement exister, avec tout ou partie de ses membres vivant isolément et sous un costume quelconque. On revient ainsi indirectement à l'appréciation des intentions, quelque fragile et mauvais que soit ce critérium. Les tribunaux décident qu'il y a congrégation dès qu'en fait une règle commune s'impose, dans un but religieux, à des individus qui se soumettent, ouvertement ou secrètement, à ses prescriptions.

Historique du régime des congrégations. — Nous ne songeons pas à présenter ici un tableau, même très succinct, du développement du monachisme en France. Il nous suffira de rappeler que sous l'ancien régime, les communautés religieuses étaient très importantes, comme nombre d'abord, puis comme importance sociale. Elles remplissaient de véritables services publics, l'assistance leur était complètement réservée et l'instruction pour la plus large part.

Il ne faudrait pas croire que les congrégations se soient développées avec l'approbation complète du pouvoir royal. D'une façon générale, la monarchie a toujours revendiqué ce qu'on pourrait appeler les droits éminents de l'Etat, c'est-à-dire la nécessité pour tout groupement religieux de ne se constituer qu'avec l'autorisation préalable de l'autorité civile et la prérogative, pour cette même autorité, de prononcer la dispersion des ordres religieux jugés dangereux pour des raisons politiques (¹). Plusieurs collectivités, l'ordre des Jésuites notamment, furent ainsi déclarées dissoutes et défense leur fut faite de se reconstituer en France. Il n'en est pas moins certain qu'à la fin de l'ancien régime, les communautés monastiques détenaient d'immenses richesses et exerçaient une indéniable influence économique et sociale.

Ce furent ces raisons mêmes qui provoquèrent les diverses mesures de la Révolution. Avec les privilèges de l'ordre du clergé disparurent nombre de prérogatives des congrégations et leurs biens figurèrent au premier rang des biens nationaux. Au point de vue juridique, l'institution monastique fut frappée de déchéance par la loi du 13 février 1790 déclarant nuls les vœux congréganistes. Par une conséquence logique, le même texte supprimait l'existence des ordres religieux, mais une mesure *provisoire* exceptait de la dissolution les congrégations enseignantes et charitables.

Quelques mois plus tard, divers textes, spécialement le décret du 18 août 1792, prononcèrent la suppression complète de toutes les communautés. Nombre de leurs membres continuèrent en fait de demeurer à titre individuel.

Le Concordat et son complément les Articles organiques ne s'occupèrent pas des congrégations. Peut-être même entendirent-ils en consacrer la suppression. Toujours est-il que le décret du 3 messidor an XII rappela le principe de l'interdiction civile des vœux

(¹) Toute communauté non autorisée était illicite et l'autorisation n'était accordée qu'après enquête et enregistrement du Parlement. Mais les communautés autorisées jouissaient de la pleine capacité civile.

monastiques et la prohibition de l'association congréganiste. Mais ce décret apportait un tempérament essentiel à la rigueur antérieure, en admettant que des congrégations pouvaient recevoir une certaine existence et même une capacité légale sur autorisation gouvernementale. Napoléon Ier autorisa, d'ailleurs, un certain nombre d'ordres, allant même jusqu'à incoporer à l'Université l'ordre des Frères de la Doctrine chrétienne.

Toute favorable qu'elle fût aux idées religieuses, la Restauration ne désarma pas l'autorité civile devant les congrégations religieuses.

La loi du 2 janvier 1817, et surtout celle du 24 mai 1825, posèrent une fois de plus le principe de l'autorisation préalable. Bien plus, malgré des tentatives en sens contraire, les Chambres, la Chambre des Pairs en particulier, exigèrent que l'autorisation émanât du pouvoir législatif. Sans doute, on valida pour les communautés de femmes existantes l'approbation donnée par ordonnance royale, mais, pour les nouvelles, les droits du Parlement étaient absolument affirmés.

En fait, les Chambres ne furent pas appelées à exercer leurs pouvoirs.

La situation fut modifiée par le décret-loi du 31 janvier 1852, rendu en faveur des congrégations de femmes enseignantes et charitables. La nécessité d'une loi est supprimée, excepté si la communauté croit devoir se donner des statuts nouveaux. Si elle se contente, bien que nouvelle, d'accepter des statuts déjà vérifiés et enregistrés par le conseil d'Etat, l'autorisation est valablement donnée par décret. Un certain nombre d'ordres profitèrent immédiatement de ces dispositions.

Malgré les prescriptions légales, un grand nombre de communautés étaient formées sans aucune autorisation; les décrets du 29 mars 1880 [1] essayèrent d'imposer à ces établissements de se soumettre à l'approbation gouvernementale ou législative. Une vive agitation politique s'ensuivit, mais sans que les décrets fussent obéis.

Diverses mesures fiscales furent alors prises contre les congrégations dans le but d'en diminuer le nombre et l'activité. Plus tard même, en 1900, quelques communautés se virent considérées comme associations non autorisées et dissoutes après poursuites correctionnelles. La loi du 1er juillet 1901 vint réorganiser toute la question et établir un régime juridique défini.

Principes de la loi du 1er juillet 1901. — Il convient tout d'abord de rappeler la distinction fondamentale entre l'association pourvue d'une liberté presque complète et la congrégation, soumise au contraire à une réglementation compliquée. Par conséquent, toutes les questions étudiées à propos des associations sont sans application ici et c'est un régime tout différent qu'il s'agit d'exposer.

Le principe fondamental de la loi de 1901 est le même que celui posé en droit public français par l'ancien régime lui-même. Aucune congrégation ne peut être formée sans une autorisation et celles qui ne remplissent pas cette condition doivent être dissoutes.

A côté de cette base, la loi établit à l'encontre des congrégations non autorisées un système de liquidation de leurs biens et de sanctions contre leur reconstitution. Au regard des congrégations autorisées, elle dispose une organisation destinée à assurer un certain contrôle de l'Etat sur le fonctionnement de la

[1] Un décret spécial prononçait la dissolution de l'ordre des Jésuites, en se basant sur toute une série de textes parfois très anciens.

communauté et sur les établissements nouveaux qu'elle peut fonder.

Nous ne croyons pas utile d'exposer ici les mesures prises pour assurer la dispersion et la liquidation des congrégations non autorisées, c'est-à-dire de celles qui ne l'avaient jamais été ou qui ayant sollicité l'autorisation se la sont vu refuser. Ces mesures n'ont eu que des effets transitoires, à peu près éteints actuellement. Nous noterons toutefois la nullité d'ordre public, qui frappe tout acte tendant à assurer l'existence clandestine d'une congrégation non autorisée, et cela même si l'acte est accompli par personne interposée (loi 1901, art. 17). En outre, l'enseignement, même à titre privé, est interdit aux membres de la congrégation non autorisée ([1]) et des pénalités atteignent les personnes qui continueraient à vivre en communauté ou qui fourniraient un local pour l'établissement congréganiste interdit. Ces pénalités ont d'ailleurs donné un intérêt supplémentaire à la question déjà exposée : de la définition et du caractère de la congrégation et de ses membres.

Il nous reste donc à exposer le régime fait aux congrégations autorisées, les seules ayant un fonctionnement légal.

De l'autorisation des congrégations. — La loi de 1901 reproduit le principe déjà établi par la loi de 1817, c'est au législateur à accorder l'autorisation. Au fond des choses, celle-ci est un acte administratif revenant normalement au pouvoir exécutif, mais comme pour beaucoup de dispositions analogues (lois d'intérêt local, par exemple), on a cru devoir réserver l'approbation des congrégations au Parlement, consi-

([1]) La loi du 7 juillet 1904 a ordonné, dans un délai de dix ans, la fermeture des établissements des congrégations enseignantes *autorisées*.

déré comme seul compétent en raison des intérêts politiques et sociaux mis en jeu. D'ailleurs, par le jeu du régime parlementaire et de l'influence des Chambres sur les ministres, les conséquences pratiques seraient identiques si l'administration recevait mission d'autoriser les établissements congréganistes.

On aurait pu décider que toutes les congrégations existantes (dont aucune n'avait été autorisée par une loi) devaient se soumettre à l'approbation législative. Au lieu de cela, la loi de 1901 valide en bloc toutes les autorisations déjà données. La question ne se pose donc que pour les congrégations nouvelles ou celles non autorisées au moment de la promulgation de la loi.

Nous ne parlerons pas de la formation d'une congrégation nouvelle, aucune espèce ne s'étant présentée en pratique, mais les communautés religieuses existantes, quoique non autorisées, ont dû soumettre leurs demandes d'autorisation au Parlement, demandes qui ont été l'objet d'une instruction administrative d'abord, puis parlementaire ensuite. Les Chambres ont rejeté les demandes d'un nombre considérable de congrégations, mais il reste une quantité encore très importante de dossiers qui n'ont reçu aucune solution. Ces communautés, en instance d'autorisation, jouissent du bénéfice de l'existence provisoire jusqu'à décision parlementaire (loi 1901, art. 18). Bien que la loi ne le dise pas formellement, nous estimons qu'elles sont soumises aux mesures de contrôle applicables aux congrégations autorisées et dont nous allons fournir bientôt le bref commentaire.

Une question connexe est celle de la formation d'établissements nouveaux dépendant d'une congrégation déjà autorisée. Il n'a pas paru nécessaire de faire intervenir le Parlement, mais on n'a pas non plus laissé libre la formation de ces extensions. Un décret en conseil d'Etat, rendu après instruction administrative (loi de 1901, art. 13 et décret du 16 août 1901) est nécessaire pour l'ouverture de tout établissement nouveau, et cela sous les sanctions prises contre la reconstitution d'une congrégation illicite. Il convient de remarquer que la nécessité de l'autorisation s'applique à tout établissement, n'y eût-il qu'un seul congréganiste pour en assurer le fonctionnement. C'était la solution indiquée par l'art. 3 de la loi du 24 mai 1825 et la loi du 4 décembre 1902 l'a précisée explicitement pour supprimer une controverse qui s'était élevée.

Régime des congrégations autorisées. — Les communautés sont soumises à diverses obligations de police qui leur sont propres et dont on ne peut pas retrouver les analogues dans le statut des associations. Elles doivent d'abord tenir une liste complète et détaillée de leurs membres, avec les indications nécessaires pour pouvoir les identifier. En outre, elles doivent dresser un état annuel de leurs biens, meubles et immeubles, ainsi qu'un bilan également annuel. Ce bilan est en recettes et en dépenses et sa sincérité, comme celle des listes et états précédents, est sanctionnée par des mesures pénales, pourvu, bien entendu, que les inexactitudes aient lieu de mauvaise foi.

Ces diverses listes et bilans doivent être tenus, au siège de la communauté, sur des registres séparés et conservés à la disposition permanente, mais sans déplacement, du préfet et de son délégué (loi de 1901, art. 15 et décret du 16 août 1901, art. 26).

On a voulu ainsi permettre à l'administration de vérifier constamment le nombre des congréganistes et la puissance économique de la communauté, mais la loi n'autorise pas les visites et perquisitions qui ne pourraient avoir lieu que dans les formes et les cas prévus par les lois pénales.

Les congrégations et leurs établissements autorisés

ont une capacité juridique complète, c'est-à-dire celle-là même accordée aux associations reconnues d'utilité publique. Nous nous bornerons ici, exceptionnellement, à renvoyer aux explications déjà fournies en matière de droit d'association. Nous rappellerons seulement que, conformément aux règles auxquelles nous faisons allusion, les communautés religieuses devront obtenir l'autorisation administrative pour leurs acquisitions à titre gratuit et que leurs propriétés immobilières devront être limitées aux immeubles nécessaires à leur strict fonctionnement. La loi du 1er juillet 1901 n'est pas précise sur ces points, mais nous ne les croyons pas contestables.

Suppression des congrégations autorisées. — Celles-ci peuvent disparaître pour des causes diverses d'ordre interne. Nous admettrons aussi que l'autorité judiciaire peut en prononcer la dissolution au cas où elles auraient un objet illicite, mais cela est d'intérêt pratique restreint devant la faculté de dissolution administrative prévue par l'art. 13 de la loi du 1er juillet 1901.

Toute congrégation, aussi bien que tout établissement isolé, peut être supprimée par décret rendu en Conseil des ministres et cela même si l'autorisation avait été donnée par une loi. Il est à remarquer que ce décret est purement discrétionnaire, c'est-à-dire qu'il peut intervenir sans que la communauté soit déclarée coupable d'un acte illicite déterminé. L'existence des congrégations peut donc être terminée à tout moment par le gouvernement.

La congrégation supprimée, il faut assurer la liquidation de ses biens. Il ne semble pas que la procédure transitoire édictée pour les congrégations non autorisées soit applicable ici. On devra probablement recourir aux règles de la loi du 24 mai 1825 (art. 7), étendues par analogie.

CHAPITRE XI

LA LIBERTÉ DE CONSCIENCE

Les questions relatives à liberté de conscience et à son corollaire le régime des cultes, ont toujours compté parmi les plus difficiles à résoudre dans tous les pays et la législation française n'a pas échappé aux fluctuations en sens divers qui ont marqué en d'autres Etats l'évolution de la liberté de conscience. Les raisons de ces difficultés sont d'ailleurs si connues qu'il nous paraît inutile de les examiner ici et ce n'est qu'à une époque toute récente que l'on est parvenu à dégager et appliquer le principe fondamental de laisser chacun libre de choisir telle opinion philosophique ou religieuse qu'il lui plaît. Pendant de longs siècles, au contraire, les doctrines religieuses se confondaient avec la puissance de l'Etat et la soumission à certaines croyances était aussi nécessaire que le respect des lois civiles. En d'autres termes, la liberté de conscience était synonyme de liberté de rébellion et d'anarchie. Ce fut la Révolution française qui eut le mérite de proclamer la formule fondamentale de la liberté de conscience. L'article 10 de la Déclaration des droits de l'homme porte en effet : « Nul ne doit être inquiété pour ses opinions, même religieuses, pourvu que leur manifestation ne trouble pas l'ordre public ».

Ce texte montre bien les deux aspects de la question. Il y a d'abord les opinions religieuses, ensevelies dans le secret de la conscience ou même affirmées publiquement, mais à titre théorique seulement.

Ce point fait en réalité partie de la liberté de penser, de parler et d'écrire, c'est-à-dire, en style juridique, de la liberté de la presse et de réunion. C'est la moindre difficulté du sujet et dès que l'on répudie le caractère politique de la religion d'Etat, on admet, sans grande résistance, la libre affirmation des idées religieuses quelconques.

Mais il y a un autre point de vue. La plupart des croyances s'accompagnent de manifestations extérieures plus ou moins solennelles et qui le plus souvent ont pour caractère essentiel d'être publiques ou du moins accessibles au public. C'est, dans un sens large, ce qu'on appelle le culte, chose absolument différente de l'exposé et de la discussion théoriques de dogmes religieux. Nous nous trouvons ici en présence des pouvoirs de police de l'Etat, lui donnant compétence pour réprimer ce qu'il juge attentatoire à la paix sociale et, d'autre part, nous avons les demandes des fidèles, affirmant que leur religion exige des cérémonies déterminées, avec parfois cette aggravation qu'elle n'en veut pas tolérer d'autres. On a donc été amené à prendre une réglementation spéciale à l'égard du culte en général, du culte public en particulier.

L'importance des textes relatifs au régime des cultes nous conduit à en faire une étude séparée, nous ne nous occuperons donc ici que des questions touchant la liberté de conscience en général.

Principe de la liberté de conscience. — Nous venons de nous expliquer sur ce point, nous nous bornerons à quelques précisions utiles pour l'étude des dispositions législatives.

En premier lieu, l'Etat ne doit imposer à personne une croyance déterminée, pas plus que l'absence de toute croyance. La participation ou la non-participation à une religion déterminée doit donc être abandonnée à la décision de chacun en toute indépendance.

En second lieu, l'Etat doit garantir les citoyens contre les entraves apportées à la manifestation de leurs opinions philosophiques ou religieuses. Nous venons de noter que ce point se heurtait à des difficultés pratiques assez graves.

En troisième lieu, l'Etat doit supprimer tout caractère confessionnel de ses services publics en général et de ses lois en particulier.

Les lois doivent être les mêmes pour tous, quelle que soit la religion de chacun. Cela n'implique pas d'ailleurs l'interdiction d'une réglementation applicable à une religion déterminée. Il suffit qu'il ne soit pas tenu compte, dans la législation générale, des croyances personnelles. C'est ce qu'on a appelé la laïcisation ou la sécularisation des institutions juridiques et ce qui constitue la base du droit public institué par la Révolution française.

Nous allons passer en revue les principaux cas où cette sécularisation est la plus nette.

Sécularisation du droit privé. — Les dispositions du droit civil ou commercial s'appliquent à tous sans intervention de l'idée religieuse, à quelque titre que ce soit. L'exemple le plus notable est le transfert des actes de l'état civil à des officiers publics laïques et l'absence de valeur juridique refusée à ces mêmes actes dressés par les ministres des cultes. On sait que dans l'ancien régime, les curés étaient seuls compétents au contraire en pareille matière, d'où la mise hors la loi des protestants depuis la révocation de l'Edit de Nantes à la veille de la Révolution.

A l'égard des actes de mariage, la loi va plus loin, interdisant le mariage religieux avant le mariage civil

(Code pénal, art. 199 et 200) [1]. Au point de vue théorique, la législation italienne est plus rationnelle en ignorant d'une façon complète le mariage religieux, mais à la pratique, ce système aboutit à encourager des fraudes et à augmenter le nombre des familles illégitimes au titre civil.

Une autre conséquence de la sécularisation du droit civil est la liberté pour chacun de donner à ses funérailles un caractère quelconque (loi 15 novembre 1887), sous réserve des restrictions dans l'intérêt de l'ordre public. Aucune disposition légale ou administrative ne doit faire apparaître de distinction motivée par la nature civile ou religieuse des obsèques.

D'une façon générale, les dispositions de la loi civile ne tiennent aucun compte des textes correspondants du droit canonique, en matière d'empêchement à mariage par exemple.

Nous ferons rentrer dans la sphère du droit privé la liberté déjà étudiée de former des associations à but religieux (qui ne soient pas des congrégations) et aussi le caractère licite de tous contrats ayant pour objet des questions d'ordre religieux ou philosophique.

Enfin on peut également englober dans la même division diverses règles applicables aux inhumations : telles que la non-distinction des confessions dans les terrains des cimetières (loi 14 nov. 1881) ou le transfert aux communes des services extérieurs des funérailles (loi 28 déc. 1904), mais cela se rattache aussi bien au droit public dont nous allons parler.

Sécularisation du droit public. — C'est en cette matière que la laïcisation produit ses effets les plus nets.

[1] Déclarés applicables même après la séparation des Eglises et de l'Etat (Arrêt de la Cour de Montpellier du 15 juillet 1907).

Tout d'abord, les fonctions publiques sont accessibles à tous, sans qu'il puisse même être fait une enquête sur les opinions religieuses. C'est l'inverse de la règle de l'ancienne monarchie, exigeant la qualité de catholique pour faire partie de l'Etat et devenir simplement citoyen français.

Les services publics sont ouverts à tous, sans distinctions de croyances et par conséquent aucune manifestation d'opinion ne doit être imposée à ceux qui y recourent. Par application de cette idée, l'enseignement public ne comprend aucune instruction religieuse et les services d'assistance doivent être organisés de manière à ne léser en aucune façon les croyances personnelles ou l'absence de croyances des assistés. Cela n'implique pas que l'enseignement religieux soit interdit ou les pratiques religieuses prohibées au regard des malades, il s'agit seulement qu'elles ne s'appliquent qu'à ceux qui les désirent.

La propagande religieuse ou anti-religieuse, par la presse ou la réunion publique, est absolument libre. On a supprimé l'ancien délit d'outrages à la religion, mais les restrictions du droit commun demeurent, bien entendu. Toutefois, l'enseignement privé congréganiste (qui est une forme de propagande) est interdit par la loi du 7 juillet 1904.

Sous les réserves générales de l'ordre public, les manifestations extérieures (non cultuelles) d'idées religieuses ou philosophiques sont permises aux particuliers. Elles sont, au contraire, interdites à l'Etat et aux administrations. Ainsi, un particulier peut décorer sa maison de signes religieux, même visibles du dehors, mais on ne saurait les lui imposer à propos de certaines fêtes ou cérémonies. En sens inverse, les locaux publics, les tribunaux notamment, ne renferment aucun emblème religieux.

Quant aux cérémonies sur la voie publique, outre

qu'elles se rattachent le plus souvent à l'organisation des cultes, il faut les assimiler à des groupements quelconques et leur appliquer les règles de police déjà connues à propos des réunions et attroupements. Il est des cas où des cérémonies de ce genre méconnaissent la liberté de conscience en s'imposant à des croyances différentes. Dans d'autres hypothèses, au contraire, leur interdiction est une violation de cette même liberté.

Sanction de la liberté de conscience. — Dans un cas, le plus net d'ailleurs, la liberté de conscience est garantie et sanctionnée par un texte exprès. C'est l'article 31 de la loi du 9 décembre 1905 sur la séparation des Eglises et de l'Etat, défendant d'inquiéter quiconque pour sa participation ou sa non-participation aux exercices ou à l'entretien d'un culte et cela par des mesures pénales, si l'entrave prend certains caractères déterminés.

Hors cette hypothèse, la liberté de conscience doit être considérée comme un droit individuel garanti par les principes généraux du droit. C'est ainsi que ses violations donnent ouverture à des réparations civiles, comme portant atteinte au patrimoine moral des citoyens. Il pourra même arriver, assez rarement à la vérité, que l'atteinte tombe sous le coup des lois pénales.

Au point de vue administratif, l'offense à la liberté de conscience doit être considérée comme une violation de la loi et comme donnant ouverture au recours pour excès de pouvoir. Il pourra, dans la pratique, se produire de graves difficultés pour administrer la preuve de cet excès de pouvoir, mais de nombreuses décisions de jurisprudence ont sanctionné le principe, par exemple en matière de sonneries de cloches ou de port de costumes religieux sur la voie publique.

A la base de la liberté de conscience, il y a l'ignorance voulue des opinions religieuses; cette ignorance n'est plus possible dès qu'il s'agit de l'organisation des cultes, d'où la nécessité des lois expresses dont nous allons maintenant présenter le commentaire.

CHAPITRE XII

LE RÉGIME DES CULTES

La législation des cultes est toujours compliquée dans toutes les législations et elle occupe un rang important dans le droit public français. Les principes en jeu sont de l'ordre le plus grave, mettant en contact des tendances, des opinions, des croyances dont la conciliation logique n'est pas toujours aisée et qui souvent se heurtent et se combattent. Cette législation, spécialement chez les peuples de race latine, fait partie d'un groupe de textes vivement discuté et qui sont l'objet de controverses plus politiques que juridiques. Il convient tout d'abord par conséquent de chercher à éliminer autant que possible l'aspect de polémique pour essayer de raisonner uniquement d'après les principes du droit. Il est évident que ce n'est pas une tâche aisée, les questions de foi, de sentiment, de raisonnement s'entremêlant chez chacun de nous d'une façon inextricable. On peut cependant tenter d'apporter à cette étude le plus de bonne volonté possible et essayer de se placer au point de vue objectif de l'interprétation des lois. Les textes eux-mêmes sont d'ailleurs assez complexes pour justifier une étude exclusive.

Le régime législatif des cultes se relie, sans se confondre, avec les règles applicables à la liberté de conscience. Au nom de cette dernière, les croyants peuvent se déclarer adeptes d'une religion quelconque ou n'en vouloir aucune. Mais dès qu'ils font une profession de foi religieuse, la question du culte apparaît, car la plupart des religions impliquent une manifestation extérieure de croyances, manifestation qui est à proprement parler l'exercice du culte. Assurément, il n'est pas incompatible avec le concept de religion de n'admettre aucun culte. Le fidèle se bornant à un acte de foi purement interne et mettant ses actes en harmonie silencieuse avec les dogmes qu'il révère. Mais, à la pratique, cette théorie ne s'applique guère; presque toutes les religions exigent au contraire un culte solennel, généralement un culte public, parfois même un culte exclusif des autres. Tandis que la liberté de conscience est surtout négative, se bornant à respecter le for intérieur, ce caractère expectant n'est plus de mise en présence d'un culte ouvertement célébré. L'ordre public est en jeu, il y a manifestation extérieure sollicitant l'intervention, sinon l'appui, de la puissance publique et il est impossible au législateur de se réfugier dans une fiction d'ignorance. Dans tous les Etats, il y a un régime des cultes, orienté en sens divers suivant les pays et les époques, mais son existence est actuellement un fait social général.

Principes généraux des législations cultuelles. — Il est bon, en pareille matière, de tenter de dégager quelques théories générales, basées sur l'histoire et la législation comparée. C'est le meilleur procédé pour se débarrasser des contingences dont nous avons signalé les dangers. Nous ne parlerons pas des lois tendant à interdire tel ou tel culte, encore que la plupart des Etats s'en soient rendus coupables à quelque époque de leur développement. L'intolérance et le fanatisme sont la négation même de la liberté de conscience et, de plus, ils n'engendrent pas d'effets durables. Les persécutions n'ont pas empêché l'essor du christianisme, tandis que le culte olympique n'a pu être restauré par Julien. Les idées religieuses vivent, croissent, se transforment et disparaissent, mais seulement sous l'empire de facteurs psychologiques et sociaux, jamais sous la pression de la force matérielle. D'ailleurs, les peuples civilisés répudient actuellement tout désir d'étouffer par la violence une religion quelconque.

Ce point écarté, nous trouvons en théorie deux systèmes contraires quant à la place que la législation cultuelle peut occuper dans le droit public. Elle peut y prendre une part prépondérante ou au contraire être ignorée presque complètement. Dans le premier cas, nous avons une religion d'Etat; dans le second, nous plaçons les cultes sous le régime du droit commun. Expliquons-nous en quelques mots.

La religion dite d'Etat peut prendre deux formes distinctes : d'abord une forme aujourd'hui archaïque en Europe et qui ne veut admettre qu'un seul culte, à l'exclusion des autres (c'est en ce sens que le catholicisme a été en France seul admis de la révocation de l'édit de Nantes à la Révolution). Ensuite, la religion d'Etat peut être une Eglise nationale, dont le chef spirituel se confond avec le monarque et dont les prêtres sont de véritables fonctionnaires chargés de satisfaire les intérêts religieux de la collectivité. Pareilles Eglises se rencontrent encore dans divers pays, en Angleterre et en Russie pour ne citer que deux exemples typiques.

Les religions d'Etat tendent assez facilement à l'exclusion des autres cultes, mais la conséquence n'est pas fatale, la liberté dont jouissent actuellement les cultes dissidents en Angleterre en est la preuve. Par contre, il est de l'essence d'une religion d'Etat d'avoir une place marquée et privilégiée dans le droit public de l'Etat. Religion et gouvernement s'unissent et se soutiennent, le prêtre est l'auxiliaire de l'homme politique et réciproquement. Le culte est l'objet d'une protection spéciale et est entretenu par l'Etat comme un service public, ses ministres sont des agents assimilables à des fonctionnaires, les bâtiments cultuels sont propriétés administratives.

Ce régime est évidemment très favorable à la religion qui en profite. Cependant il est en voie de diminution générale. L'Etat moderne devient de plus en plus indépendant des concepts religieux et il se laïcise suivant l'expression consacrée. Cependant il existe encore un certain nombre de religions d'Etat, même en Europe. En plus de l'Eglise anglicane et de l'Eglise orthodoxe russe, on peut indiquer, comme rentrant dans la catégorie qui nous occupe, la place privilégiée du catholicisme en Portugal et surtout en Espagne.

Le régime opposé est celui de l'ignorance légale des cultes, lesquels s'accommodent du droit commun, comme et quand ils le peuvent. La religion devient affaire purement privée, de sociale qu'elle était dans le système précédent. Les prêtres sont assimilés à des particuliers quelconques, les édifices cultuels à des locaux comparables à des lieux de réunions ordinaires, les exercices religieux correspondent à ces mêmes réunions et les fidèles constituent, suivant les cas, tantôt des associations, tantôt de simples groupements de fait.

Ce régime est évidemment le seul qui corresponde à une laïcité absolue, puisque l'Etat se comporte comme si les idées religieuses n'existaient pas. Néanmoins, il est très difficile de citer des exemples de pays qui pratiquent le droit commun intégral en matière cultuelle. Ceux qu'on énumère généralement : Angleterre (pour les cultes dissidents), Etats-Unis, Brésil, République de Cuba, n'ignorent pas absolument les religions et ont constitué à leur profit certaines institutions qui en favorisent le maintien et le développement.

Ce qui est certain, c'est que les Etats-Unis, notamment, s'efforcent de conserver une neutralité absolue entre les différentes confessions, mais l'organisation intérieure de chacune d'elles est reconnue, et, dans une certaine mesure, sanctionnée par la loi.

La difficulté de soumettre les cultes au pur droit commun, soumission réclamée par les meilleurs esprits et par tous les partis, provient en effet de ce que les religions diffèrent profondément des autres concepts sociaux. L'idée religieuse, le catholicisme notamment, contient un principe d'action différent ou tout au moins indépendant des lois administratives. Le croyant agit selon sa doctrine et fait passer sa foi avant toute autre considération, tandis que l'Etat cherche au contraire à assouplir les individualités à un régime commun, s'imposant à tous sans distinction des confessions privées. Le prêtre a plus de puissance morale sur ses disciples qu'un simple citoyen sur ses semblables.

L'édifice religieux est différent d'une salle de spectacle ou d'un cercle.

L'exercice cultuel se distingue nettement de la réunion, même de celle où l'on traite de questions religieuses, absolument comme la congrégation ne se confond pas avec l'association.

Le droit commun se plie donc malaisément à régir les cultes, parce qu'il s'applique à des situations qu'il ne prévoit pas. Ce qu'on entend au fond par droit commun, c'est l'absence de toute réglementation, la liberté absolue laissée aux fidèles de faire ce que bon leur semble et de créer un régime spécial à leur gré. Ce n'est pas d'ailleurs une conception insoutenable et elle se pratique en fait pour les petites confessions à nombre insignifiant d'adeptes. Mais, dès qu'on se trouve en présence d'une confession importante, les répercussions sociales et politiques deviennent telles que l'Etat ne peut s'en désintéresser.

On se trouve ainsi amené à la solution qui domine dans la pratique : soumettre les exercices religieux à une réglementation spéciale, autrement dit, instituer une loi de police des cultes. Ce sont des lois de ce genre que l'on rencontre dans presque tous les Etats et en France tout spécialement.

L'élaboration des lois de police cultuelle a toujours été considérée comme délicate par les hommes politiques. Nous avons déjà indiqué la gravité et la susceptibilité des idées morales en jeu, nous pouvons ajouter ici que le patrimoine des cultes atteint souvent des valeurs considérables et que des intérêts matériels viennent encore compliquer la question. Néanmoins, c'est au spirituel que les difficultés sont les plus grandes. Une bonne loi de police doit, autant que possible, être supérieure aux confessions diverses pour éviter de favoriser ou de gêner l'une d'entre elles; elle doit respecter la hiérarchie et la discipline intérieure des Eglises et laisser les fidèles pratiquer leurs rites en toute liberté, mais en même temps, la législation doit assurer contre tout empiètement les participants des autres croyances et ceux qui n'en ont pas; elle doit conserver les droits généraux de l'Etat de soumettre à son autorité toute fonction sociale s'exerçant sur son territoire; elle doit prendre des mesures pour maintenir la liberté de la voie publique et l'indépendance des services publics.

Ces conciliations sont loin d'être aisées et elles tournent à l'antinomie lorsqu'il s'agit de légiférer sur la police du culte catholique, lequel est, en France, celui dont l'importance numérique est la plus grande. Les difficultés proviennent ici de deux sources combinées. La première est que le catholicisme, plus que d'autres religions, a des tendances ouvertes à l'immixtion constante dans les actes de la vie politique et sociale et le désir non dissimulé d'assujettir ces actes à des règles déterminées de morale. En fait, d'ailleurs, le catholicisme a été si longtemps uni intimement au gouvernement de la monarchie absolue que l'indépendance parfaite de l'Eglise et de l'Etat se heurte à des traditions et à des hérédités encore agissantes.

La seconde difficulté provient de ce que la religion catholique, même au point de vue moral, professe l'obéissance absolue aux volontés du Pape. Or, le Pape est indépendant, en fait et en droit, de toute action du gouvernement français. Investi par le droit international de la prérogative de souverain, il est, en outre, depuis la perte du domaine temporel, à l'abri de toute influence coërcitive. La Papauté légifère donc, protégée par son inaccessibilité, et ses ordres sont exécutés par le clergé et les fidèles épars dans tous les Etats. Lorsqu'il s'agit donc de questions interférant avec les prérogatives gouvernementales et le pouvoir de police de l'Etat, ce dernier se trouve en présence d'une autorité dont la puissance sur ses ressortissants est sensiblement du même ordre que la sienne.

La rencontre, sinon le conflit, de la Papauté et de l'Etat, ou mieux du Saint-Siège et des gouvernements laïques, dérive donc de la nature des choses et est impossible à éviter, tant que subsistera la forme actuelle du catholicisme romain. En laissant de côté, ainsi que nous l'avons dit, la solution brutale de l'étouffement violent d'une confession, on est fatalement conduit à rechercher les moyens d'éviter les chocs trop grands et nuisibles à tous. Depuis l'échec de ses prétentions à la souveraineté universelle, à la fin de la querelle des investitures au moyen-âge, la

Papauté a dû renoncer à imposer ses volontés aux gouvernements, mais elle possède encore assez d'influence pour leur susciter des difficultés politiques intérieures ou même extérieures. En sens inverse, si les Etats ne veulent pas user de leur force matérielle pour empêcher le culte catholique (ils n'obtiendraient d'ailleurs que des résultats douteux et chèrement acquis), ils n'en peuvent pas moins entraver sérieusement les exercices religieux. Obligés donc à se supporter, l'Eglise et l'Etat sont astreints à se faire certaines concessions réciproques et l'art politique du gouvernement est d'assurer le maximum de ses prérogatives sans arriver à un conflit aigu avec le Saint-Siège.

Pendant longtemps, la solution de ces antinomies a été trouvée dans les concordats, transactions plus ou moins heureuses entre les deux puissances rivales. Il est sans intérêt ici de discuter si le concordat était un véritable traité ou s'il n'en avait que la forme.

Ce qui est certain, c'est que cet instrument contenait des limitations des prétentions réciproques et opposées de l'Eglise et de l'Etat. Mieux même, les deux antagonistes se prêtaient un mutuel appui sur plusieurs points, le catholicisme mettant son influence morale au service du pouvoir civil et ce dernier protégeant par sa puissance matérielle le libre exercice des fonctions religieuses.

Nous indiquerons plus loin les grandes lignes du dernier concordat français, mais l'histoire enseigne que les concordats tendent à disparaître rapidement, dénoncés qu'ils sont par la plupart des Etats qui les ont signés. Les textes écrits paraissent gênants et les gouvernements préfèrent s'en passer, spécialement à mesure que décroît lentement l'importance des concepts religieux en sociologie générale, et on recourt de plus en plus à des lois de police unilatérales. Mais ces lois ne sont viables (police n'étant pas persécution) qu'autant qu'elles échappent à la censure du Saint-Siège. Il n'est pas nécessaire de l'approbation expresse d'un concordat, mais il faut obtenir, soit par des négociations diplomatiques, soit d'après les circonstances, la certitude que la Papauté n'instituera pas, de sa propre initiative, un régime de discipline ecclésiastique opposé à celui édicté par les lois territoriales. Sinon, on est acculé à deux alternatives, ou bien les catholiques obéiront à l'Etat plus qu'au Pape et on arrive au schisme; ou bien, c'est l'inverse et on a une immixtion d'un pouvoir étranger dans des affaires relevant assurément du droit public interne, toutes éventualités fâcheuses à divers points de vue.

Concordats français. — Sous le bénéfice des considérations précédentes, nous devons esquisser maintenant les traits caractéristiques des deux concordats de 1516 et de 1801, leur influence, celle du dernier surtout, n'étant pas encore éteinte et leur exécution expliquant le régime actuel du culte catholique en France.

Le concordat de Bologne, conclu en 1516 entre François Ier et Léon X, n'a plus qu'un intérêt historique. Le roi de France reconnaissait les privilèges du clergé et faisait du catholicisme une religion d'Etat, mais en revanche le Pape lui abandonnait le droit de choisir les évêques, celui de l'administration temporelle de certains biens cultuels, le pouvoir même de n'admettre la publication en France des actes du Saint-Siège qu'après approbation royale.

Comme on le voit, ce concordat mettait le clergé sous l'autorité du pouvoir séculier et il n'empêcha pas de graves conflits avec la Papauté, non seulement au point de vue politique, mais même dans le domaine spirituel, notamment à l'époque d'un essai de constitution d'une Eglise nationale ou gallicane (décl. de 1682).

L'Assemblée constituante n'avait nullement la pensée, en supprimant les privilèges du clergé et en dénonçant en fait le Concordat de 1516, d'attenter à la religion catholique. Les rédacteurs de ses lois ecclésiastiques étaient des catholiques fervents, cependant désireux de renforcer l'union des prêtres français avec la nation. La constitution civile du clergé n'était pas en soi schismatique et contraire aux canons de l'Eglise, mais dans ses détails, nombre de points empiétaient sur les prérogatives réclamées par la Papauté. Le pape Pie VI crut devoir protester et défendre d'obéir à la loi, il s'ensuivit alors des luttes politiques et religieuses des plus violentes à la suite desquelles le catholicisme français tomba au rang le plus bas de son histoire, sans pourtant disparaître.

Dans sa reconstitution de l'ancien régime à son profit, Bonaparte se trouvait nécessairement appelé de s'occuper de la force sociale encore très importante que représentait la confession catholique. L'idée ouvertement professée par le Premier Consul fut de profiter de la religion et même du Pape dans l'intérêt de sa politique personnelle. Quant au Saint-Siège, impuissant à rétablir à lui seul le culte presque anéanti par la Révolution, il accepta de se servir du gouvernement français pour restaurer son influence en France.

Comme on le voit, le Concordat de 1801 fut signé dans une pensée de mutuelle défiance plus que de confiance réciproque. Les négociations en furent longues, menées avec rudesse de la part de Bonaparte et dans l'ensemble ce fut la Papauté qui céda sur de nombreux points. C'est ainsi, par exemple, que la loi de police connue sous le nom des Articles organiques de l'an X fut imposée par surprise au Saint-Siège. Cependant, le futur empereur n'entendait pas tellement entraver le culte qu'il le réduisît à rien. Il se contenta de l'enserrer dans une série de mesures plus rigoureuses encore que celles de 1516, mais, ces précautions prises, il se montra libéral sur les avantages matériels.

En négligeant le côté politique de la reprise des relations diplomatiques du Gouvernement français avec le Saint-Siège, le Concordat de 1801 était basé sur les idées directrices suivantes :

Tout d'abord, et ceci n'avait qu'un intérêt transitoire, mais très vif, le Souverain Pontife acceptait la sécularisation des biens du clergé et permettait de ne pas inquiéter les acquéreurs des biens nationaux. Il avait essayé d'obtenir la restitution des domaines aliénés, mais le Premier Consul n'avait accepté aucun accommodement.

Un point d'une portée plus générale était la reconnaissance que le catholicisme était la religion de la grande majorité des Français. Cela paraissait être un hommage rendu au Saint-Siège, mais c'était en réalité la consécration d'un échec : la disparition de la religion d'Etat en France. Toutefois, du caractère général de la confession catholique, la Papauté tirait certains avantages : la liberté du culte public, la restitution des églises et dépendances au clergé, la rémunération des prêtres, l'institution de personnes morales chargées de posséder et d'administrer des biens destinés à augmenter l'éclat du culte. En un mot, le Concordat rendait possible la reprise d'exercices religieux presque disparus sous la Révolution.

Mais le Gouvernement conservait des droits importants. Le personnel et l'administration temporelle restaient sous sa surveillance et même sous son autorité. Il n'aliénait pas les églises et chapelles, n'en remettant que la jouissance au clergé. Quant à ce dernier, son recrutement en faisait un cadre de fonctionnaires.

Les évêques (préfets en robe violette, disait Bonaparte) étaient nommés par le Gouvernement, la Papauté devant les instituer nécessairement.

Les curés étaient choisis par les évêques ainsi soumis au Gouvernement et le choix des plus importants d'entre eux devait-il encore être approuvé expressément par le pouvoir laïque.

En outre, le culte ne devait être libre que sous le contrôle des lois de police et le Concordat ne prévoyait pas les principes des mesures à prendre. La Papauté essaya vainement de se faire donner des garanties; elle dut céder, encore que l'événement montrât aussitôt que ses craintes n'étaient point vaines. Les Articles organiques édictèrent des règles dont nous avons déjà signalé la rigueur et divers textes achevèrent de placer la gestion des biens concédés à l'Eglise sous la direction de personnes elles-mêmes dépendantes du pouvoir central.

Ce système, comme on le voit, avait pour but essentiel de créer un clergé français et soumis aux lois et à la politique française. L'influence pontificale ne s'exerçait qu'à titre dogmatique et spirituel, et encore le Gouvernement conservait-il le droit théorique d'empêcher cette influence en s'opposant à la publication des actes du Saint-Siège. En un mot, on avait essayé d'instituer une sorte de semi-gallicanisme, mais cette fois, avec l'agrément de Rome.

Législation concordataire. — On comprenait sous ce vocable non seulement la situation faite au culte catholique, mais encore celle applicable aux cultes protestant et israélite dont la situation, bien qu'évidemment non réglementée par le Concordat, était néanmoins régie par des principes analogues.

On distinguait entre les cultes reconnus et ceux qui ne l'étaient pas. Les premiers comprenaient le catholicisme romain, le judaïsme, la religion réformée ou calviniste et le culte luthérien ou de la confession d'Augsbourg. On pouvait y ajouter certains cultes coloniaux (islamisme, etc.) soumis à des règles spéciales.

Les cultes non reconnus, la religion grecque orthodoxe, le baptisme, etc., n'étaient pas interdits, mais ils n'étaient pas non plus libres. Tout d'abord, ils ne jouissaient d'aucune faveur administrative, mais, de plus, ils étaient soumis à un régime de police spécial et non au droit commun. C'est ainsi qu'aucun édifice religieux ne pouvait être ouvert, même au culte privé, sans autorisation par décret en conseil d'Etat (décr. du 19 mars 1859, et C. pén., art. 294). De plus, semblable décret devait autoriser le culte lui-même et celui-ci était invariablement soumis à des règles assez étroites : défenses d'avoir des prêtres étrangers, de tenir des réunions ecclésiastiques, d'entrer en rapports avec les Puissances étrangères, de tenir tous propos offensants pour les autres cultes ou pour le Gouvernement. Toutefois, des arrêtés individuels pouvaient tempérer ces rigueurs, mais, dans l'ensemble, les cultes non reconnus étaient pratiquement à la discrétion de l'administration.

Revenons aux cultes reconnus, organisés, le catholique par le Concordat et les Articles organiques du 18 germinal an X, les protestants par ces mêmes articles, le décret du 26 mars 1852 et la loi du 1er août 1879, l'israélite par la loi du 8 février 1831 et l'ordonnance du 25 mai 1844. Tous ces cultes étaient régis par un ensemble de dispositions communes dont voici les principales.

Les ministres des cultes étaient salariés par l'Etat et bénéficiaient de certaines prérogatives civiles et administratives. La jurisprudence les considérait comme fonctionnaires et admettait qu'ils pussent être privés de leur traitement. Ils étaient d'ailleurs, avec des modalités de détail, nommés par le Gouvernement, mais ne pouvaient pas être révoqués par lui.

Les ministres des cultes n'étaient pas absolument libres de leurs actes. Une censure morale, le recours pour abus exercé devant le conseil d'Etat, protégeait l'autorité civile et l'autorité ecclésiastique contre les empiètements réciproques. D'une façon générale, le clergé devait se montrer strictement respectueux des lois, s'abstenir de toute politique et même faire des prières pour la prospérité de l'Etat.

Enfin, les cultes reconnus bénéficiaient de larges dotations matérielles. Ils avaient à leur disposition les églises, temples et synagogues, entretenus par l'Etat avec le concours de personnes morales spéciales. En outre, des biens productifs de revenus s'ajoutaient au budget des cultes pour augmenter les ressources différentes aux divers exercices religieux.

Si nous entrons maintenant dans quelques détails, nous noterons les points suivants comme les plus intéressants de cette législation aujourd'hui disparue, mais qu'il faut connaître pour apprécier l'état de choses actuel.

Parlons d'abord des personnes. Le Pape échappait évidemment à la nomination du gouvernement français, mais ce dernier présentait les candidats à la pourpre cardinalice. Quant aux évêques et archevêques, ils étaient nommés par le gouvernement parmi les citoyens français remplissant les conditions ecclésiastiques requises. Le Pape devait leur conférer l'institution canonique et, pour éviter des refus, il était d'usage de choisir les évêques d'accord avec la Curie romaine. Sur la fin du Concordat, des difficultés s'élevèrent, la Papauté ayant voulu renverser le système et nommer les évêques, sur la présentation du gouvernement (affaire du *nobis nominavit*). Des diocèses restèrent sans titulaires.

Les évêques et archevêques étaient assistés de vicaires généraux et de chanoines, nommés par eux, mais avec agrément du gouvernement. De plus, les mêmes formalités s'appliquaient aux curés de paroisses ou de cantons, qui n'étaient révocables que par une sentence de déposition approuvée par décret. Les autres curés et vicaires étaient, au contraire, nommés et révoqués directement par l'évêque. Tous recevaient un traitement de l'Etat, sauf les chanoines depuis 1885.

Le clergé catholique avait à sa disposition les édifices dits consacrés au culte, c'est-à-dire les églises, presbytères, palais épiscopaux et séminaires. Ces biens étaient considérés comme appartenant au domaine public, soit de l'Etat, soit des communes. Des fonds étaient obligatoirement affectés à leur entretien.

Cet entretien, ainsi que celui du culte en général, s'opérait par l'intermédiaire d'établissements publics appelés fabriques. Ces fabriques étaient composées du curé, du maire et de laïques élus suivant certaines formalités par les membres mêmes de la fabrique. Ces conseils avaient un budget soumis aux règles générales de la comptabilité publique; elles avaient en recettes toute une série de revenus, notamment ceux provenant des cérémonies religieuses, et en dépenses l'entretien du culte et des bâtiments cultuels. Leur législation, très complexe, est sans intérêt aujourd'hui.

L'Eglise catholique jouissait enfin de certains biens, terres ou rentes, formant des dotations appelées menses épiscopales, capitulaires ou curiales, suivant que les bénéficiaires et les administrateurs étaient les évêques, les chapitres ou les curés. Ces menses étaient des établissements publics dont le clergé était considéré à peu près comme usufruitier. Le gouvernement n'avait pas de contrôle sérieux sur la gestion intérieure des fabriques et des menses.

Les autres cultes reconnus se trouvaient dans des situations analogues, mais avec les modifications rendues nécessaires par la différence des confessions.

C'était le culte israélite qui différait le moins du système catholique. Il comprenait des rabbins communaux désignés par une assemblée élue elle-même par les fidèles de la circonscription et un grand rabbin de France nommé par des délégués des assemblées de circonscription. Toutes les nominations et élections devaient être approuvées par le chef de l'Etat et les rabbins recevaient un traitement et des prérogatives analogues à ceux des prêtres catholiques.

Quant aux biens, synagogues et autres, ils étaient administrés par les assemblées déjà indiquées, appelées consistoires, suivant des règles assez voisines de celles applicables aux fabriques.

Pour les cultes protestants, luthérien et calviniste, il y avait à la base une circonscription appelée paroisse, ayant à sa tête un conseil presbytéral composé de pasteurs et de membres laïques élus par les fidèles et renouvelables par moitié tous les trois ans. Un groupe de paroisses formait une circonscription supérieure administrée par un consistoire formé de tous les pasteurs de la circonscription et de délégués des conseils presbytéraux.

Les consistoires nommaient les pasteurs, sauf agrément du gouvernement, et surveillaient la discipline du culte. Les conseils presbytéraux participaient à l'administration matérielle des temples, comme les fabriques le faisaient pour les églises. Enfin il existait des organes centraux, conseil central pour les calvinistes, synodes particuliers et généraux pour les luthériens, tous électifs et chargés de représenter les intérêts des églises auprès du gouvernement. La situation matérielle et juridique des pasteurs était identique à celle des curés et rabbins.

Toutes ces organisations étaient complétées par des mesures de police générale dont nous rappellerons seulement les principales. C'étaient l'interdiction de publier ou exécuter aucune décision de la Cour de Rome sans l'autorisation du gouvernement, la défense de réunir aucun concile ou synode sur le territoire français, le droit au recours pour abus que nous avons signalé, des pénalités rigoureuses contre tous actes politiques émanant des ministres des cultes (art. 201 à 206 du Code pénal).

En outre, l'autorité administrative gardait le droit de réglementer toute cérémonie cultuelle extérieure, notamment les sonneries de cloches, les processions, missions, etc. Par contre, le clergé avait la police intérieure des églises, temples et synagogues et le droit d'y accomplir tel exercice religieux qu'il lui plaisait. Il pouvait également faire tel aménagement intérieur qu'il jugeait utile.

Telles étaient les grandes lignes du régime dit concordataire, maintenu à peu près intact malgré des tentatives en sens divers en 1813 et 1817.

Comme toutes les transactions, il ne contentait absolument personne, néanmoins pendant longtemps l'Eglise et l'Etat le supportèrent par crainte du changement; mais il fallait pour cela un mutuel désir d'entente.

Séparation des Eglises et de l'Etat. — Le mutuel désir dont nous venons de parler n'existait plus depuis pas mal d'années à la fin du XIXe siècle. Déjà, sous le second Empire, le gouvernement avait eu de graves difficultés religieuses intérieures, compliquées d'ailleurs des difficultés extérieures de la question romaine et du problème de la remise de Rome à l'Italie. Avec la troisième République, si la situation internationale de la Papauté ne créait plus de graves litiges, les conflits intérieurs se multipliaient d'années en années. Pour des raisons fort anciennes, des antagonismes politiques et sociaux s'accroissaient chaque jour, non pas précisément entre les entités abstraites, mais entre les individualités appartenant à des partis politiques. Le budget des cultes, l'immixtion administrative dans le temporel et même le spirituel de l'Eglise apparaissaient à beaucoup comme des survivances purement historiques en désaccord avec la notion de l'Etat laïque et le principe de la liberté de conscience. Les concepts religieux devenaient, dans cet ordre d'idées, des faits d'ordre privé et, par suite, l'Etat n'avait pas à les encourager, encore moins à subventionner un petit nombre de cultes reconnus, c'est-à-dire privilégiés.

En sens inverse, le clergé catholique trouvait la tutelle officielle lourde et parfois étroite. Les relations avec l'administration, les rapports avec le gouvernement, malgré la politique très nette de Léon XIII, étaient le plus souvent strictement protocolaires. Des difficultés politiques éclataient, amenant des déclarations d'abus, des suppressions de traitement, tout un ensemble de mesures créant une atmosphère dans laquelle le Concordat ne pouvait plus vivre.

Des faits contingents hâtèrent sa fin : la disparition des congrégations non autorisées, l'avènement d'un nouveau Pape, la rupture des relations diplomatiques avec la Papauté sur une question de politique extérieure. Tous ces points étaient absolument étrangers au Concordat, mais ils marquaient la fin de toute entente possible entre le gouvernement et la curie romaine. Comment, notamment, continuer à faire jouer le délicat système concordataire, alors que la diplomatie française n'avait plus de représentant officiel auprès du Saint-Siège?

La France était arrivée à un stade de l'histoire religieuse qu'avaient franchi déjà nombre de pays catholiques, c'est-à-dire le remplacement d'un Concordat désuet par une loi sur la police des cultes, basée non sur l'ignorance absolue, encore moins sur la persécution de la religion catholique, mais sur la notion de l'indépendance la plus large possible entre l'Etat et l'Eglise. Cela paraissait d'autant plus nécessaire que Rome venait elle-même de dénoncer en fait une des bases du Concordat, le droit du gouvernement d'accepter seul la révocation des ministres du culte. Deux évêques, ceux de Laval et de Dijon, furent, de la part du Saint-Siège, l'objet de mesures aboutissant à la suspension de leurs fonctions ecclésiastiques. Il fallait donc, à situation nouvelle, instituer un régime nouveau et ce fut l'œuvre de la loi du 9 décembre 1905 sur la séparation des Eglises et de l'Etat.

La loi de 1905 est purement unilatérale, la Papauté n'ayant à aucun moment participé à sa rédaction, ni même formulé ses vues officielles au cours des longs débats auxquels elle donna lieu. Les catholiques français prirent par contre une large part à la discussion et obtinrent de nombreux avantages, peu contestés d'ailleurs par la majorité parlementaire désireuse de ne pas susciter dans le pays de conflits religieux. Sans entrer dans le détail des principes de la loi, principes que nous allons exposer bientôt, aucune mesure ne paraissait de nature à méconnaître les règles de la discipline ecclésiastique et des avantages fort importants étaient faits à la Papauté, spécialement en matière de nomination du clergé. On crut un instant que l'épiscopat français allait mettre en pratique le nouveau système proposé, sauf à réclamer des améliorations sur les points trouvés défectueux à la pratique, mais le Pape Pie X prononça, en août 1906, une condamnation formelle et complète de la loi (Encyclique *Gravissimo officii*) et, à part des dissidents en nombre infime, l'organisation de la loi du 9 décembre 1905 ne se trouva acceptée que par les Eglises protestantes et israélites.

Malgré des incidents violents dits des inventaires, le conflit ne s'envenima pas outre mesure. Des tentatives de conciliation eurent lieu, personne en France ne voulant se laisser acculer aux horreurs d'une guerre de religion, mais aucune n'aboutit devant la résistance de principe de la Papauté. Les biens de l'Eglise revinrent à l'Etat, faute de personnes capables de les recueillir. Quant aux exercices cultuels, un essai fut fait de les assimiler à des réunions publiques et de les soumettre à la formalité de la déclaration. Celle-ci n'eut pas lieu, et d'ailleurs, au fond, la loi sur les réunions publiques n'était point faite pour les situations auxquelles on voulait l'adapter. Pour supprimer la difficulté, une loi du 28 mars 1907 (dont nous avons parlé par ailleurs) supprima la formalité de la déclaration, véritable amnistie en réalité de toutes les contraventions dressées pour offices célébrés sans déclaration.

Quant au culte lui-même, exercé depuis plusieurs semaines sans statut juridique, la loi du 9 décembre 1905 étant devenue pleinement exécutoire un an après sa promulgation mais n'étant pas observée en fait, le législateur eut tout simplement l'idée de rendre légal le régime de fait, c'est-à-dire d'édicter que tout continuerait à subsister tel que les catholiques l'avaient fait en obéissant aux ordres du Pape. Ce fut l'œuvre de la loi du 2 janvier 1907, applicable en fait seulement au culte catholique et qui aboutit à cette solution que les églises resteront ouvertes tant que Rome y maintiendra les prêtres. Il convient d'ajouter que cette législation est très brève et incomplète; quelques textes, spécialement la loi du 13 avril 1908, ont précisé certains points de détail, mais la jurisprudence a dû combler les lacunes les plus graves et il s'établit peu à peu une sorte de droit prétorien encore mal défini et qui demandera certainement de nouvelles retouches législatives. C'est donc sous la réserve de ces considérations que nous allons essayer de présenter un tableau d'ensemble de la législation actuellement applicable aux cultes.

De l'exercice du culte. — Nous devons tout d'abord constater la disparition complète de la distinction entre les cultes reconnus et ceux simplement autorisés. Tous sont sur le même pied, c'est-à-dire non reconnus, ni subventionnés, ni même autorisés (loi du 9 décembre 1905, art. 1). Les cultes quelconques sont soumis aux mêmes règles.

Il peut d'abord s'agir d'un culte exercé à titre privé. Il est essentiellement libre et à l'abri de la plus petite réglementation s'il a lieu en famille dans l'intérieur d'une maison. L'inviolabilité du domicile s'oppose à toute investigation administrative. Mais ce sont là des cas exceptionnels. Plus fréquemment, sous le nom de culte privé, on aura, en réalité, un culte ouvert, non pas à tout venant, mais à un noyau plus ou moins important d'adeptes ou d'amis. La distinction d'avec ce qu'on appelle le culte public proprement dit, est que ces exercices religieux n'ont pas lieu dans des bâtiments consacrés au culte sous la législation concordataire.

La situation n'est pas prévue formellement par la loi du 9 décembre 1905. Nous estimons qu'il faut appliquer le droit commun. Si le culte est restreint à un nombre déterminé d'individus, nous lui appliquerions les règles de l'association. S'il est ouvert au public, mais d'une façon irrégulière, nous assimilerions ces cérémonies à des réunions publiques, leur imposant un bureau par conséquent.

Il faut enfin admettre que si le culte est ouvert au public d'une façon permanente, on doit suivre les règles de police applicables d'après la loi de 1905 et que nous étudierons plus loin, mais il faut ajouter que l'ouverture de chapelles ou d'oratoires quelconques par les particuliers est devenue absolument libre et n'est plus soumise à la moindre autorisation.

Laissant de côté ces hypothèses un peu exceptionnelles, nous arrivons au point capital qu'a voulu régler la loi du 9 décembre 1905 : l'exercice des anciens cultes reconnus et leur maintien à la disposition du public.

Rien ne serait en effet plus faux de croire que la formule de l'article 1er de la loi doive être prise à la lettre. S'il n'y a plus de culte subventionné, il existe des cultes privilégiés au point de vue des ressources et par contre réglementés au point de vue de l'exercice, ces cultes ne sont d'ailleurs autres que les anciennes confessions concordataires ou plus exactement les religions qui s'exercent dans les bâtiments antérieurement affectés aux cultes reconnus.

La loi du 9 décembre 1905, ainsi que son complément du 2 janvier 1907, ont évidemment pour but unique d'assurer le temporel du culte et elles laissent de côté tout dogme. Or le culte étant indéfini dans le temps, son temporel doit être assuré autant que possible par une personne immortelle, une personne morale par conséquent. Cependant ce n'est pas absolument indispensable et nous verrons que la loi de 1907 a essayé de substituer à la personne morale la fonction de ministre du culte, également indépendante des individus physiques.

En combinant les deux lois précitées, nous trouvons

quatre procédés différents de continuation de l'exercice du culte public dans les églises, temples et synagogues :

1° Par l'emploi d'associations cultuelles.

2° Par l'usage d'associations ordinaires.

3° Par une déclaration annuelle du nom du ministre du culte.

4° Par un régime de fait.

Après le refus de constituer des associations cultuelles, le clergé catholique proposa un cinquième mode : la location administrative des églises, mais le contrat ne put pas s'élaborer. Nous ne parlerons donc que des régimes légaux que nous étudierons dans l'ordre précédent.

Associations cultuelles. Loi du 9 décembre 1905. — Nous rappelons ici que ces associations n'ont pas d'application en ce qui concerne le culte catholique, elles sont au contraire usitées par les cultes luthérien, calviniste et israélite.

L'association cultuelle est une association d'une nature particulière, à la fois plus puissante et plus réglementée que les associations ordinaires. L'idée de ses créateurs était d'en faire l'héritier des anciennes fabriques et consistoires et de lui donner les moyens et les fonctions d'assurer le côté matériel du culte.

L'association cultuelle comprend un nombre minimum de membres, mais le maximum est illimité. Suivant l'importance de la commune, le minimum varie de sept à vingt-cinq (loi de 1905, art. 18 et 19). Il importe de remarquer que ces membres peuvent être quelconques, pourvu qu'ils soient capables d'entrer dans le contrat d'association. Ainsi ils peuvent être de l'un ou l'autre sexe, laïques ou clercs notamment et même n'être pas Français. Peut-être sur ce dernier point la loi est-elle d'un libéralisme exagéré.

L'association cultuelle est obligatoirement soumise à la déclaration dans le sens de la loi du 1er juillet 1901. Mais si elle doit déposer des statuts, elle reste maîtresse de leur rédaction. Ainsi les statuts peuvent contenir l'obligation de professer une foi déterminée et cette obligation se rencontre dans les associations constituées par une fraction des protestants français. De même le président peut recevoir des pouvoirs presque absolus et les autres associés peuvent être réduits au rôle de donneurs d'avis. Les associations cultuelles israëlites donnent ainsi la prépondérance aux rabbins qui les composent. Pour le culte catholique, il eût été légal que les associations ne comprissent que des prêtres sous la présidence de l'évêque ou du curé avec obligation de quitter l'association dès que le prêtre perdait sa qualité sacerdotale. A moins d'admettre, ce qui était invraisemblable, que le clergé catholique se déclarât en rupture schismatique d'avec Rome, ces associations auraient été beaucoup plus ecclésiastiques que les anciennes fabriques où l'élément laïque dominait presque exclusivement.

L'association cultuelle n'est pas un établissement public, mais elle paraît bien être un établissement d'utilité publique, encore qu'elle ne soit pas soumise à la reconnaissance par décret en Conseil d'Etat.

Sa mission est astreinte à une règle de spécialité absolue, elle ne peut s'occuper que du culte, mais dans cette limite, elle a des pouvoirs juridiques infiniment plus larges que ceux d'une association déclarée ordinaire.

Parlons d'abord de l'actif. L'association cultuelle reçoit tout d'abord les édifices du culte, non pas en propriété, celle-ci restant aux personnes morales administratives, Etat ou communes, en jouissance exclusive. En outre, elles ont capacité pour recevoir le patrimoine du culte, c'est-à-dire l'ensemble des biens appartenant aux fabriques, menses et consistoires. Cette dernière attribution a lieu en propriété, mais avec charge de conservation et d'affectation au culte. Toutefois, pour les presbytères et évêchés, les communes et l'Etat en recouvraient la propriété au bout d'une période transitoire.

Les associations cultuelles peuvent, en outre, recevoir les dons et cotisations de toute nature à elles donnés par leurs membres et les fidèles. Elles peuvent recevoir par fondation (loi 1905, art. 19), c'est-à-dire par une forme spéciale de legs. En outre, elles perçoivent les diverses rétributions cultuelles autrefois attribuées aux fabriques. Par contre, elles ne peuvent recevoir aucune subvention officielle, même des communes.

L'association cultuelle a un passif. Tout d'abord, elle doit subir un inventaire préalable des objets et édifices à elle dévolus. Elle doit assurer non seulement la rétribution du clergé et l'entretien du culte matériel, mais aussi les réparations de toutes natures du patrimoine qu'elle administre. A l'égard des grosses réparations des églises, temples et synanogues, il y a là une charge dont on ne saurait nier la lourdeur éventuelle. Pour y obvier dans une certaine mesure, la loi de 1905 a permis aux associations cultuelles, soit de s'étendre sur plusieurs communes, soit de s'unir avec faculté de reversement des excédents des plus riches au profit des plus pauvres, reversement exempt de tout droit fiscal. En outre, les associations peuvent se constituer des réserves, mais pour éviter la constitution de biens de mainmorte, si la réserve dépasse le sextuple de la dépense moyenne annuelle, elle doit consister en sommes déposées à la Caisse des dépôts et consignations (loi de 1905, art. 22 et 23).

La gestion et l'administration de l'association cultuelle sont libres en principe. Toutefois, les comptes doivent être approuvés annuellement par ses membres, mais non pas par l'ensemble des fidèles. En outre, le patrimoine et les revenus sont exclusivement affectés aux besoins du culte, mais le détail des opérations à effectuer n'est pas précisé par la loi, sauf certaines obligations relatives à l'entretien des monuments classés comme historiques.

Pour assurer la conservation cultuelle du patrimoine des associations, celles-ci sont soumises au contrôle de l'administration de l'enregistrement et à celui de l'inspection des finances, avec inventaire annuel et comptabilité spéciale (décr. du 16 mars 1906). On retrouve ici les principes de tutelle administrative qui régissaient les fabriques d'après le décret du 27 mars 1893 et une preuve très nette que l'Etat ne se désintéresse pas de l'exercice de certains cultes. Les infractions aux règles administratives sont sanctionnées par certaines mesures pénales édictées par l'art. 23 de la loi de 1905.

Ajoutons encore qu'en cas de dissolution de l'association cultuelle, son patrimoine est placé sous séquestre pour être reversé au bénéfice de l'association qui la remplace ou d'autres similaires.

Reste une difficulté qui a donné lieu aux plus vives controverses. Que se passe-t-il si deux associations cultuelles réclament les mêmes biens ou si une nouvelle association veut déposséder une déjà constituée ? En un mot, qui discernera l'association orthodoxe de celle schismatique ?

La loi de 1905 (art. 4 et 8) répond en donnant compétence, en cas de conflit, au conseil d'Etat, lequel doit s'inspirer tant des circonstances de fait que des règles générales d'organisation du culte qu'il s'agit d'exercer. En termes plus simples, le conseil d'Etat doit rechercher quelle est l'association cultuelle qui est en communion avec la hiérarchie ecclésiastique dont elle se prévaut et il a la mission légale et formelle d'éviter de favoriser le schisme. C'est une nouvelle preuve de la continuation de l'immixtion de l'autorité administrative pour assurer des avantages déterminés à certains cultes. Nous verrons plus loin que les tribunaux judiciaires ont hérité de la fonction normalement dévolue au conseil d'Etat, en ce qui concerne le culte catholique et qu'ils se montrent très fermes gardiens de l'orthodoxie. Cependant, le rôle attribué au conseil d'Etat a été déclaré par l'encyclique de 1906 comme de nature à provoquer des schismes.

Pour terminer avec l'association cultuelle, nous indiquerons que dans certains cas limitativement prévus (loi de 1905, art. 13), elle peut perdre la jouissance des biens à elle attribués, lorsqu'un décret en conseil d'Etat ou une loi (suivant les circonstances) en ont prononcé la désaffectation. Nous n'insistons pas sur ces hypothèses fort peu pratiques.

Les règles que nous venons d'esquisser fonctionnent normalement pour les cultes protestant et israëlite. A l'égard du catholicisme, le refus de la Papauté de laisser constituer des associations cultuelles a entraîné les plus graves conséquences pécuniaires. Ce point sortant de la législation proprement dite des cultes, nous nous bornerons à quelques indications sommaires.

Les biens du culte, patrimoines des menses et fabriques, ont été dévolus, non à des associations inexistantes, mais aux établissements communaux d'assistance et de bienfaisance (loi de 1905, art. 9). Ces biens leur reviennent même allégés de la plupart des charges et fondations qui les grevaient et qui sont devenues inexécutables, sauf les actions en révocation prévues par l'article 7 de la loi du 9 décembre 1905 et la loi du 13 avril 1908, auxquelles nous renvoyons.

Une autre conséquence de la non-constitution des associations cultuelles était que les églises étaient sans personnalités morales pour les entretenir et soutenir le culte. La lacune fut comblée par la loi du 2 janvier 1907, prévoyant de nouvelles formes d'exercice du culte public dont nous allons maintenant parler.

Régime de la loi du 2 janvier 1907. — Cette loi, votée pour donner à la confession catholique un statut légal malgré le refus d'obéir à la loi de 1905, commence par établir deux régimes entraînant la dévolution en jouissance des églises aux curés. Ces régimes sont :

1° Une association ordinaire d'après la loi du 1er juillet 1901.

2° La déclaration du nom du ministre officiant.

Quelques mots de commentaire suffiront, l'Eglise catholique ne paraissant vouloir faire aucun usage des facilités à elle offertes, toute association et toute déclaration ayant été interdites par la Papauté jusqu'à nouvel ordre et les autres cultes n'ayant aucun besoin de recourir à ces modes subsidiaires à la loi de 1905.

La jouissance de l'église peut d'abord être concédée à une association non cultuelle, c'est-à-dire constituée uniquement d'après la loi de 1901. Aucun minimum n'est exigé, deux membres suffisent à la former, le curé et son vicaire par exemple. La loi n'exige pas que l'association soit déclarée, mais cette formalité nous paraît nécessaire pour lui donner la capacité juridique de participer au contrat de jouissance.

Il va sans dire que les associations de ce genre ne sont soumises à aucune des règles de contrôle applicables aux associations cultuelles, mais en sens inverse, elles n'ont aucune qualité pour obtenir les biens et percevoir les revenus des menses qui auraient été affectées à ces derniers groupements.

En deuxième lieu, peut figurer au contrat de dévolution de l'édifice religieux le ministre du culte dont le nom est déclaré par deux citoyens, suivant les formalités autrefois exigées pour les réunions publiques (loi du 30 juin 1881, art. 2). Il n'est pas nécessaire que la déclaration ait lieu avant chaque exercice religieux, une seule formalité suffit.

Lorsqu'il y a lieu à concession de jouissance, celle-ci a lieu par voie de contrat administratif, sans inventaire. Les participants sont, d'une part, l'association ou le prêtre déclaré, de l'autre, le préfet s'il s'agit d'une cathédrale, le maire s'il s'agit d'une église communale. Dans ce dernier cas, il faut une délibération conforme du conseil municipal, homologuée par le conseil de préfecture si la concession dépasse dix-huit ans. Il est à remarquer que le contrat de concession peut être à terme ou à durée illimitée et que les clauses peuvent en être débattues par les contractants. On est donc loin de la dévolution automatique de la loi de 1905. Toutefois, la jouissance est nécessairement gratuite, mais avec charge des réparations de toute nature. Le concessionnaire peut aménager l'édifice à son gré et percevoir les revenus y afférents (location de chaises par exemple), mais sans changer la destination de l'église ou des revenus.

La concession tombe de plein droit dès que le concessionnaire ne remplit pas son objet, c'est-à-dire l'exercice du culte régulier et *orthodoxe*, notamment par la sortie du prêtre de la hiérarchie catholique, mais la jouissance peut être dévolue à ses successeurs par un nouveau contrat.

Tout le contentieux afférent à ces questions relève des tribunaux judiciaires; il y a, en effet, simple appréciation d'actes de gestion du domaine privé de l'Etat ou des communes et les tribunaux administratifs ne reprendraient compétence que si une difficulté portant sur un acte de puissance publique se soulevait à titre préjudiciel.

Enfin, en l'absence de contrat de jouissance, ce qui est le cas pour toutes les églises catholiques, la loi du 2 janvier 1907 (art. 5) prévoit la continuation du culte par un simple régime de fait, qualifié dans la doctrine d'occupation sans titre.

Occupation sans titre. — Ce régime, pour être très pratique puisqu'il porte sur des milliers d'édifices, donne lieu aux plus graves controverses et à de grosses difficultés encore mal éclaircies. Le texte unique qui le régit est beaucoup trop bref, se bornant à ordonner que les églises continueront à demeurer à la disposition des fidèles et du clergé pour la maintenance du culte.

Le vœu de la loi est très clair, elle entend ne pas troubler les habitudes des croyants et, saisissant pour ainsi dire le catholicisme dans la forme extérieure où il se trouvait après le refus de s'adapter à la loi de 1905, elle légalise la situation de fait en décidant que les propriétaires des édifices religieux ne pourront mettre aucun obstacle aux offices, sauf les cas de désaffectation prononcée pour des motifs prévus d'avance et par une procédure exceptionnelle édictée par l'art. 13 de la loi du 9 décembre 1905. L'église reste donc nécessairement ouverte, les prêtres et les fidèles y pénètrent en toute liberté et peuvent continuer comme devant les cérémonies auxquelles ils entendent procéder. Mais ni les uns ni les autres n'ont la jouissance de l'édifice, ils sont dépourvus d'aucun titre leur concédant des droits précis, hormis l'affectation nécessaire au culte de l'édifice qui y servait antérieurement. Comme cependant, à la pratique, il faut trancher les difficultés sous peine d'arrêt, il s'est établi peu à peu en la matière une sorte de droit prétorien sous forme de jurisprudence encore en voie d'élaboration et que nous allons essayer de résumer.

La première question posée a été celle de savoir à qui revenait l'usage de l'église, question plus théorique que sérieusement importante, car nous croyons bien qu'aucun schisme n'est actuellement viable en France, les croyants y étant hostiles et les indifférents ne se souciant pas de soutenir une nouvelle religion. Il y a là au fond de simples querelles de personnes.

Quoi qu'il en soit, une jurisprudence, uniforme et concordante, décide que le bâtiment cultuel doit être remis au vrai curé, c'est-à-dire exclusivement à celui investi canoniquement par l'évêque et tant que le prêtre reste en communion avec la hiérarchie catholique (1). On déciderait de même, par analogie évidente, que le véritable évêque est celui investi par le Pape seul.

Il est évident qu'il n'est pas de meilleur critérium pour déterminer le caractère orthodoxe d'un prêtre et, comme le disent plusieurs décisions judiciaires, c'est le procédé le plus pratique de réaliser la volonté du législateur, qui a entendu affecter l'église non à un culte quelconque, mais exclusivement à la religion catholique romaine qui s'y célébrait antérieurement à la séparation. On ne peut s'empêcher pourtant de remarquer combien sont sérieusement protégées les prérogatives catholiques contre tout schisme et quelle puissance on arrive ainsi indirectement à donner aux décisions du Saint-Siège. Actuellement, curés et évêques sont nommés, directement ou au second degré, par la volonté seule du Pape, c'est-à-dire d'une autorité extérieure à la loi française. Néanmoins les tribunaux de France n'hésitent pas à accorder l'appui séculier le plus énergique à ces désignations faites par un souverain étranger et suivant des règles canoni-

(1) Voyez notamment Cour de Bastia, 17 février 1908, Dalloz, 1908. 2. 89.

ques étrangères au droit national. Nous ne croyons pas que pareille situation se soit jamais produite dans l'histoire de notre pays.

Le curé, au sens le plus strictement catholique, sera donc mis en possession de l'église et cela dans tous les cas; soit à l'encontre d'un maire voulant fermer le bâtiment, soit contre un prêtre y prétendant officier, mais sans autorisation expresse de ses supérieurs ecclésiastiques. En un mot, aucune église ne peut devenir schismatique.

Nous remarquerons que les litiges nés de ces difficultés sont soumis à la compétence judiciaire, comme n'entraînant aucune appréciation d'actes de puissance publique. Le ministre du culte et même un fidèle quelconque peuvent ainsi se pourvoir devant les tribunaux civils, soit au principal, soit en référé.

Quels sont maintenant les droits du curé sur l'église? On a beaucoup discuté ce point. Au sens strict de l'occupation sans titre, le prêtre n'aurait que le droit négatif de ne pas être troublé dans l'exercice de ses fonctions sacerdotales, mais la jurisprudence est encore allée beaucoup plus loin et a reconnu à l'ecclésiastique un véritable droit d'usage privatif sur le bâtiment religieux.

C'est ainsi que le curé peut toujours pénétrer dans l'église et que le maire ne peut pas en interdire l'accès, sauf temporairement et dans les cas graves intéressant la sécurité publique (effondrement par exemple). De plus, aucune cérémonie ne peut être célébrée dans l'église, sans l'approbation expresse du desservant, mais l'autorité municipale y a libre accès pour y exercer ses pouvoirs généraux de police.

Le curé a le libre usage du mobilier cultuel qu'il peut aménager à son gré, pourvu qu'il n'en change pas la destination, mais il ne peut pas en tirer parti, notamment en percevant la location des chaises. Par contre les quêtes restent permises.

Quant à la police de l'église, le curé n'a plus les pouvoirs qu'il tenait du concordat; cependant un arrêt lui reconnaît le droit d'interdire les actes qu'il juge incompatibles avec le bon ordre intérieur [1]. Il s'agissait, en l'espèce, d'une demoiselle qui se plaignait que le curé l'invitât à ne plus chanter faux! La cour de Pau a déclaré que cette invitation était licite.

Le point de savoir qui aura la charge des églises ainsi occupées n'est pas encore nettement tranché. Les fidèles ont certainement le pouvoir de procéder à des améliorations de luxe, de même que les communes (et l'Etat) peuvent entreprendre les réparations utiles (loi du 13 avril 1908, art. 5), mais ni les uns ni les autres ne sont obligés d'agir. Quant aux réparations nécessaires, les textes sont muets, mais il semble bien qu'elles doivent incomber aux propriétaires (Etat et communes), car du moment que l'église est légalement affectée au culte, on ne peut tourner cette affectation en la laissant tomber en ruines, d'autant plus que les propriétaires négligents pourraient éventuellement se voir actionner en dommages-intérêts en cas d'accidents.

Police des cultes. — L'exercice public du culte est soumis à un certain nombre de restrictions et de privilèges qui le différencient du droit commun des réunions publiques. Nous avons précédemment appelé l'attention du lecteur sur l'utilité d'une règlementation spéciale cultuelle.

Certaines mesures sont spéciales aux anciens cultes reconnus. D'autres sont communes à toutes espèces de religions. La loi ne fait pas cette distinction, mais elle nous paraît résulter de la nature des choses. Ainsi les anciens édifices concordataires doivent être

[1] Cour de Pau du 6 mars 1909, Dalloz, 1909. 2. 205.

ouverts au public librement, sans rétribution, directe ou indirecte et par contre ils ne peuvent pas être détournés de leur destination spéciale pour y tenir des réunions politiques (loi de 1905, art. 25 et 26). Nous ne croyons pas, par conséquent, qu'on puisse organiser un concert payant, même religieux, dans une église. Les sonneries de cloches que la loi de 1905 voulait faire régler d'accord entre le maire et l'association cultuelle, sont maintenant réglementées uniquement par l'autorité municipale, mais le conseil d'Etat annule pour excès de pouvoir les arrêtés troublant les usages locaux ou inspirés par des pensées de vexation du culte.

Les processions et autres cérémonies extérieures ne sont pas interdites, mais elles peuvent être réglementées ou même interdites suivant le régime déjà suivi sous la pratique concordataire. Les infractions aux dispositions qui précèdent constituent des contraventions de simple police.

Au contraire, s'appliquent à tous les cultes et constituent en outre des délits passibles de la police correctionnelle, les défenses que nous allons maintenant énumérer.

Il est interdit de troubler d'une manière quelconque un culte quel qu'il soit dans le local qui lui est affecté (loi de 1905, art. 32). Pour assurer sa mission de police, l'autorité peut toujours pénétrer dans les locaux cultuels, excepté ceux strictement privés. Nous admettrons que ces dispositions s'appliquent aux locaux où les fidèles sont obligés de payer une taxe d'entrée, ce qui est très licite quand il ne s'agit pas d'édifices anciennement concordataires.

Il est interdit à tout ministre d'un culte de prononcer, dans un édifice religieux, un discours tendant directement à la résistance aux lois ou à soulever les citoyens les uns contre les autres. Nous pensons, en outre, que le prêtre est responsable de toute provocation à un crime ou à un délit suivant le droit commun de la presse (loi de 1905, art. 35).

Il est également défendu à tout ministre d'un culte de diffamer ou d'outrager, par paroles ou écrits, dans un local cultuel, un citoyen chargé d'un service public. La poursuite a lieu exceptionnellement devant le tribunal correctionnel, mais on peut faire la preuve de la diffamation relative aux fonctions (loi de 1905, art. 34).

Dans tous les cas où le ministre du culte est condamné, l'association cultuelle, s'il y en a une, est civilement responsable (loi de 1905, art. 36).

Enfin, pour terminer ces considérations, nous devons faire remarquer que les ministres des cultes ont perdu tout traitement, mais par contre sont devenus des citoyens comme les autres. Toutefois, par mesure transitoire, certains d'entre eux reçoivent soit des pensions de retraites, soit des allocations temporaires.

En outre, ils sont frappés, également temporairement, d'inéligibilité au conseil municipal de la localité où ils exercent leur ministère (loi de 1905, art. 40).

Mais, hors des locaux cultuels, le clergé n'est soumis à aucune restriction et obéit uniquement au droit commun, notamment pour toute infraction de parole ou de plume. Le port du costume ecclésiastique n'est pas interdit, mais il n'est plus protégé et peut être pris par tout venant. Le prêtre n'est plus qu'un citoyen ordinaire à tous ces points de vue.

Telles sont les principales questions que soulève la réglementation actuelle des cultes, réglementation qui, pour diverses raisons, n'est pas absolument complète et devra être retouchée sur divers points.

D'ailleurs, la jurisprudence doit l'interpréter et l'appliquer dans un grand nombre de cas difficiles. D'année en année, des modifications et des variations se superposent ainsi aux principes fondamentaux que nous venons d'étudier.

CHAPITRE XIII

LA LIBERTÉ D'ENSEIGNEMENT

L'enseignement, étudié au point de vue du droit public, met en jeu des questions bien différentes et qui ne sont contradictoires que dans les mots : ce sont les questions d'obligation et de liberté de l'enseignement en général. Au contraire, les problèmes relatifs à la pédagogie, à la mentalité scolaire, à la laïcité et à la gratuité de l'école sont d'ordre social ou moral et échappent au droit administratif proprement dit. Nous n'aurons donc pas à nous en occuper, si ce n'est à titre tout à fait accidentel.

Le premier principe sur lequel repose la législation scolaire française est celui de l'instruction obligatoire. Pour être plus précis, l'obligation ne porte que sur les rudiments des sciences humaines, ce qu'on appelle l'instruction primaire. Aucun logicien n'a sérieusement réclamé l'obligation d'apprendre la science en totalité; il est peu de cervelles, à défaut d'autres arguments, qui seraient capables d'absorber un tel déversement de savoir. Les personnes qui prônent ce qu'elles appellent l'instruction intégrale entendent simplement par là donner la possibilité d'arriver aux sphères les plus élevées de l'enseignement, par cela seul qu'on est capable d'y parvenir, sans qu'un obstacle puisse provenir de difficultés pécuniaires ou sociales.

L'obligation de l'enseignement est fort peu contestée. Il est certain que l'illettré est un individu inférieur aux autres et constamment entravé dans l'existence, et on peut dire, sans lyrisme exagéré, que le devoir de la famille est de procurer à ses enfants la nourriture spirituelle aussi bien que l'alimentation matérielle. De même que cette dernière charge est sanctionnée par le droit civil, il n'y a rien d'excessif à ériger en obligation légale la nécessité de donner à tous les éléments indispensables d'instruction. Les parents qui oublient de faire instruire leurs enfants ne le font le plus souvent que par négligence ou par égoïsme, sorte d'exploitation de l'enfance contre lequel l'Etat, tuteur des faibles et des incapables, peut protester dans un intérêt général. Quant à l'argument présenté parfois du danger social de la diffusion de l'enseignement, il ne paraît basé sur aucune considération sérieuse. Victor Hugo a dit que toute école fermait une prison, cela nous paraît exagéré; mais, en sens inverse, la criminalité et l'immoralité sont certainement plus élevées dans les contrées où les illettrés dominent, réserve faite de tous les cas particuliers bien entendu.

Dans l'ensemble, l'opinion publique accepte très bien l'obligation scolaire, sauf parfois pour les parents à l'esquiver en fait. Il s'ensuit nécessairement que les écoles publiques doivent être gratuites, bien qu'en théorie on puisse y admettre le système de la rétribution et des bourses en usage dans l'enseignement secondaire et supérieur. Mais les bourses seraient si nombreuses que la règle de la gratuité totale est plus simple et guère plus coûteuse.

Le second principe de l'enseignement français est sa liberté à tous les degrés. Partout des écoles privées peuvent s'ouvrir en face des écoles publiques. Mais il convient d'admettre, et cela n'est guère contesté sérieusement, que l'Etat a le monopole absolu de la délivrance des diplômes et des examens, les particuliers n'ayant que le droit de délivrer des certificats possédant une valeur morale, mais non officielle.

Tout le monde admet également qu'en toute matière, l'État doit avoir un enseignement organisé et ouvert à tous, sous réserve des conditions d'aptitudes requises. On concède encore que l'administration peut imposer certaines garanties aux écoles privées et aux professeurs particuliers, de façon à éviter les abus et même les attentats dont les enfants pourraient être victimes, mais le principe même de la liberté de l'enseignement est loin d'être à l'abri de toute controverse.

Au point de vue philosophique, nous n'hésitons pas à dire que l'enseignement doit être libre parce qu'il n'existe nulle autorité scientifiquement capable d'en fixer les limites et les règles. La vérité n'est pas de ce monde et la science n'a pas de dogmes en sa perpétuelle évolution, nul n'a donc le droit d'affirmer autoritairement qu'il enseigne telle chose parce que cela *est* et nul ne peut interdire à autrui d'énoncer tel principe parce que cela *n'est pas*.

La libre discussion, la libre recherche, sont les conditions nécessaires du progrès de la science et l'enserrement des esprits dans des limites déclarées exactes et infranchissables, est la mort des pensées humaines.

Mais ces considérations philosophiques, basées au fond sur le scepticisme si naturel aux vrais savants [1], ne sont guère invoquées par ceux qui discutent sur la liberté de l'école. Les uns reprennent la vieille controverse agitée par Platon déjà, de savoir si l'intelligence de l'enfant appartient à l'État ou au père de

[1] Ce que nous savons est peu, ce que nous ne savons pas est immense, a dit Laplace.

famille. D'autres, plus positifs, veulent se créer des partisans et des amis politiques parmi les générations nouvelles et ils voudraient que l'instruction orientât les jeunes cerveaux dans le sens des idées qui leur sont chères. Non moins franchement que précédemment, nous nous élevons contre ces théories d'exploitation morale de l'enfance. Jeunes gens et jeunes filles n'appartiennent ni à l'Etat ni à leur famille, ils ne sont ni serfs de la puissance publique, ni esclaves du père de famille. Ils ne doivent relever que d'eux-mêmes, avec les restrictions évidentes qu'imposent les nécessités de l'éducation d'êtres incapables d'un raisonnement complet. Il faut fournir à ces jeunes cerveaux, non des affirmations théoriques et *a priori*, mais des moyens de faire leur chemin dans la vie au mieux de leurs intérêts et du bien social. La liberté de l'enseignement s'impose donc, avec la précision que cette liberté suppose quelque chose de réel et non des luttes intéressées autour des enfants. Quant à savoir si dans un pays donné et à une époque déterminée, l'enseignement dit libre l'est vraiment et si le monopole universitaire n'apparaît pas comme un moyen, au moins transitoire, d'assurer la liberté effective, ce sont là des choses qui ne peuvent se résoudre que par des considérations de contingences dans le détail desquelles nous n'avons pas à entrer ici. Nous terminerons ces brèves explications en répétant qu'actuellement l'enseignement est législativement libre et même très libre en France.

Historique. — Il est bon de résumer en peu de mots le passé du sujet qui nous occupe. Pendant longtemps, la charge de l'enseignement était considérée comme entièrement indépendante des attributs de l'Etat. Les grandes civilisations antiques n'ont jamais connu d'enseignement officiel et il en a été de même pendant tout le moyen âge et une partie des temps modernes. C'est l'Eglise qui, la première, a posé la théorie de la nécessité de l'instruction générale, dans un but moral et religieux d'ailleurs. Instruction et éducation se confondant à ses yeux et l'éducation étant basée sur le dogme, il était naturel que l'Eglise assumât la charge et revendiquât même le monopole de l'enseignement général. Aussi bien d'ailleurs, pendant la période la plus obscure du moyen âge, les épaves de la science humaine n'étaient plus détenues que par des clercs.

Pendant tout l'ancien régime, l'Eglise catholique garda la direction de l'enseignement à tous les degrés, avec un monopole à peu près absolu en matière d'instruction primaire, les magisters laïques devant se soumettre au contrôle ecclésiastique. Pour l'enseignement secondaire, l'influence religieuse prédominait encore, mais avec un mélange appréciable de l'élément laïque. Pour l'enseignement supérieur enfin, il se constitua d'assez bonne heure des Universités royales, non certes ennemies de la religion, mais où la grande majorité des professeurs n'étaient ni prêtres ni moines.

La Révolution commença par faire table rase générale, non seulement des Universités et collèges royaux, toutefois encore de leurs adversaires congréganistes, mais la reconstruction se borna à quelques créations de haute science (Ecole polytechnique, bureau des Longitudes, etc.). Ce fut l'Empire qui réorganisa la situation de l'Université impériale (loi du 10 mai 1806 et décr. du 17 mars 1808). Cette Université avait le monopole absolu de l'enseignement à tous les degrés dans un but politique ouvertement avoué et dont la Restauration se borna à modifier le sens en plaçant les établissements scolaires sous la surveillance des évêques.

La Charte de 1830 promit la liberté de l'enseignement; la réforme fut réalisée en 1833 pour l'enseignement primaire, en 1850 pour l'enseignement secondaire et en 1875 pour l'enseignement supérieur.

Mais les écoles officielles restaient peu importantes et vivaces et il fallut attendre le gouvernement de la Troisième République pour que l'enseignement public prît un vif essor à tous les degrés. La science a été diffusée aussi largement que possible et la législation scolaire est devenue très importante. Nous commencerons par en tracer les grandes lignes, puis nous parlerons de l'enseignement privé.

Enseignement primaire. — Il est défini par la loi du 28 mars 1882 (art. 1), définition très ample d'ailleurs et dans le développement de laquelle il faut nécessairement se borner à des généralités. Son principe fondamental est qu'il est obligatoire, mais qu'il peut être donné dans des écoles publiques, des écoles privées ou au sein de la famille.

Pour assurer le principe de l'obligation, le système le plus simple serait d'imposer à tout enfant un examen de fin d'études. Cet examen n'existe, et encore n'est-il pas usité, que pour les enfants élevés dans leurs familles. Pour les autres, on se borne à demander aux parents (quand on le fait), le nom de l'établissement où ils sont instruits. Les enfants inscrits dans une école publique sont astreints à l'assiduité et une procédure très compliquée rend les parents responsables de cette assiduité, même sous une sanction pénale, mais la complication est telle que la sanction est tombée en désuétude (loi du 30 octobre 1886).

Aucune mesure de surveillance n'existe vis-à-vis des écoles privées au point de vue de l'assiduité et il résulte de ces diverses lacunes que le nombre des illettrés est encore exagéré par rapport à d'autres pays, comme l'Angleterre, où il est exceptionnel de voir un enfant hors l'école aux heures de classes.

Les écoles primaires officielles sont gratuites, neutres et laïques. Le premier terme s'explique de lui-même ; le second signifie que l'instruction confessionnelle n'est pas enseignée et ne peut même pas être donnée dans les locaux scolaires ; le troisième terme implique que le personnel enseignant doit être laïque.

Toute commune doit avoir une école et deux écoles séparées (garçons et filles) si la population dépasse 500 habitants. Toutefois, des communes peuvent se syndiquer pour l'entretien d'une seule école et inversement une seule commune a souvent plus de deux groupes scolaires. La commune a également la charge de l'entretien des bâtiments, l'Etat étant chargé du traitement du personnel.

Le conseil municipal peut également, sans y être obligé, voter des crédits pour l'allocation gratuite de fournitures scolaires.

Les instituteurs publics sortent d'écoles normales départementales, mais les postes sont également ouverts aux personnes munies des brevets requis. Ils sont nommés par le préfet sur la proposition de l'inspecteur d'Académie. Il est en effet à noter que les recteurs n'ont pas d'autorité en matière d'enseignement primaire, sauf pour les écoles normales. A l'égard des autres écoles, ils n'ont que des fonctions de surveillance.

Au point de vue de la discipline, les instituteurs publics sont soumis à l'inspecteur d'Académie et au préfet, mais les peines graves (censure et révocation) ne peuvent être prononcées qu'après avis motivé (avec faculté d'appel) du Conseil départemental de l'enseignement primaire. Ce conseil est formé du préfet, de l'inspecteur d'Académie, des inspecteurs primaires, des directeurs et directrices d'écoles normales, de quatre conseillers généraux, de deux instituteurs et de deux institutrices. Ces trois dernières catégories de personnes sont élues par leurs collègues. Il faut observer que l'avis *conforme* du conseil n'est pas exigé, mais l'intéressé peut se défendre devant lui.

Dans certains cas graves, toujours après avis du Conseil, les instituteurs peuvent être frappés de l'interdiction d'enseigner.

Notons ici que le Conseil départemental a des attributions pédagogiques importantes, notamment celles de dresser la liste des livres qui peuvent être en usage dans les écoles publiques.

Enseignement secondaire. — La loi n'en marque ni les programmes ni l'esprit, mais il est traditionnellement admis que cet enseignement comporte l'étude d'une culture générale de toutes les branches de la littérature et de la science, sans cependant s'élever aux études d'érudition, apanage de l'enseignement supérieur. En langage plus simple, l'enseignement secondaire correspond aux programmes des divers baccalauréats.

Au point de vue des textes, il est réglementé par la loi du 15 mars 1850 (loi Falloux) et par celle du 21 décembre 1880 pour les lycées de jeunes filles. L'enseignement qui nous occupe est donné par l'Etat dans deux ordres d'établissements : les lycées et les collèges. Ces derniers établissements sont entretenus par les communes et ont généralement des cours plus élémentaires que les lycées, mais la distinction est plus administrative que pédagogique. Dans tous les cas, les lycées de garçons et de filles demeurent à la charge et sous l'autorité de l'Etat.

Le personnel, tant des lycées que des collèges, doit posséder une série de grades divers (agrégations, licences, certificats). Nommés par le ministre, les professeurs jouissent de garanties très sérieuses, qui consistent en ce que les mesures disciplinaires de nature à entraver leur avancement ou à diminuer leur traitement ne peuvent être prononcées qu'après avis conforme des conseils et juridictions universitaires, toujours après débat contradictoire.

L'enseignement secondaire officiel est sous l'autorité de l'administration académique, formée du recteur assisté d'un conseil académique. Ce dernier conseil comprend des membres de droit (recteur, inspecteur d'Académie, doyens des Facultés), des membres nommés par le ministre et des professeurs de l'enseignement supérieur et secondaire.

Enseignement supérieur. — Cet enseignement comprend des branches professionnelles (droit, médecine, pharmacie) et des branches purement désintéressées (sciences et lettres), sans que d'ailleurs la distraction soit absolue, bien au contraire. Il est organisé par le décret du 28 décembre 1885 et la loi du 10 juillet 1896.

Sans parler d'établissements d'enseignement supérieur ne rentrant pas directement dans l'organisation académique, tels que le bureau des Longitudes, le Collège de France, l'Institut Pasteur, etc., on trouve des Facultés de différents ordres, parfois remplacées par des écoles préparatoires ne pouvant dispenser que les débuts de l'instruction supérieure.

Les grades définitifs, licences et doctorats, émanent nécessairement d'une Faculté.

Les Facultés ont une large indépendance administrative et scientifique. Le personnel enseignant, nommé par le ministre, comprend des professeurs pourvus du grade de docteur et présentés par leurs collègues et la section permanente du conseil supérieur de l'instruction publique. Les autres postes de professeurs-adjoints, chargés et maîtres de conférence sont pourvus de titulaires par le ministre, exceptionnellement par le recteur. Dans les Facultés de droit et de médecine et les Ecoles supérieures de pharmacie, les chargés de cours doivent en général être munis du grade d'agrégation correspondant.

Toute mesure disciplinaire grave touchant le personnel de l'enseignement supérieur ne peut être prise qu'après avis conforme du conseil supérieur de l'instruction publique.

Chaque Faculté est investie de la personnalité morale (sauf celles d'Alger), elle est administrée par le conseil des professeurs titulaires et adjoints et par le doyen. Ce dernier est désigné, pour trois ans, par le ministre, sur deux listes dressées l'une par le conseil de l'Université, l'autre par l'assemblée de la Faculté. Cette assemblée, chargée également des attributions pédagogiques, comprend tout le personnel enseignant pourvu du grade de docteur.

L'ensemble des Facultés et Ecoles supérieures d'une ville forme l'Université, dont le but est d'assurer la pénétration et la coopération des divers enseignements. Chaque Université a la personnalité morale et l'autonomie financière. Elle est administrée par un conseil formé du recteur, des doyens et de deux délégués de chaque Faculté ou école, élus pour trois ans par leurs collègues.

Ce conseil a en outre diverses attributions contentieuses, à charge d'appel devant le conseil supérieur de l'instruction publique. Il a la juridiction disciplinaire sur les maîtres dans certains cas, les étudiants, les candidats aux baccalauréats pour fraudes dans l'examen.

Enfin, nous compléterons ce tableau succinct de l'enseignement public en indiquant qu'il est placé sous l'autorité du ministre, assisté d'un corps très important, appelé conseil supérieur de l'instruction publique. Ce conseil, formé en majorité de membres élus par leurs collègues des divers ordres d'enseignement, se divise en une section permanente et en assemblée plénière. Il a de nombreuses fonctions : juge en appel et en dernier ressort de tous les litiges intéressant l'enseignement ou son personnel, juge disciplinaire pour les professeurs de l'enseignement supérieur, corps consultatif sur tous les points de pédagogie et d'administration scolaire qui lui sont renvoyés par le ministre. Il est de plus en plus de règle de suivre les avis du conseil supérieur, ce qui a pour heureux résultat d'éviter les spécialisations exagérées et de permettre ainsi la collaboration de tout le corps enseignant français aux grandes mesures intéressant l'orientation générale de l'instruction publique.

Après ce tableau succint de l'organisation officielle, nous indiquerons les principales règles applicables à l'enseignement privé ou libre, en les étudiant dans les trois ordres fondamentaux de l'enseignement primaire, secondaire et supérieur, définis comme plus haut.

Enseignement primaire libre. — C'est celui pour lequel la controverse est la plus grande et celui qui s'adresse à la plus grande population scolaire. Le principe de sa liberté date de la loi du 28 juin 1833, retouchée par celle du 30 octobre 1886.

Tout d'abord les garderies d'enfants en bas-âge ne sont pas assimilées à des écoles et échappent à toute réglementation.

Pour les écoles proprement dites, le personnel enseignant doit remplir certaines conditions d'âge (majorité de 21 ans pour les directeurs, 18 ans pour les professeurs). Il doit être Français (sauf certaines exceptions pour divers enseignements). Il doit en outre être pourvu de certains certificats ou brevets et n'avoir été l'objet ni d'aucune interdiction d'enseigner, ni d'une condamnation pour infraction contre la probité ou la moralité.

En outre, la loi du 7 juillet 1904 a interdit l'enseignement à tout congréganiste, même faisant partie d'une congrégation autorisée. L'interdiction doit être complète dans un délai maximum de 10 ans, mais les prêtres et les sécularisés peuvent enseigner.

Pour ouvrir une école libre, il faut faire quatre déclarations : au maire, au préfet, à l'inspecteur d'Académie et au procureur de la République, en indiquant le local et le personnel. Le maire et l'inspecteur peuvent s'opposer à l'ouverture de l'école pour des motifs de moralité ou d'hygiène. Pour permettre à l'opposition de se produire, il faut attendre un mois après la déclaration pour ouvrir l'école.

Les oppositions sont jugées par débats contradictoires par le conseil départemental de l'enseignement primaire, avec appel au conseil supérieur de l'instruction publique. Les mêmes conseils sont compétents pour statuer sur les mesures disciplinaires requises contre les professeurs de l'enseignement privé, mais dans ce cas ils s'adjoignent des délégués élus de cet enseignement.

Les écoles privées sont soumises à une inspection qui peut être faite par le recteur ou ses représentants, ainsi que par des particuliers désignés à cet effet par le Conseil départemental et appelés délégués cantonaux. Mais cette inspection, rarement usitée, ne porte guère que sur le côté extérieur ; elle ne peut même pas porter sur l'enseignement, si ce n'est en cas d'offense à la morale ou aux lois. Il semble qu'il y aurait profit à permettre de vérifier si l'instruction est effectivement donnée.

Il va sans dire que l'obligation de la gratuité ne s'applique pas aux écoles privées.

Enseignement secondaire libre. — La liberté est réglée par la loi du 15 mars 1850, connue sous le nom de loi Falloux et attaquée à plusieurs reprises. Nous observerons d'abord que le personnel doit remplir des conditions d'âge, de nationalité, de moralité, analogues à celles exigées pour l'enseignement primaire, avec des différences de détails.

Il faut en outre justifier du baccalauréat ou d'un brevet spécial ainsi que d'un stage pédagogique de cinq ans dans un établissement public ou privé de l'enseignement secondaire. Les congréganistes sont frappés de l'incapacité absolue d'enseigner.

Le personnel est soumis à des mesures disciplinaires poursuivies devant les juridictions universitaires, c'est-à-dire le Conseil académique et le Conseil supérieur de l'instruction publique.

Ces mêmes conseils sont compétents pour statuer sur les oppositions faites pour cause d'hygiène ou de moralité à l'ouverture d'un établissement d'enseignement secondaire. Pour réaliser cette ouverture, il faut faire, un mois auparavant, une déclaration à l'inspecteur d'Académie qui en avise le Préfet et le Procureur de la République. Chacun des trois fonctionnaires a le droit d'opposition.

Enseignement supérieur libre. — Son origine a été l'objet d'une loi spéciale, celle du 12 juillet 1875, qui distingue entre les cours et les établissements. Pour l'ouverture d'un cours isolé, il suffit que le professeur soit Français, majeur de vingt-cinq ans et non incapable d'enseigner. Il faut faire, dix jours d'avance, une déclaration à l'inspecteur d'Académie.

La même formalité est imposée au cas d'ouverture

d'un établissement d'enseignement supérieur. Ses administrateurs doivent remplir, au moins pour trois d'entre eux, les conditions imposées pour le professorat. Par une anomalie, le droit d'opposition appartient ici au Procureur de la République qui l'exerce devant les tribunaux civils.

Il peut se former des associations spéciales en vue de soutenir l'enseignement supérieur libre. Ces associations étaient soumises à certaines formalités et avaient certaines prérogatives devenues à peu près sans intérêt depuis la liberté d'association.

Dans certains cas, les établissements libres peuvent prendre le nom de Facultés libres, mais il leur faut une loi pour acquérir la personnalité juridique.

Ajoutons que le personnel relève disciplinairement du Conseil académique et du Conseil supérieur de l'instruction publique.

Dans tous les cas, quel que soit l'ordre d'enseignement où une école ou établissement est illégalement ouvert ou dirigé, il peut y avoir lieu à poursuites correctionnelles, avec faculté de fermeture de l'école par le jugement de condamnation.

Comme on le voit, la liberté de l'enseignement est très large et largement protégée, il paraît difficile qu'elle soit étendue davantage, la protection de l'enfance entraînant l'obligation de prendre certaines garanties indispensables.

CHAPITRE XIV

LA PROTECTION DE LA SANTÉ PUBLIQUE

La protection de la santé publique rentre, dans une large mesure, dans le cadre des questions intéressant le droit public français. On se heurte, en effet, en pareille matière, à des conflits incessants entre l'intérêt général et les intérêts privés ou prétendus tels. Nous nous permettons ce dernier correctif, étant convaincu que les conflits susvisés ne proviennent le plus souvent que d'une mauvaise conception de l'intérêt privé devenu un égoïsme nuisible et fréquemment inadmissible.

Beaucoup de personnes contestent la nécessité même d'une réglementation quelconque en matière de santé publique, ou tout au moins en matière d'hygiène générale. Comme toutes les lois de police, la législation sanitaire trouble plus ou moins les facultés de chacun et elle rappelle aux citoyens qu'ils n'ont pas que des droits envers la collectivité. De là des résistances plus ou moins ouvertes, des oppositions allant de la raillerie à l'inertie, une tendance de la jurisprudence à n'admettre les mesures hygiéniques qu'à la dernière extrémité. En un mot, on se heurte ici fréquemment à l'opinion publique au lieu d'être soutenu par elle.

Intérêt de la législation sanitaire. — En présence de cet état de choses, nous croyons devoir, une fois de plus, reproduire les raisonnements très simples qui justifient toute législation sanitaire et celle de la France en particulier. La protection de la santé publique a pour but principal la défense de l'homme contre la maladie et elle cherche à éviter celle-ci le plus possible. Il est évident que c'est là un service social au premier chef, car, abstraction faite de ses souffrances individuelles, le malade constitue une charge pour la société. Non seulement son pouvoir de production est supprimé ou diminué, mais encore le malade est très fréquemment soigné aux frais de la collectivité et les dépenses hospitalières en France seulement sont énormes, atteignant des centaines de millions, des milliards peut-être. Toute diminution de la morbidité est donc non seulement une bonne action, mais encore une excellente opération financière.

Ceci admis, les sciences médicales indiquent que la maladie frappe les humains de deux façons différentes, susceptibles d'ailleurs de se combiner et de se renforcer. En premier lieu, nombre de maladies (toutes peut-être) se communiquent par contagion d'individu malade à ses semblables sains. Il conviendra donc d'instituer des règles pour éviter la propagation des maladies contagieuses. En second lieu, les germes morbides (microbes notamment) ne se développent guère que sur les terrains plus ou moins affaiblis par de mauvaises conditions hygiéniques. On peut admettre que l'homme normal a son organisme adapté héréditairement à une lutte victorieuse contre la maladie et qu'il ne succombe à cette dernière que lorsqu'il est placé dans un milieu de moindre résistance. Nous aurons donc une importante législation sur l'assainissement des milieux où vivent et évoluent les hommes.

L'hygiène devrait, dans une société idéale, être l'objet de l'attention individuelle et nous dirons tout de suite que les meilleures lois n'aboutissent pas lorsqu'elles se heurtent à l'inertie du public. La propagande sanitaire est donc excellente, mais elle n'est pas suffisante. Il est indispensable de recourir à des mesures coercitives. Nulle part, en effet, l'idée de solidarité n'est plus évidente. La personne menant la vie la plus scientifiquement ordonnée verra ses efforts vains, si le milieu ambiant l'enveloppe de causes d'insalubrité puissantes.

Quand une épidémie éclate, la contagion n'épargne pas les plus somptueuses demeures et les quartiers riches ou pauvres sont tous menacés et éprouvés. Nous devons tous, fût-ce dans notre seul et égoïste intérêt, veiller d'abord à ne pas créer de nouveaux dangers pour nos semblables et ensuite réprimer les abus nés de la négligence et de l'incurie. Il n'y a pas, disons-le hautement, un droit à la maladie, une liberté d'être malade, car alors nous nuisons à autrui, nous empiétons sur un droit positif, celui de se bien porter, de jouir de la vie physiologique et, à ce titre, les lois sanitaires sont de véritables protectrices des facultés des hommes.

Dans la législation française, la santé publique est réglementée par un certain nombre de textes. Elle rentre d'abord dans les pouvoirs donnés à l'autorité municipale par la loi du 5 avril 1884 (art. 97) et précisés en matière rurale par la loi du 21 juin 1898. En outre et surtout, il existe une loi spéciale, la loi du 15 février 1902, qui a pour but exprès la question qui nous occupe.

D'une façon générale et sans nous interdire de recourir aux autres textes, nous nous bornerons à commenter les principales dispositions de la loi de 1902, en laissant toutefois de côté les parties purement réglementaires, telles que la composition des divers conseils sanitaires. Il nous suffira, par conséquent, de reprendre les deux principaux buts visés par l'hygiène publique: la lutte contre la propagation des maladies contagieuses et l'assainissement du milieu social.

Protection contre les maladies contagieuses. — La liste desdites maladies est donnée par le décret du 10 février 1903, auquel nous renvoyons. Il nous suffira d'indiquer ici que les maladies sont divisées en deux groupes : les plus graves, contre lesquelles toutes les mesures possibles sont obligatoires; d'autres, moins dangereuses, mettant seulement en jeu des précautions facultatives.

Nous ne parlerons que du premier groupe.

La loi du 15 février 1902 commence par reproduire l'injonction faite au corps médical par la loi du 30 novembre 1892 sur l'exercice de la médecine, c'est-à-dire l'obligation de la déclaration des affections contagieuses à l'autorité municipale. C'est un moyen d'avertir du danger les pouvoirs compétents.

En second lieu, les personnes chargées de soigner les contagieux doivent, autant que possible, pratiquer le système de l'isolement. Cette règle n'est pas expressément prévue par la loi même, mais elle trouve place dans les règlements sanitaires municipaux dont nous parlerons plus loin.

Par contre, c'est la loi qui ordonne l'obligation de la désinfection (loi 15 février 1902, art. 7). Celle-ci devient un véritable service public, municipal pour les villes de 20.000 habitants au moins et départemental pour les autres. Les particuliers peuvent bien faire procéder à la désinfection par des industries privées, mais celles-ci doivent être autorisées par l'administration. On veut éviter que les opérations sanitaires dégénèrent en une parodie aussi inutile que gênante.

La désinfection, quoiqu'obligatoire, n'est pas nécessairement gratuite, elle ne le devient qu'à l'égard des indigents. D'ailleurs, si le service sanitaire croit utile de détériorer ou de détruire certains objets mobiliers contaminés (linge et literie notamment), il le peut (loi 1902, art. 1er), mais à charge d'indemnité ultérieure envers le propriétaire.

Lorsqu'on se trouve en présence d'épidémies généralisées ou menaçant de le devenir, la loi du 15 février 1902 (art. 8) donne au chef de l'Etat le droit de prendre par décret toutes mesures utiles. Ce sont de véritables procédés de salut public, non précisés d'avance, mais essentiellement temporaires. Les plus fréquemment employées sont l'arrêt aux frontières, l'isolement des voyageurs suspects, la désinfection des effets personnels. Il faut remarquer l'abrogation de la loi du 3 mars 1822 qui sanctionnait des mesures analogues par des peines excessives, jusques et y compris la peine de mort.

Notons une dernière mesure de défense sanitaire : l'obligation pour toute personne de se soumettre à la vaccination antivariolique aux âges de 1 ou 11 ans et 21 ans (loi 1902, art. 6). C'est une excellente mesure, mais qui ne peut devenir absolument efficace que par l'institution d'un contrôle sévère.

Assainissement du milieu social. — Les questions relatives à cet ordre d'idées sont bien plus nombreuses que celles visant la défense contre les maladies contagieuses. Il a été répété souvent, lors de la discussion de la loi, que l'effort de l'hygiène devait tendre à rendre l'individu réfractaire à la maladie par l'assainissement de son habitat. On a donc cherché à accumuler les injonctions légales pour atteindre ce but. Ici, plus encore qu'ailleurs, le succès ne peut être complet que s'il est voulu par l'opinion publique, encore malheureusement trop indifférente dans bien des cas. On s'affole en effet devant une épidémie bruyante et rien ne paraît exagéré pour se défendre contre la peste et le choléra. Au fond des choses, ces maladies tuent relativement peu de monde, beaucoup moins, en Europe du moins, que la tuberculose ou la fièvre typhoïde. On laisse cependant ces dernières continuer leurs ravages réguliers, bien qu'elles soient des affections très évitables. Mais on est accoutumé au danger et l'esprit public ne songe pas à réagir.

La loi du 15 février 1902 a essayé d'être prévoyante pour ceux qui ne l'étaient pas et elle a édicté beaucoup de mesures, les unes normales, les autres exceptionnelles; certaines sont aisées à appliquer, d'autres le sont fort peu.

Règlements sanitaires municipaux. — C'est l'innovation fondamentale de la loi de 1902. Toute commune, grande ou petite, doit posséder un règlement municipal relatif à l'hygiène (loi 1902, art. 1er). Le cadre de ce règlement n'est pas tracé d'une manière limitative; il doit contenir cependant certaines dispositions nécessaires : les moyens de lutter contre les maladies contagieuses, ainsi que nous le disions plus haut; des règles relatives aux constructions (règles dont nous allons nous occuper bientôt); des prescriptions relatives à la propreté de la voie publique, à l'évacuation des matières usées et à l'adduction d'eaux potables. Sur ces derniers points, envisagés au point de vue spécial de la police rurale, la loi du 21 juin 1898 (art. 18 à 28) fournit d'intéressantes précisions de détail.

Les règlements sanitaires sont obligatoires, à tel point que le préfet peut les imposer d'office aux communes qui en sont dépourvues. Ils sont normalement pris, non par le maire seul, mais après avis du conseil municipal et du conseil départemental d'hygiène.

En outre, le préfet doit les revêtir d'une approbation expresse (loi 1902, art. 1 et 2). De même, le préfet peut ordonner la mise en vigueur immédiate d'arrêtés municipaux, en cas de danger imminent de la santé publique (loi de 1902, art. 3).

La principale question soulevée par les règlements sanitaires est celle de savoir quelle peut être l'étendue de leurs injonctions. Deux systèmes sont en présence. Le premier affirme que les maires ont été investis par la loi de 1902 de pouvoirs très étendus, et que, d'une façon générale, les intérêts de l'hygiène passent avant ceux des particuliers et de la propriété privée. Un second systéme incline au contraire à penser que le droit de réglementation est resté le même que sous l'empire de la législation antérieure et que le seul progrès est que la loi de 1902 a appelé l'attention des municipalités sur un certain nombre de points qu'elles avaient déjà le pouvoir de réglementer sauf à ne pas user de cette prérogative.

Le conseil d'Etat, appelé à statuer sur un pourvoi formé contre un règlement sanitaire de la ville de Paris (arrêt Marc, 6 juin 1908), semble avoir adopté la seconde opinion, mais non d'une façon absolue. Les obligations imposées au nom de l'hygiène à la propriété privée sont aggravées dans certaines hypothèses, spécialement à l'encontre des logements garnis et aussi en ce qui concerne l'adduction d'eau potable et l'évacuation des matières usées. Mais l'autorité municipale doit se borner, comme précédemment, à des injonctions de principe, sans pouvoir entrer dans le détail des mesures d'application. Nous n'avons pas ici à discuter la question complètement, mais nous ferons remarquer qu'en hygiène c'est très souvent le procédé pratique qui décide de l'utilité de la mesure employée. Toutefois, la jurisprudence accorde aux maires de très larges pouvoirs en ce qui concerne la propreté de la voie publique (balayage, etc.).

Assainissement des immeubles. — Une très importante portion des règlements sanitaires est dévolue à la mise en état hygiénique des locaux destinés à l'habitation ou connexes à ceux-ci. Nous abordons ici nettement l'étude des moyens préconisés pour empêcher les maladies de trouver un terrain favorable à leur expansion.

Il y a lieu de distinguer entre les immeubles déjà bâtis et ceux à construire. Il est évident qu'à l'encontre de ces derniers, l'autorité peut imposer des mesures beaucoup plus radicales. Aussi la loi du 15 février 1902 (art. 11) exige-t-elle un permis de construire préalable, au moins en ce qui touche les villes de 20.000 habitants et plus. Le silence du maire équivaut à autorisation. D'ailleurs, la sanction est assez vague, la construction faite sans permis n'étant pas obligatoirement détruite, mais il y a des peines correctionnelles contre le contrevenant (loi 1902, art. 27). Néanmoins le seul fait que le permis de bâtir existe suffira dans la plupart des cas à éviter l'édification de maisons nouvelles par trop insalubres.

Il est regrettable que les pouvoirs publics ne puissent pas élaborer à l'avance des plans d'extension autour des villes. Trop souvent les faubourgs se peuplent de constructions placées irrégulièrement, à tel point que plus tard nulle voirie correcte n'est possible.

Sans léser des intérêts appréciables, il serait bien simple de fixer au préalable les voies de communications futures et de prévoir le raccordement des immeubles aux dites voies, tant pour les systèmes d'égout que pour la canalisation d'eau potable.

Actuellement, l'autorité n'a que le droit d'ordonner la mise en état de viabilité des voies privées, c'est-à-dire des chemins ouverts au public sur des terrains particuliers. La mesure peut être utile, mais elle est généralement insuffisante pour remédier à la mauvaise disposition de tout un quartier.

Au point de vue hygiénique, ce sont généralement les constructions anciennes qui sont les plus dangereuses. Chacun connaît des maisons où la vie des locataires est un continuel défi aux règles de la salubrité et où, d'ailleurs, des théories d'habitants se succèdent pour être décimés par la tuberculose et la fièvre typhoïde. C'est évidemment dans ces cas qu'une législation sanitaire s'impose, mais c'est malheureusement aussi l'hypothèse où elle est le plus difficile à mettre en œuvre.

Une loi du 13 avril 1850 avait essayé de réglementer la matière. Protectrice à l'excès des droits du propriétaire, elle n'était même pas appliquée, sauf dans quelques grandes villes. La loi du 15 février 1902 a essayé de renforcer les pouvoirs de l'administration, tout en restant encore imbue d'un formalisme excessif. Toutefois des progrès notables ont été réalisés et on a vu disparaître cette singulière théorie : à savoir que la propriété créait le droit à l'insalubrité non seulement pour soi-même, mais encore pour ses locataires, les voisins et tous les habitants de la ville (loi 1902, art. 12 à 17).

Tout d'abord, les textes nouveaux s'appliquent à tous les immeubles, même non bâtis. Une écurie, une cour, un dépôt de fumier peuvent être en effet de redoutables foyers d'infection. En second lieu, une institution spéciale, la commission sanitaire de circonscription (loi 1902, art. 20) [1], est chargée de rechercher les immeubles insalubres, soit d'office, soit, plus fréquemment, sur des plaintes à elle adressées. Cette commission, complètement indépendante des municipalités, est saisie à la fois d'un rapport du maire

[1] Modifié par la loi du 20 janvier 1906.

sur les travaux désirables et des observations des propriétaires intéressés. Ces derniers doivent être avisés de la réunion de la commission et peuvent venir devant elle défendre leurs intérêts par écrit ou oralement.

Si la commission sanitaire approuve le rapport du maire, ce dernier prend un arrêté ordonnant l'exécution immédiate des travaux, sous réserve des recours dont nous parlerons plus loin. S'il y a désaccord, le dossier est transféré, par une sorte d'appel, au comité départemental d'hygiène. Celui-ci entend à nouveau les intéressés et décide s'il y a lieu ou non de procéder à l'exécution des travaux proposés par le maire. Nous ferons remarquer que les conseils sanitaires n'ont pas l'initiative des mesures à prendre et qu'ils se bornent à approuver ou à repousser les propositions faites par le maire.

Il ne faudrait pas croire que l'avis conforme des conseils compétents soit considéré comme suffisant pour la sauvegarde de la propriété privée. L'arrêté du maire ordonnant les travaux est susceptible, dans le mois de sa notification, d'un recours au Conseil de préfecture (en appel au Conseil d'Etat). Ce recours, contrairement aux règles générales du contentieux administratif, est suspensif. C'est dire que la procédure d'assainissement occupera de très longs mois avant de donner des résultats pratiques.

Tous les recours épuisés, le maire peut faire traduire les propriétaires récalcitrants en simple police pour s'entendre condamner à l'exécution forcée des travaux à leurs frais. Le maire peut aussi prendre un arrêté spécial d'interdiction d'habitation jusqu'à réfection, arrêté qui doit être approuvé par le préfet et qui est sanctionné d'une amende correctionnelle. Nous inclinerions même à penser qu'en cas de danger urgent, les pouvoirs généraux de police donneraient au maire le droit d'interdire l'habitation, mais à titre provisoire seulement.

Comme on le voit par ces détails très résumés, les logements insalubres sont encore protégés, trop protégés peut-être, contre les demandes des hygiénistes. Ces commissions snperposées, ces recours suspensifs, ne sont pas faits pour stimuler l'indolence des municipalités en matière sanitaire. La plupart des grandes ville récèlent nombre de maisons qui sont des foyers d'infection et de mort et où les habitants semblent entassés tout exprès pour juger de la résistance de l'homme aux germes morbides. Il convient, à tout le moins, que les pouvoirs publics usent de leur autorité sans hésitation, les intérêts privés étant certains de pouvoir se défendre très largement.

Assainissement du territoire. — L'amélioration des logements insalubres n'est qu'une série de mesures de détail, la loi a cherché à améliorer les causes générales d'insalubrité qui pèsent sur toute une commune et rendent illusoires les réfections partielles. Dans ce but, l'art. 9 de la loi du 15 février 1902 décide qu'une enquête sanitaire doit être ouverte sur le compte de toute commune dépassant, pendant trois ans consécutifs, le chiffre de la mortalité moyenne de la France. Les conclusions de cette enquête, à fin d'assainissement, sont alors l'objet d'une procédure, beaucoup trop compliquée, dont le but est d'inviter, puis d'obliger, la commune à exécuter les travaux utiles, sous réserve de participation financière du département et même de l'Etat.

Dans un ordre d'idées analogues, l'art. 18 de la loi de 1902 autorise l'expropriation, par la commune, de tout un quartier insalubre. Les terrains ainsi acquis, avec les formalités usuelles de l'expropriation pour cause d'utilité publique, seront revendus après assainissement. Ce procédé, usité en Angleterre, donne d'excellents résultats hygiéniques et souvent même financiers, les terrains améliorés étant revendus avec une plus-value plus ou moins grande. Il est toutefois à craindre que les municipalités françaises n'utilisent pas beaucoup l'arme qui leur est offerte.

D'une application plus pratique est la législation sur les eaux potables. Sans toucher aux principes généraux du Code civil et de la loi du 8 avril 1898 sur le régime des eaux, la loi du 15 février 1902 prévoit tout d'abord des simplifications de procédure pour l'acquisition des petites sources d'eaux potables (art. 10). La déclaration d'utilité publique résulte d'un simple arrêté préfectoral et l'indemnité d'expropriation, s'il y a lieu, est réglée par le jury institué en matière de voirie vicinale (loi 21 mai 1836).

En outre et surtout, les sources sont protégées contre toutes causes d'infection par des sanctions pénales (loi 1902, art. 28) et aussi par l'institution d'un périmètre de protection; c'est-à-dire d'une bande de terrain dont les infiltrations pourraient venir contaminer la source. Dans ce périmètre, les propriétaires du sol ne peuvent ni faire des puits, ni se servir de certains engrais, sauf autorisation exceptionnelle du préfet.

Enfin, à titre de mesures d'ordre général, nous ferons connaître que toute commune de 20.000 habitants au moins (ou de 2.000 seulement, si elle est station thermale), doit posséder un bureau d'hygiène, chargé d'assister le maire en matière sanitaire (loi 1902, art. 19). Ce n'est qu'un conseil consultatif, mais son utilité est évidente.

En y joignant les mesures imposées dans les ports aux navires suspects ou contaminés (quarantaine et désinfection), on aura un aperçu d'ensemble des dispositions prises pour assurer la protection de la santé publique. Nous ne craignons pas d'affirmer qu'en France ces mesures sont un minimum et que, trop souvent encore, elles ne sont pas appliquées. Comme nous le disions plus haut, seule une éducation de la conscience publique remédiera à cette incurie mortelle, dans le sens absolu du mot.

CHAPITRE XV

L'ASSISTANCE PUBLIQUE

L'assistance publique peut être considérée comme une des manifestations les plus notables du progrès social et un élément fondamental de différenciation entre les groupements, même organisés, des animaux et les sociétés humaines. Chez les êtres vivants soumis au seul jeu des lois naturelles, les faibles, les malades, les individus séniles ne reçoivent pas de secours de leurs congénères en pleine force physique, quand ils ne sont pas détruits comme nuisant au salut commun. Les races humaines, au contraire, mais seulement celles qui sont civilisées, cherchent à adoucir les maux de leurs membres et à pallier à l'infirmité naturelle de l'enfant et du vieillard. Cette tendance est même si marquée que certains philosophes ont émis des doutes sur la valeur biologique de l'assistance sociale, celle-ci ayant pour but de conserver à l'existence des êtres faibles que les lois de la sélection naturelle feraient impitoyablement écraser et rejeter par les plus forts. Il convient de répondre que si le gain matériel est parfois faible ou négatif, les bénéfices moraux que retirent les hommes d'un appui et d'une bienveillance mutuels compensent, et au delà, les inconvénients de garder parmi eux quelques êtres chétifs et malheureux.

L'assistance est essentiellement sociale, c'est-à-dire ne naît qu'au sein des groupes cohérents et organisés. Sous sa forme la plus simple et la plus normale, elle s'exerce au sein de la famille qui constitue l'élément social le plus simple. Les parents prennent soin des enfants, sauf à leur demander les mêmes services lorsque l'aïeul sera devenu impotent et que ses rejetons seront arrivés en pleine puissance économique. De même, chaque membre d'une famille est naturellement porté à secourir ses parents malades ou déshérités, devoir moral à tout le moins, sanctionné parfois par la loi positive.

A un degré plus élevé, la charge se conçoit hors de la famille, quand celle-ci ne peut ou ne veut pas y satisfaire. Son obligation passe alors à des groupes sociaux plus généraux : tribu, commune, Etat; c'est la forme qui domine dans les grandes sociétés civilisées, mais toujours comme subsidiaire des secours familiaux.

On a beaucoup argumenté sur le fondement juridique de l'assistance et sur ses relations avec la charité. Au point de vue formel, la charité est une obligation purement morale, sinon un conseil théorique donné aux riches et aux forts d'atténuer les misères des pauvres et des faibles, conseil basé au fond sur le concept obscur de l'égalité des hommes devant les luttes de la vie. L'assistance, au contraire, a des allures de droit à coercition, s'imposant à l'assistant comme à l'assisté et fondé plus ou moins clairement sur la doctrine solidariste ou ses analogues : l'union économique et sociale en un seul agrégat de tous les membres d'une société.

Nous estimons inutile de développer davantage ces discussions. Il est bien certain que l'esprit de charité, de bienveillance envers autrui, est indispensable à l'exercice de l'assistance publique et c'est son absence qui rend souvent si effrayant l'appui offert froidement par une administration impassible. En sens inverse, rien n'est plus déplaisant que la charité pratiquée avec hauteur, comme une concession gracieuse accordée à des êtres sans droits que l'on veut bien aider pour se ménager leur reconnaissance ou satisfaire certaines doctrines. Pour nous, charité et assistance se confondent en fait, manifestations l'une et l'autre de cet esprit d'altruisme qui est au fond une des joies de la vie et que le conflit des égoïsmes individuels détruit souvent au prix des plus grands dommages. Il faut faire le bien parce que c'est la condition nécessaire du maintien de l'agrégation sociale homogène, mais il faut le faire aussi parce que toute victoire contre le mal, tout triomphe sur la souffrance est un capital nouveau ajouté au progrès de l'intelligence humaine.

Nous n'avons pas ici l'intention d'étudier toutes les formes de la charité publique et privée, non plus que les manifestations diverses de l'assistance officielle. Nous laisserons complètement de côté les questions de mutualités, de retraites ouvrières et autres et même celles relatives aux bureaux de bienfaisance. Nous nous bornerons à l'étude des cas d'assistance, où dans notre législation actuelle l'assistance est obligatoire, dès que les conditions légales sont remplies. En ce sens, on peut dire que l'assistance fait partie des droits de l'individu et du droit public français.

Ainsi restreint, notre cadre n'embrasse plus que quatre types d'assistance : 1° aux aliénés; 2° aux enfants; 3° aux malades; 4° aux vieillards.

Nous avons déjà traité du régime des aliénés en parlant de la liberté individuelle et de ses exceptions et il nous paraît inutile de revenir sur cette législation. Il nous suffira de dire qu'au point de vue assistance, les soins donnés aux aliénés sont un service public à base départementale, en ce qui concerne les établissements officiels d'aliénés bien entendu. Mais il importe de noter, assez bizarrement, que l'assistance aux aliénés n'est pas obligatoire et que le Conseil général peut refuser d'y participer. Dans ce cas, on couvre les frais avec les subventions de l'Etat, les pensions payées par les familles non indigentes et surtout la contribution qui peut être imposée à la commune du domicile de l'aliéné indigent. Ici, comme en matière de garantie de la liberté individuelle, toute cette législation devrait être refondue complètement. Les secours donnés aux aliénés sont de ceux qui se justifient tout particulièrement, non seulement dans leur intérêt, mais encore dans celui de la collectivité toute entière.

Assistance aux enfants. — Cette forme d'assistance est une de celles qui ne rencontrent aucune objection théorique. L'enfant est une fraction du capital social et en le protégeant contre sa faiblesse, l'Etat ne fait que s'aider lui-même, spécialement dans les pays à faible natalité. Normalement, le jeune être reçoit les soins de sa famille, mais il existe nombre d'hypothèses où la famille n'existe pas ou ne peut ou ne veut pas subvenir aux besoins de l'enfant. D'autres fois, la situation est moins absolue et les personnes responsables de l'avenir de l'enfant ont simplement besoin d'être aidées dans leur tâche d'éducation. Cette seconde forme d'assistance est notablement moins développée que la première, probablement par crainte des abus commis par des individus sans scrupules.

La situation des enfants assistés est réglée par deux lois fondamentales, celles du 27 et du 28 juin 1904, complétées par plusieurs textes de détail. Les principes essentiels sont de créer un service spécial, à base départementale et qui impose aux pouvoirs publics l'obligation de se charger des enfants rentrant dans les définitions légales. C'est la différence essentielle d'avec les pratiques antérieures, celle de l'Ancien

Régime notamment, où les secours donnés aux enfants émanaient surtout de personnes pieuses ou de congrégations religieuses, mais sans autre obligation que le devoir moral de la charité chrétienne.

Il existe un grand nombre de cas où l'assistance aux enfants est de droit. Nous citons tout d'abord, comme ne soulevant aucune difficulté, les enfants dont les parents sont malades ou incarcérés. Les services publics les recueillent pendant le temps de l'indisponibilité de la famille.

Un cas un peu plus compliqué est celui des enfants confiés par la justice, à l'assistance publique, comme auteurs ou victimes d'infractions.

En pratique, il s'agit surtout de jeunes délinquants ou de mineurs en danger de prostitution (loi du 19 avril 1898 et loi du 11 avril 1908). L'assistance est obligée d'accueillir ces recrues et de se transformer par suite en entrepreneur d'éducation correctionnelle. Ces enfants dits en garde sont ceux dont la surveillance cause le plus de difficultés (1).

Un autre aliment du service des enfants assistés est celui fourni par la loi du 24 juillet 1889, permettant aux tribunaux civils de prononcer la déchéance de la puissance paternelle des parents incapables ou indignes. Les parents peuvent eux-mêmes, en certains cas, renoncer à leurs droits d'éducateurs. Dans ces hypothèses, l'enfant est placé en tutelle, soit d'un particulier, soit d'une société, soit enfin de l'assistance publique. Il s'agit en effet de soustraire le jeune être, qualifié ici de moralement abandonné, au milieu néfaste qui le pervertit, aux parents qui l'exploitent, aux fréquentations qui en font un criminel. Il serait même avantageux que l'on s'occupât davantage des

(1) Par réciprocité, l'administration peut, sur autorisation du tribunal civil, remettre aux établissements pénitentiaires les pupilles criminels ou incorrigibles.

moralement abandonnés, c'est le meilleur moyen d'abaisser le taux de la criminalité juvénile.

Enfin l'application fondamentale de l'assistance aux enfants est celle faite aux enfants trouvés (ce qui est fort rare) et surtout aux enfants abandonnés par leurs parents pour des raisons diverses. Ce dernier point comporte quelques explications.

Pour éviter l'avortement et surtout l'infanticide, il a été reconnu depuis longtemps qu'il fallait donner à la mère sans ressources ou qui voulait à tout prix dissimuler l'existence de son enfant, un moyen de le confier à l'assistance publique. On avait d'abord imaginé le système des tours, préconisés par le décret du 19 janvier 1811. Ces tours étaient des sortes de boîtes cylindriques dans lesquelles on déposait secrètement l'enfant à la porte des hospices. Le personnel hospitalier ne venait recueillir le petit être que lorsque le dépositaire était éloigné. On assurait ainsi un secret absolu, mais le tour avait quelque chose de brutal et favorisait en outre les abandons irréfléchis.

L'administration tomba alors dans l'excès opposé. Elle n'acceptait que les enfants qui lui étaient directement confiés par la mère (sauf de rares exceptions) et encore après enquête. On arrivait ainsi à méconnaître le secret de la maternité et à provoquer d'épouvantables drames de famille. Pour tâcher de trouver un juste milieu, la loi du 27 juin 1904 a établi le principe de l'administration à bureau ouvert, c'est-à-dire que l'enfant peut être déposé à l'hospice sans que le déposant (mère ou tierce personne) soit astreint à la moindre déclaration sur son nom ou celui de l'enfant. Toutefois les observations faites spontanément sont accueillies, mais elles ne sont ni provoquées ni contrôlées par une enquête (1).

(1) Pour éviter des abandons multiples, il peut être alloué des secours temporaires aux mères nécessiteuses.

Cependant, si l'enfant paraît âgé de plus de sept mois, l'administration se réserve le droit de ne l'accueillir qu'après constatation de l'indigence des parents, mais les abandons sont très rares quelques mois après la naissance.

L'enfant confié à l'assistance publique n'est rendu à ses parents qu'après la preuve de leur parenté et enquête sur leur moralité. Jusque-là, il reste sous la tutelle administrative, c'est-à-dire celle du préfet représenté par l'inspecteur départemental des enfants assistés. Les pupilles de l'assistance publique sont placés en pension à la campagne, contre rétribution fixe, ils sont pourvus d'une éducation professionnelle et les plus méritants reçoivent un petit pécule ou une dot.

Le service des enfants assistés est principalement à base départementale, mais l'Etat assume les frais du personnel. Pour les dépenses d'entretien, elles sont ainsi réparties : 2/5 à la charge de l'Etat, 1/5 à celle de toutes les communes du département et 2/5 à la charge du département lui-même. Toutes ces dépenses sont obligatoires, d'autant plus que les prix de pension des enfants assistés sont réglés législativement avec révision tous les cinq ans. Les assemblées locales ont donc très peu de pouvoirs.

Assistance aux malades. — Nous arrivons à des services à base principalement communale, encore que les autorités départementales y restent investies de notables pouvoirs destinés à assurer l'homogénéité des institutions. La préférence donnée au groupement le plus petit, la commune, s'explique tout naturellement par la nécessité de connaître personnellement les assistés auxquels on veut porter secours.

Il a été de tout temps admis qu'il fallait soigner,

aux frais publics, les personnes malades que leur manque de ressources rendait incapables de payer par elles-mêmes les frais de leurs maladies. Pendant longtemps, on ne concevait d'autre méthode que l'hospitalisation ou la remise à des ordres religieux acceptant bénévolement les malades. La Révolution française posa la première le principe que l'individu sans ressources doit trouver à sa disposition, chez lui ou à l'hôpital, des médecins rétribués par les deniers communs et expressément chargés de le soigner. Mais les événements empêchèrent la mise en pratique de l'idée.

Pendant de longues années, il n'y eut aucun régime bien défini. Les hôpitaux acceptaient bien les malades indigents de la commune, mais ceux-là seulement et encore souvent avec parcimonie et formalités. On était parfois obligé d'exposer l'individu souffrant sur la voie publique pour justifier son admission dans un établissement trop incliné à l'économie. En outre, on se heurtait souvent au défaut de lits vacants et les secours à domicile n'étaient fournis que d'une façon irrégulière et peu coordonnée par les bureaux de bienfaisance et la charité privée.

La loi du 15 juillet 1893 s'est préoccupée d'établir un système de règles générales. Tout d'abord elle pose le principe du droit à l'assistance médicale, chirurgicale et pharmaceutique de tout individu remplissant les conditions légales. Elle établit ensuite des organes chargés de l'établissement et du contrôle de la liste des assistés. Elle indique ensuite les procédés d'assistance et enfin les voies et moyens d'ordre financier. Nombre de ces points donnent lieu à une législation très touffue, nous suivrons notre règle d'en dégager seulement les données fondamentales.

Le droit à l'assistance est acquis à tout Français sans distinction d'âge et de sexe et aussi aux étrangers dont le gouvernement aura négocié à cet effet avec la France. Ce droit s'applique, quelle que soit la maladie, les accouchements étant expressément assimilés à une maladie, et pour toutes ses suites, mais il suppose que l'assisté est sans ressources personnelles.

Mais, par analogie avec le droit électoral, le droit à l'assistance médicale ne s'acquiert que par une inscription sur une liste communale. La commune où a lieu cette inscription s'appelle le domicile de secours. Ce domicile s'acquiert en principe par une résidence d'une année et se perd par une absence de même durée. En outre, le domicile du père vaut pour sa femme et ses enfants.

Les personnes qui, pour des raisons diverses, n'ont pas de domicile de secours, ne sont pas absolument exclues de l'assistance, mais il faut une décision spéciale et extraordinaire du bureau dont nous allons bientôt parler. Il est évident que, dans les cas d'urgence, l'humanité impose de passer par dessus ces formalités de procédure.

L'inscription à la liste communale est donc très importante. La liste elle-même est dressée par le bureau d'assistance. Ce bureau se compose de la réunion des commissions administratives des hospices et des bureaux de bienfaisance ou, à défaut de l'existence de ces institutions, d'une commission spéciale nommée de la même façon que les commissions administratives en question (Rappelons que lesdites commissions sont formées du maire, président, de deux administrateurs élus par le Conseil municipal et de quatre autres nommés par le préfet. Loi du 5 août 1879).

Le bureau d'assistance n'a pas à attendre de réquisitions d'inscription. Il dresse et révise, quatre fois par an, la liste des personnes de la commune qui ont le droit d'y figurer. Cette liste est ensuite arrêtée par le Conseil municipal à chacune de ses quatre sessions ordinaires et elle est ensuite déposée au secrétariat de la mairie avec affichage du dépôt.

Le préfet peut faire annuler les opérations par le Conseil de préfecture s'il les estime illégales. Il peut ainsi se borner à exercer un droit de contrôle ouvert également à tout habitant ou contribuable de la commune. Pendant vingt jours, en effet, à partir du dépôt au secrétariat de la mairie, on peut demander, pour soi-même ou autrui, l'inscription sur la liste d'assistance ou encore réclamer la radiation des personnes dont les ressources sont suffisantes pour leur permettre de se faire soigner à leurs frais.

Les réclamations sont jugées par un tribunal formé d'une commission cantonale spéciale comprenant le sous-préfet, le juge de paix, le conseiller général et celui d'arrondissement. Le maire de la commune intéressée est entendu s'il le désire, et les décisions de la commission sont susceptibles, en cas d'excès de pouvoir, d'être déférées au Conseil d'Etat.

L'inscription sur la liste, pour importante qu'elle soit, n'est qu'une mesure administrative destinée à empêcher les secours de s'égarer sur des malades non dénués de ressources. Il nous faut voir maintenant le jeu même de l'assistance.

L'assistance peut avoir lieu, par voie collective, à l'hôpital, ou par voie individuelle, à domicile. Dans le premier cas, le malade doit être porté à l'hôpital de la commune, ou à défaut à un des hôpitaux voisins qui ont accepté ce service. Dans la seconde hypothèse, deux systèmes sont possibles : ou bien on laisse le malade libre de choisir son médecin et son pharmacien, ou bien on lui impose des praticiens désignés expressément dans ce but. Le Conseil général a là-dessus des pouvoirs très larges d'organisation. Il peut par exemple décider que les visites seront rémunérées à l'unité ou, au contraire, par voie forfaitaire, à l'abonnement annuel. Cette dernière méthode est la plus simple et la plus économique, mais le libre choix du médecin par l'assisté, avec rétribution de chaque visite, est assurément plus conforme aux intérêts du malade.

La question financière est très importante en matière d'assistance médicale, non seulement parce que les dépenses annuelles de ce service dépassent dix millions, mais encore parce que les sommes en question sont obligatoires et grèvent d'un poids souvent fort lourd les petits budgets locaux.

Aussi la loi du 15 juillet 1893 a-t-elle prévu tout un système de subventions éventuelles.

Normalement, comme nous l'avons dit, c'est la commune qui subvient aux dépenses, la commune du domicile de secours de l'assisté bien entendu. Si le malade est soigné sur le territoire d'une autre commune, sa pension hospitalière sera payée par la circonscription du domicile de secours. Le budget communal est ici alimenté par les ressources ordinaires ou, en cas d'insuffisance, par des impositions extraordinaires, telles que centimes additionnels ou surtaxes d'octroi. Mais pour éviter que ces impositions ne deviennent accablantes, la commune peut réclamer une subvention du département, fixée par le Conseil général à 10 p. 100 au moins et à 80 p. 100 au plus de l'effort communal, le chiffre exact étant déterminé d'après un barème annexé à la loi.

En plus de ces subventions, les départements participent directement à certaines charges de l'assistance médicale gratuite.

Ils peuvent aussi voter des centimes additionnels extraordinaires, mais en ce cas, ils reçoivent une subvention de l'Etat calculée d'après des bases et un barème analogues à ceux précédemment indiqués.

L'Etat est enfin chargé de ces dernières subventions et des frais généraux d'administration.

Nous ajouterons que la loi sur l'assistance médicale gratuite que nous venons d'étudier ne s'applique pas au département de la Seine. Celui-ci est régi par l'Assistance publique de Paris, investie de la personnalité morale (loi du 10 janvier 1849). Cet établissement public joint à ses fonctions hospitalières le service des enfants assistés et même celui des bureaux de bienfaisance. Il importe de ne pas le confondre avec la direction de l'assistance publique du ministère de l'intérieur, simple organisation administrative sans pouvoirs propres.

A côté du bureau d'assistance médicale et se confondant partiellement avec lui au point de vue des administrateurs, se trouve le bureau de bienfaisance chargé des secours destinés aux indigents valides. Ces secours et l'existence du bureau lui-même étant purement facultatifs, nous nous bornerons à cette simple mention pour nous occuper immédiatement de la dernière forme d'assistance constituant un droit individuel : l'assistance aux vieillards, infirmes et incurables.

Assistance aux vieillards. — Elle est établie par la loi du 14 juillet 1905, qui a établi sur ce point un régime tout à fait nouveau dans notre pays. Auparavant, l'individu sans ressources et ne pouvant plus travailler ne pouvait qu'espérer les secours bénévoles de la charité publique ou privée, sinon il était réduit à la mendicité. Au contraire, la loi a voulu lui procurer des ressources, sinon suffisantes pour vivre, au moins de nature à éviter la trop grande misère. C'est là, au surplus, une tâche immense et il en est résulté des abus inévitables dans la sphère d'application de la loi.

Il importe tout d'abord de bien poser le principe que la loi du 14 juillet 1905 n'est pas une loi de retraites pour la vieillesse, mais une loi d'assistance pour les vieillards. D'une part, elle n'exige aucun versement de ses bénéficiaires, mais, en sens inverse, elle ne s'applique qu'aux personnes reconnues dénuées de ressources par une procédure spéciale. Une retraite, au contraire, suppose des cotisations préalables, mais elle est due ensuite sans enquête sur l'état de fortune du retraité.

Ceci bien établi, voyons les conditions requises pour obtenir le secours alloué par la loi de 1905.

Normalement, c'est la condition de l'âge qui est prédominante. La loi est applicable à tout Français privé de ressources personnelles et âgé de plus de soixante-dix ans. Toutefois, cette dernière exigence n'est pas applicable aux personnes impotentes et incurables. La loi de 1905 vient ici retrouver la sphère d'application de la loi du 15 juillet 1893 sur l'assistance aux malades.

Comme dans nos études précédentes, nous retrouvons la double notion du domicile de secours et de la liste d'assistance. Seulement, leur importance est ici augmentée. En matière d'assistance médicale, en effet, il arrivera souvent que l'inscrit n'aura pas besoin de faire appel aux secours publics, tandis que l'assisté comme vieillard ou incurable viendra périodiquement toucher son allocation.

Le domicile de secours se détermine par la résidence dans une commune donnée pendant cinq ans et se perd par l'absence pendant un pareil laps de temps. En outre, après soixante-cinq ans, le domicile est immuablement fixé. Lorsque la condition de résidence n'est pas remplie, on remonte dans le passé jusqu'à ce que l'on trouve une commune remplissant les conditions légales. En dernière analyse, ce sera celle de la naissance de l'assisté. Le vœu de la loi est que personne ne soit exclu faute d'un domicile. Au surplus, les contestations relatives à ce dernier relèvent de la juridiction administrative (Conseils de préfecture et Conseil d'Etat).

La liste d'assistance est dressée et révisée trimestriellement comme en matière d'assistance médicale gratuite et par le même bureau. Mais ce dernier doit être saisi d'une demande formelle de l'intéressé. Deux cas peuvent se présenter: Ou les impétrants ont leur domicile de secours dans la commune de leur résidence et alors ils sont admis à l'assistance par le conseil municipal en comité secret. Ou bien la coïncidence n'a pas lieu, et l'admission est alors prononcée, sur les diligences du préfet, par l'assemblée municipale du domicile de secours. Comme on le voit, nous sommes encore en présence d'un service à base essentiellement communale, bien que dans des cas exceptionnels ce soit le département qui ait la charge de l'assistance.

Une procédure complexe a été organisée pour permettre le contrôle des listes. Celles-ci sont déposées au secrétariat de la mairie et avis en est donné par affiches. Un délai de vingt jours est alors accordé au préfet et au sous-préfet, à tout habitant ou contribuable de la commune pour demander une inscription ou une radiation. C'est ici que l'inspection du ministère de l'intérieur formule divers reproches sérieux [1]. Le nombre des assistés dépasse les prévisions budgétaires et atteint en 1909 près de 600.000 bénéficiaires (on avait escompté un nombre moitié moindre). Diverses causes sont indiquées; des questions locales, trop de facilité à admettre les demandeurs comme étant dénués de ressources, le fait que la loi du 31 décembre

[1] *J. off.* du 2 août 1909.

1907 défend de considérer comme ressources le travail personnel de l'assisté, des inscriptions multiples, etc.

Pour pourchasser ces abus, le système législatif est insuffisant. Les listes d'assistance ne sont pas consultées et si elles le sont, il est toujours délicat de demander la radiation d'un indûment inscrit. Il n'y a guère que le préfet ou le sous-préfet qui puissent agir sans crainte d'être accusés de haines personnelles, mais les données leur font défaut pour établir leur appréciation. Il faudrait, au fond, un dossier spécial et documenté sur chaque assisté.

Quoi qu'il en soit, quand une réclamation se produit, elle est jugée par une commission cantonale assez semblable à celle déjà indiquée à propos de l'assistance médicale gratuite. Mais appel peut être interjeté devant une commission centrale à Paris, sous réserve d'un recours pour excès de pouvoir devant le conseil d'Etat (pour les détails, voir les art. 12 et 17 de la loi du 14 juillet 1905). L'assistance se donne, une fois la liste dressée, uniquement aux personnes qui y figurent. Normalement, elle s'exécute à domicile, c'est-à-dire par l'allocation d'un secours mensuel. Le montant de ce secours varie de 5 à 20 francs, étant fixé par le conseil municipal avec droit de contrôle du cònseil générale et du ministre de l'intérieur. En outre, chaque assisté peut contester le chiffre de son allocation personnelle devant les commissions cantonale et centrale indiquées plus haut.

Si le secours à domicile est inefficace ou impossible, l'assisté peut être hospitalisé aux frais de la commune et sur son consentement, soit dans un hospice officiel, soit dans un établissement privé. Toutes ces mesures et le montant de l'allocation elle-même peuvent être révisées suivant les circonstances.

Reste la question des voies et moyens. C'est ici que

le système de la loi est des plus défectueux. Théoriquement on applique les règles déjà consacrées en matière d'assistance aux malades, mais avec cette grave différence que les communes ont droit à des subventions des départements et indirectement de l'Etat dès que leurs ressources ordinaires sont insuffisantes et sans qu'il soit besoin de voter des centimes additionnels. Il en résulte en pratique que la plupart des allocations, théoriquement communales, sont en réalité payées par l'Etat.

Les conseils municipaux n'ont donc pas intérêt à limiter le nombre des vieillards assistés. Parfois même ils ont un intérêt inverse, suivant la remarque frappante insérée au rapport officiel précité. Ainsi, dans une commune dont la part contributive n'est que le dixième de l'allocation (cas fréquent), dix assistés à 10 francs par mois, recevront (et dépenseront dans la commune en général), la somme globale de 1.200 francs. La caisse communale n'aura cependant fourni que 120 francs. Certains maires ingénieux exigent même des assistés l'abandon d'une partie de leur allocation, sous peine de les radier de la liste d'assistance. Il semble bien qu'une réforme soit utile sur ce point.

Nous devons ajouter que fréquemment les vieillards ont des enfants tenus, moralement et légalement, à la dette alimentaire. La loi de 1905 a amené le résultat fâcheux que nombre d'enfants en ont profité pour supprimer tout secours à leurs vieux parents ou tout au moins pour dissimuler ces secours. La loi prévoit bien un recours financier de la commune contre les personnes tenues à pension alimentaire, mais ces recours ne sont pas exercés en fait, les maires ne voulant pas se charger de ces contestations délicates. Ici encore quelques retouches législatives s'imposent.

Malgré tous ces défauts, la loi sur l'assistance aux

vieillards est peut-être celle qui s'inspire des plus belles pensées morales et qui a été accueillie avec le plus de faveur. Combinée avec l'assistance aux enfants et celle aux malades, elle enserre tout Français dans un réseau de protection contre les trois causes d'affaiblissement de la nature humaine : l'enfance, la maladie et la vieillesse.

Tout a donc été fait pour alléger les maux inhérents à l'humanité et, en tout cas, ne pas les aggraver par la misère de ceux qui en souffrent.

CHAPITRE XVI

LE DROIT PUBLIC COLONIAL

Nous croyons ne pas sortir du cadre de ces études de droit public français en présentant un bref aperçu des règles juridiques applicables aux colonies. Nous n'avons nullement l'ambition de présenter un tableau complet ni même de résumer les excellents traités publiés sur la législation coloniale ([1]). Notre désir est plutôt de montrer combien les colonies françaises sont soumises à un régime législatif et administratif d'une nature spéciale et de faire comprendre les différences de ce régime d'avec le statut métropolitain.

Faisons d'abord un peu de théorie. Les possessions coloniales se divisent rationnellement en trois classes : les postes militaires, les colonies d'exploitation et les pays de peuplement. Pour les premiers, simples bases stratégiques dont les Anglais sont abondamment pourvus (Gibraltar, Malte, etc.), mais que nous n'avons que peu ou point, pour ces postes, disons-nous, l'administration militaire est prépondérante et l'élément civil tout à fait subordonné aux considérations de la défense locale. Il serait donc superflu de parler ici de droit public et d'essayer de tracer des règles générales qui ne seraient appliquées nulle part.

On entend par colonies d'exploitation celles où l'Européen peut vivre plus ou moins bien, mais où il

([1]) A. Girault, *Traité de législation coloniale*, 2e édit.

ne peut guère s'implanter, faire souche, ni surtout s'astreindre à des travaux pénibles. Sa mission est donc uniquement de diriger et de surveiller l'élément indigène et de s'appuyer sur la main-d'œuvre locale pour arriver à l'exploitation économique du pays.

Ce genre de colonies est peut-être le plus fréquent. Pour n'énoncer que quelques exemples nous intéressant, nous citerons notamment le Sénégal et le Soudan, l'Indo-Chine française, la Guyane, etc.

Au point de vue administratif, les colonies d'exploitation ont la caractéristique de présenter deux classes de populations bien distinctes et ne se pénétrant guère : les colons et les indigènes.

Le problème consiste à assurer aux uns et aux autres la somme de libertés compatibles avec la bonne gestion de la colonie. C'est une affaire de mesure assez délicate. Si on laisse trop de pouvoirs aux colons, ceux-ci tendent à s'en servir pour molester les indigènes et ressusciter peu à peu un esclavage plus ou moins caractérisé. En sens inverse, si on donne trop de liberté aux indigènes, ceux-ci en abusent pour se refuser au travail d'abord, puis pour se livrer à une guerre ouverte ou cachée contre les colons considérés comme d'insupportables envahisseurs. Il faut donc essayer de doser les éléments contraires et concilier l'autonomie locale avec les droits et les intérêts de la métropole.

Le problème est moins difficile pour les colonies de peuplement. Comme leur nom l'indique, ces pays sont hospitaliers aux émigrants de la mère-patrie qui y prospèrent et s'y fixent. Ici l'élément indigène est fatalement subordonné à la race métropolitaine, mais cela ne veut pas dire que l'indigène doive être sans droits. Quant aux colons eux-mêmes, il n'y a pas d'inconvénient à leur donner un statut administratif assez analogue à celui de la métropole : c'est ce qu'ont fait les Anglais pour le Canada, l'Afrique du Sud, l'Australasie; c'est ce que nous faisons, dans une mesure moindre, pour la meilleure de nos colonies de peuplement : l'Algérie. Il convient d'ajouter que ce genre de possession tend, par la force des choses, à acquérir une autonomie de plus en plus grande et que, lorsque l'état de civilisation concorde avec celui de la métropole, le relâchement des liens administratifs s'opère nécessairement pour aboutir parfois à une sécession complète. Il serait assurément faux de soutenir que la mère-patrie doit favoriser l'indépendance absolue de ses colonies, mais il serait encore plus dangereux de vouloir contenir, par des mesures arbitraires, des tendances autonomistes légitimes en soi. Il convient donc de ménager aux possessions de peuplement une large décentralisation locale, de nature à satisfaire leurs besoins d'administration personnelle, sans les pousser à la rupture complète avec l'Etat central.

Le législateur colonial. — La question de connaître la source législative applicable aux colonies est évidemment primordiale, mais il ne s'ensuit pas qu'elle soit la plus simple. Le système français est au contraire d'une grande complexité.

Sous l'Ancien Régime, les colonies étaient gouvernées de par la seule volonté royale, sans même la garantie des maximes qui formaient la constitution non écrite du Royaume. La Révolution posa au contraire le principe de l'assimilation des colonies et de la métropole et donna les mêmes droits aux blancs et aux indigènes; mais les événements refusèrent de laisser ce principe entrer dans la pratique et on revint au système antérieur : le chef de l'Etat gouvernant directement et seul le territoire colonial.

C'est là encore aujourd'hui la base même du droit

colonial. Le législateur ordinaire n'est pas le Parlement, mais le Président de la République prenant des décrets. Cela est d'autant plus notable que plusieurs colonies françaises envoient des représentants à la Chambre et au Sénat, mais, même pour celles-là, le régime des décrets reste le droit commun. Tel est le principe qui découle des textes fondamentaux, les sénatus-consultes des 3 mai 1854 et 4 juillet 1866, textes ayant eu le caractère constitutionnel, mais encore en vigueur comme lois ordinaires. Mais nous devons dire immédiatement que le décret n'est pas l'origine unique de la législation coloniale, comme nous l'allons voir.

Il y a en réalité quatre sources de législation coloniale : la loi, le décret, les décisions des conseils généraux des colonies et les arrêtés des gouverneurs locaux. Voici quelques précisions sur ces différents points.

La loi. — Le Parlement a toujours le droit de légiférer pour les colonies et son autorité se substitue alors à celle du Chef de l'Etat. Deux procédés sont possibles. Ou bien une loi métropolitaine est déclarée, par un article additionnel, applicable à tout ou partie des colonies. Ou bien les Chambres votent une loi spéciale ne visant que telle ou telle colonie. Le résultat est d'ailleurs le même dans les deux cas : la loi coloniale reste loi et un décret ne peut ni l'abroger ni la modifier.

L'intervention parlementaire est parfois nécessaire à des titres divers. Elle s'impose notamment lorsqu'il s'agit d'engager les finances de la métropole, par exemple pour garantir un emprunt colonial. Elle est également exigée pour toute modification aux droits civils et politiques et aux droits publics fondamentaux (jury, législation des contrats, etc.) dans les colonies de la Martinique, de la Guadeloupe et de la Réunion (sénatus-consulte du 3 mai 1854, art. 3).

Pour l'Algérie, la situation est des plus confuses. On admet que s'appliquent dans ce pays, non seulement les lois y déclarées applicables, mais encore les lois françaises fondamentales antérieures à 1834 (date de la conquête définitive) avec leurs modifications ultérieures. Il n'est pas même besoin d'une promulgation sur le sol algérien, mais la jurisprudence se donne le pouvoir, très arbitraire, de décider quelles sont les lois fondamentales et celles qui ne le sont pas. Tout ceci gagnerait à être simplifié et délimité.

Le décret. — Le décret est la forme législative normale aux colonies. Il ne s'agit même pas de décrets pris en Conseil d'Etat, le décret pur et simple suffit et le Chef de l'Etat est seulement tenu de ne méconnaître ni une loi positive ni les principes généraux du droit français. Il est à remarquer que lorsque le Président de la République se borne à copier dans son décret une loi métropolitaine, il en change en réalité le caractère et au point de vue colonial le texte reste un décret simple modifiable également par décret. Il va sans dire que des décrets différents peuvent être pris pour diverses colonies, mais il faut noter que le gouvernement doit en assurer la promulgation par une insertion dans un Recueil officiel dont chacune de nos possessions est munie.

Le régime des décrets est évidemment la consécration d'un véritable pouvoir autocratique au bénéfice du Président de la République et l'obligation d'obtenir le contre-seing ministériel est une garantie faible. Néanmoins ce régime domine toutes nos colonies, sauf la Martinique, la Guadeloupe et la Réunion. Pour l'Algérie toutefois, la toute puissance du Chef de l'Etat est d'ordre plus théorique que pratique. Après avoir placé l'administration algérienne sous la dépendance des divers ministères intéressés par les décrets dits de rattachement pris en 1881, une série de nouveaux décrets s'échelonnant de 1898 à 1901 a donné des pouvoirs de décision importants au gouverneur général, mais en l'assistant de conseils dont nous parlerons bientôt. La tutelle de la métropole est réservée, mais l'autonomie locale n'est pas absente comme sous l'empire du décret ordinaire. Il semble que ce type gagnerait à être étendu aux autres colonies.

Conseils généraux. — Nous avons dit que les conseils généraux de colonies constituaient également un organe de législation coloniale. Disons d'emblée que ces assemblées ne se rencontrent pas partout; ainsi les grands territoires de l'Afrique occidentale française en sont dépourvus, à l'exception du Sénégal. De même leur composition n'est pas partout identique. Purement électifs dans la plupart des colonies, les conseils généraux comprennent parfois des membres de droit comme en Cochinchine. De même, l'électorat est très variable, tantôt ouvert aux seuls Français, tantôt admettant une représentation de l'élément indigène.

Mais c'est dans ses attributions qu'un Conseil général colonial diffère le plus de son homonyme métropolitain. Il a d'abord des attributions administratives analogues à celles que l'on trouve dans un département français, mais en outre, il possède des prérogatives qui sont d'essence législative. Nous devons en effet dire ici que les colonies possèdent l'autonomie financière et que chacune a son budget propre. Les habitants ne paient pas les impôts métropolitains, mais par contre ils doivent suffire à leurs propres dépenses civiles et même éventuellement militaires (loi de finances du 13 avril 1900, art. 33). Pour le paiement des dépenses, dont les unes sont obligatoires et d'autres facultatives, les conseils généraux ont le droit de voter des contributions et taxes diverses dont ils règlent eux-mêmes l'assiette et le tarif. Ce sont là des attributions véritablement législatives. Toutefois les délibérations doivent être approuvées par décret en Conseil d'Etat et l'établissement de droits de douane est soumis à des règles spéciales. En Algérie, la situation est la même en principe, mais les rouages administratifs sont un peu plus développés. L'Algérie a l'autonomie financière, un budget propre et la personnalité morale depuis la loi du 19 décembre 1900. Le budget est délibéré par une première assemblée, dite des délégations financières, et qui comprend des représentants élus tant par les Français que par les Indigènes musulmans remplissant certaines conditions déterminées. Vient ensuite l'examen d'une seconde assemblée, appelée conseil supérieur du gouvernement, formée de membres de droit et de délégués élus tant par les délégations financières elles-mêmes que par les conseils généraux des trois départements algériens. Ces deux Assemblées possèdent, quant à l'assiette et au tarif des impôts algériens, les mêmes prérogatives d'essence législative déjà signalées à plusieurs reprises. Le budget algérien est enfin définitivement réglé par décret.

L'institution des conseils généraux des colonies est, comme on le voit, fort intéressante et constitue une application heureuse des principes de la décentralisation. Peut-être pourrait-on, à l'égard de certaines colonies tout au moins, augmenter encore leurs attributions.

Gouverneurs. — Ce sont les gouverneurs qui représentent à la fois l'Etat dans la colonie et le pouvoir exécutif de celle-ci, remplissant une double fonction analogue à celles des préfets des départements.

Ils sont assistés de divers chefs de service dont l'ensemble, augmenté parfois de notables, forme le corps consultatif connu sous le nom de Conseil privé.

Nous n'avons pas à énumérer les nombreuses attributions des gouverneurs; il nous suffira, au point de vue qui nous occupe, de dire qu'ils possèdent un pouvoir réglementaire assez important. Ils peuvent en effet prendre, en matière d'administration et de police, toute mesure utile avec sanctions pénales supérieures à celles du droit commun. Toutefois, dans ce dernier cas, l'arrêté doit être transformé en décret dans les quatre mois.

Vis-à-vis des indigènes, les gouverneurs ont des pouvoirs souvent presque illimités, en l'absence de droits précis garantis à leurs administrés.

Droits des habitants. — Il a toujours été admis que les colons français établis aux colonies jouissaient des mêmes droits théoriques que s'ils étaient restés sur le sol métropolitain. A la pratique toutefois un certain nombre de ces droits risquent de devenir sans objet, par exemple le droit de vote dans une colonie qui n'envoie aucun représentant au Parlement. Nous avons au surplus déjà parlé de l'électorat colonial.

D'autre part, la nature et l'étendue des droits à conférer aux indigènes a toujours été un des problèmes difficiles de la civilisation.

Certains veulent les assimiler purement et simplement aux colons français; d'autres au contraire veulent les soumettre à l'autorité discrétionnaire de l'administration. Il y a là en réalité des questions d'espèces dont la solution dépend des contingences locales. Trop molestée, la race locale provoque le mécontentement et des troubles, mais une émancipation trop rapide risque d'amener une insurrection et l'expulsion de l'élément français.

On peut diviser nos colonies en trois groupes au point de vue des droits conférés aux habitants. Ce sont l'Algérie, les possessions dites vieilles colonies et les autres domaines.

En Algérie, les Français, d'origine ou naturalisés, ont sensiblement les mêmes droits que sur le sol métropolitain, mais ils ne sont pas seuls à en jouir. Le décret Crémieux du 24 octobre 1870 (modifié par celui du 7 octobre 1871) a prononcé la naturalisation collective de tous les Israëlites descendants de ceux déjà établis en Algérie en 1830. Les Israëlites satisfaisant à ces conditions sont donc assimilés complètement à des citoyens français.

Par contre les indigènes, et spécialement ceux de religion musulmane qui sont l'énorme majorité, sont soumis à un statut spécial connu sous le nom de Code de l'indigénat.

Tout d'abord, au point de vue électoral, il ne peuvent voter (et être éligibles) qu'aux conseils municipaux des communes de plein exercice. Encore faut-il que les indigènes remplissent des conditions de résidence, de propriété ou de certaines capacités qui font du système un véritable électoral censitaire. De même, alors que les colons français votent directement pour les élections aux délégations financières, les indigènes qui figurent à cette assemblée sont désignés par les conseillers municipaux indigènes des communes de plein exercice. En réalité, le droit électoral n'appartient qu'à titre exceptionnel aux musulmans.

Pour les autres droits publics, les indigènes algériens se trouvent dans la même situation d'infériorité vis-à-vis des citoyens français. C'est ainsi qu'ils ne possèdent pas, à proprement parler, de liberté individuelle, les administrateurs ayant le pouvoir de les empêcher de se déplacer sans autorisation et celui de leur infliger diverses peines sans la protection d'une justice régulière. Diverses propositions ont été faites pour assurer plus de garanties aux musulmans, dans la mesure compatible avec la sécurité de la contrée.

Les colonies qualifiées de vieilles comprennent les Antilles, la Réunion et les établissements de l'Inde. Le statut y est particulièrement simple. Tous les habitants, blancs et de couleur, ont la qualité de citoyens français, à l'exclusion, bien entendu, des sujets ressortissants de puissances étrangères. Par conséquent dans ces colonies, tous ont les droits civils et politiques du Français ordinaire, le droit de vote notamment.

Dans les établissements hindous, l'assimilation s'opère même au bénéfice des indigènes qui conservent leur rattachement à leurs coutumes et à leurs juges spéciaux. Il convient d'ajouter, en fait, que certains événements tendent à indiquer les inconvénients nés de l'attribution de droits trop étendus à des races de mentalité différente de celle des Européens.

Restent enfin les autres colonies. Il est impossible de formuler ici des règles précises. Autant que possible, on s'efforce de conserver aux colons français les droits individuels qu'ils auraient dans la mère-patrie, encore que des circonstances locales en empêchent souvent l'utilisation. Le droit électoral existe dans plusieurs colonies (Guyane, Cochinchine, Sénégal, par exemple), en ce qui touche l'élection de députés et de sénateurs.

Dans la plupart de nos possessions, les colons peuvent en outre voter pour le choix de délégués au corps consultatif connu sous le nom de Conseil supérieur des colonies.

Quant aux indigènes, ils n'ont de droits publics qu'à titre isolé et exceptionnel. Citons notamment l'électorat aux fonctions municipales des villages de la Cochinchine et à quelques conseils locaux.

Pays de protectorat. — Ces pays, dont les types les plus saillants sont le Tonkin et surtout la Tunisie, ne rentrent pas dans le cadre de la législation coloniale proprement dite et au point de vue du droit public, il n'y a guère d'observations à présenter à leur sujet. Ces contrées ne peuvent, en effet, concéder aucun droit politique sérieux aux citoyens français qui y résident et la situation faite aux nationaux échappe aux règles constitutionnelles et administratives de la France. Tout ce que l'on peut dire, c'est que le gouvernement français s'efforce d'y introduire des institutions calquées sur le modèle des colonies similaires. Ainsi il existe, dans les grandes villes tunisiennes et tonkinoises, des corps municipaux dont les colons français élisent une part notable. De même la Tunisie a été dotée d'une assemblée consultative élue analogue aux délégations financières de l'Algérie. On s'efforce aussi, dans la mesure du possible, de respecter les usages locaux et de conserver l'administration locale indigène, mais en évitant les abus d'autorité souvent trop fréquents avant l'établissement du protectorat.

Ainsi, même à une longue distance de la terre métropolitaine, même sur le sol qui n'est que protégé par la France, s'affirment les vertus des droits fondamentaux dont nous venons d'étudier les principaux. Partout, le droit français estime que l'individu a certaines prérogatives propres et que la mission essentielle de l'Etat n'est pas de les supprimer à son profit. Partout, les principes juridiques tendent au développement des libertés publiques, développement entravé par de nombreuses difficultés de temps et de lieu, non moins que par des intérêts troublés, mais développement qui s'affirme quand même et qui maintient de plus en plus élevé le niveau de la dignité inhérente à la qualité de citoyen français.

CONCLUSION

En terminant ces études abrégées de droit public français, nous croyons devoir formuler, comme conclusion, un certain nombre de considérations générales que l'on étudie ordinairement sous forme d'introduction, mais qu'il nous paraît plus logique d'examiner en dernier lieu.

Tout d'abord, nous rencontrons la question classique du fondement des droits individuels. Nous n'avons pas l'intention d'en présenter, en quelques lignes, une étude faite par des plumes plus savantes que la nôtre (¹); nous nous restreindrons donc à quelques considérations élémentaires, sinon personnelles.

Les droits individuels ou les libertés publiques, deux termes à peu près synonymes, sont, à notre avis, à la fois des moyens d'action placés à la disposition des individus et des freins d'arrêt disposés contre la prédominance de l'autorité étatique. Si l'Etat, ou plutôt si les gouvernants étaient possesseurs de la sagesse parfaite, la théorie des droits individuels serait plus nuisible qu'utile, car il ne faut pas se dissimuler qu'elle apporte un élément de trouble et même de désordre, au sens absolu du mot. Pour prendre des exemples connus, la liberté de la presse est surtout intéressante pour le journaliste d'opposition, la

(¹) Charmont, *La renaissance du droit naturel,* 1909.

liberté de l'enseignement pour le père en désaccord avec les idées officielles, etc. Si, par une définition utopique, à laquelle nous avons déjà fait allusion, l'Etat possédait la vérité, il serait de son devoir de ne pas permettre les dissidences individuelles. C'est le rêve des savants de Renan gouvernant le monde par l'omnipotence d'une sagesse sans limite.

Mais ce sont là des rêves et des utopies. Dans la pratique, il n'y a pas d'Etat, mais il y a des hommes qui en détiennent la puissance et l'exercent avec leurs faiblesses et leurs passions. Il faut bien se résoudre à la distinction fondamentale des gouvernants et des gouvernés et par suite reconnaître au premier groupe un certain droit de commandement sur le second, mais la nécessité du maintien de la société n'implique nullement l'absorption de la collectivité gouvernée par l'aristocratie gouvernante.

Comme toute personne qui dispose d'une force tend à en épuiser l'action jusqu'à rencontre d'une force contraire au moins égale, la méthode la plus sûre pour limiter l'abus de puissance des gouvernants est de donner à chacun des gouvernés des moyens d'action qui, dans des cas déterminés, tiennent en respect les droits attribués à l'Etat et exercés en son nom. La volonté des gouvernants devient ainsi limitée par une série de barrières infranchissables et réciproquement, chaque citoyen est sûr, dans une certaine sphère, de pouvoir librement agir.

La théorie des droits individuels nous apparaît donc comme une sorte de compromis entre le besoin de discipline indispensable à une société organisée et la nécessité de ne pas supprimer l'initiative individuelle. L'activité des citoyens ne peut être laissée sans contrôle sous peine de tomber dans la pure anarchie, mais dans beaucoup de cas, l'Etat doit lui laisser libre jeu par incompétence de pouvoir la canaliser conformément à la justice absolue. On estime que la distinction, que nous reprenons une dernière fois, des gouvernants et des gouvernés, est plus de fait que de droit, de contingences que de principes et que, par suite, il faut empêcher l'établissement de toute tyrannie de la force.

Les droits individuels nous semblent ainsi fondés sur la nature même des choses : la présence d'individus qui sont les seules réalités physiques et dont, par suite, l'énergie doit être respectée dans ses diverses manifestations. Si des considérations d'utilité sociale ont conduit à donner à l'entité métaphysique appelée Etat des droits supérieurs à ceux des individus, on n'en a pas moins jugé nécessaire de délimiter des séries de domaines réservés et à l'abri de toute action gouvernementale. Le but ultime des sociétés n'est pas d'assurer le bonheur de l'Etat, être fictif, non plus que celui des gouvernants, simples détenteurs de fait de la puissance administrative, mais ce but est d'assurer la plénitude d'expansion de la vie de chaque citoyen. Le système des libertés publiques favorise précisément cette expansion.

La seconde question dont l'examen s'impose lorsque l'on parle de droits individuels est celle de leur garantie. Par cela seul que ces droits ont pour but d'entraver une prédominance exagérée des pouvoirs gouvernementaux, il s'ensuit que le conflit est inévitable entre l'individu et l'Etat et que, suivant les époques, on verra l'un ou l'autre l'emporter. On ne peut pas concéder aux simples citoyens une liberté d'action illimitée sous peine d'amener la dissolution du corps social, mais l'histoire montre qu'en fait ce danger est bien moindre que le risque contraire de la subordination de l'individu à l'Etat. Il convient donc d'assurer aux libertés destinées à être attaquées, des procédés efficaces de défense et de protection.

Pour atteindre ce but, bien des moyens sont possibles. Il y a d'abord une méthode générale qui consiste à placer les droits individuels en dehors de l'action du législatif et de l'exécutif. C'était la conception chère aux philosophes du XVIIIe siècle et aux constituants de la Révolution. Malheureusement l'expérience indique que les proclamations de principes n'ont pas une valeur morale suffisante pour empêcher les abus et que les déclarations des droits les mieux rédigées n'arrêtent pas les empiétements des hommes dont les passions sont servies par la force. Il faut donc trouver un procédé plus effectif pour venir en aide aux individus molestés.

Ce procédé se trouve dans l'institution d'une Cour suprême, d'une juridiction placée extérieurement et au-dessus du gouvernement et des citoyens avec mission de décider de quel côté est le droit. Au point de vue idéal, ce tribunal supérieur est évidemment la meilleure sanction du libre exercice des droits individuels. Il agit comme un arbitre impartial et si les libertés publiques sont menacées, il les renforce de toute la majesté de l'appareil judiciaire. On a souvent proposé en France l'institution de pareille cour, qui d'ailleurs n'existe nulle part sous une forme aussi absolue. La Cour suprême des Etats-Unis a en effet pour mission d'assurer le respect mutuel des droits de la Constitution fédérale et de ceux des Etats fédérés, ce qui n'est pas absolument la même chose. Dans notre pays, des difficultés pratiques nombreuses rendent problématique la création d'une haute juridiction de la nature de celle demandée. Les droits individuels ne sont pas absolument précisés par une charte générale, le recrutement du personnel judiciaire serait délicat ; enfin et surtout les décisions de la Cour seraient nécessairement exécutées par la seule bonne volonté du gouvernement. Dans les litiges les plus graves, des contingences politiques pourraient être prépondérantes.

A défaut de Cour suprême, la sauvegarde de l'autorité judiciaire ordinaire n'est pas négligeable et, en France, cette sauvegarde est soigneusement établie par plusieurs des lois déjà étudiées.

C'est ainsi, pour rappeler quelques exemples, que la liberté de la presse est placée sous la sauvegarde du jury, celle d'association sous la protection des tribunaux ordinaires. De même, le principe de la liberté du travail est constamment visé dans les arrêts du Conseil d'Etat et des situations analogues ont été expliquées à maintes reprises au cours des pages précédentes. L'avantage de l'intervention des tribunaux dans les affaires isolées et non dans les conflits de principes, est précisément que l'on évite les heurts politiques trop grands et que les abus sont réprimés sans bruit ni éclat excessifs. En Angleterre, terre classique des libertés individuelles, l'intervention des cours de justice est considérée comme une protection absolument sûre et il nous semble qu'en France ce procédé n'a qu'à être amplifié et perfectionné.

Au fond des choses, la seule et vraie garantie des droits individuels est la conscience et l'opinion publiques. Il faut que les citoyens s'intéressent à leurs libertés et en défendent le maintien, que ce soient eux-mêmes ou autrui qui souffrent de quelques abus. Toutes les barrières judiciaires et administratives sont sans effet lorsque les individus ne se protègent pas eux-mêmes par l'exercice de leurs droits. C'est, en d'autres termes, la conscience de la qualité de citoyen, avec ses avantages et ses responsabilités, qu'il importe de développer avant tout.

C'est cette dernière considération qui nous permet d'espérer que notre travail ne sera pas sans utilité pratique. Il ne s'agit pas tant d'apprendre une série de règles de détail et de formules législatives que de se pénétrer du rôle dévolu à chacun de nous dans la société. Nous devons assurément sacrifier au bien public toute considération d'égoïsme particulier, mais nous pouvons aussi exiger en retour, du pouvoir social lui-même, la protection de notre activité dans les domaines où l'intelligence et l'initiative individuelles ont la prééminence sur la sagesse souvent obscure de l'Etat. Nous avons essayé de montrer, en droit positif, quelle est l'étendue actuelle des libertés françaises et nous nous permettons d'espérer que cela suffira pour inciter nos lecteurs à se consacrer sans hésiter à assurer le développement du progrès social, progrès encore bien faible, mais qui ne peut s'appuyer que sur la connaissance du droit et le respect de la dignité humaine.

TABLE DES MATIÈRES

CHAPITRE V

LA LIBERTÉ INDIVIDUELLE

CHAPITRE VI

LA LIBERTÉ DU TRAVAIL

CHAPITRE VII

LA LIBERTÉ DE LA PRESSE

CHAPITRE VIII

LA LIBERTÉ DE RÉUNION

CHAPITRE IX

LA LIBERTÉ D'ASSOCIATION

CHAPITRE X

LE RÉGIME DES CONGRÉGATIONS

CHAPITRE XI

LA LIBERTÉ DE CONSCIENCE

CHAPITRE XII

LE RÉGIME DES CULTES

CHAPITRE XIII

LA LIBERTÉ D'ENSEIGNEMENT

CHAPITRE XIV

LA PROTECTION DE LA SANTÉ PUBLIQUE

CHAPITRE XV

L'ASSISTANCE PUBLIQUE

CHAPITRE XVI

LE DROIT PUBLIC COLONIAL

31,903. — Bordeaux, Y. Cadoret, impr.

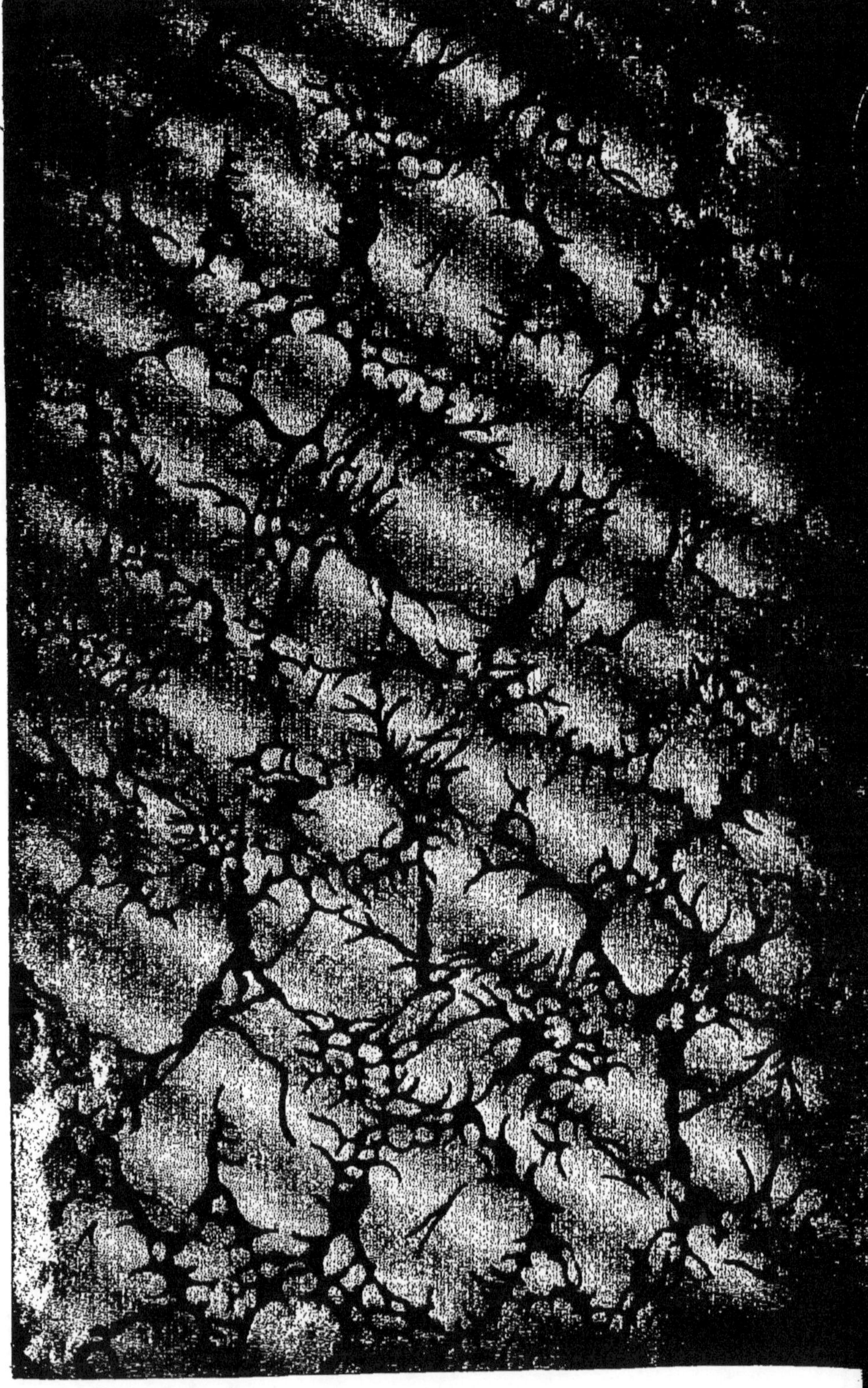

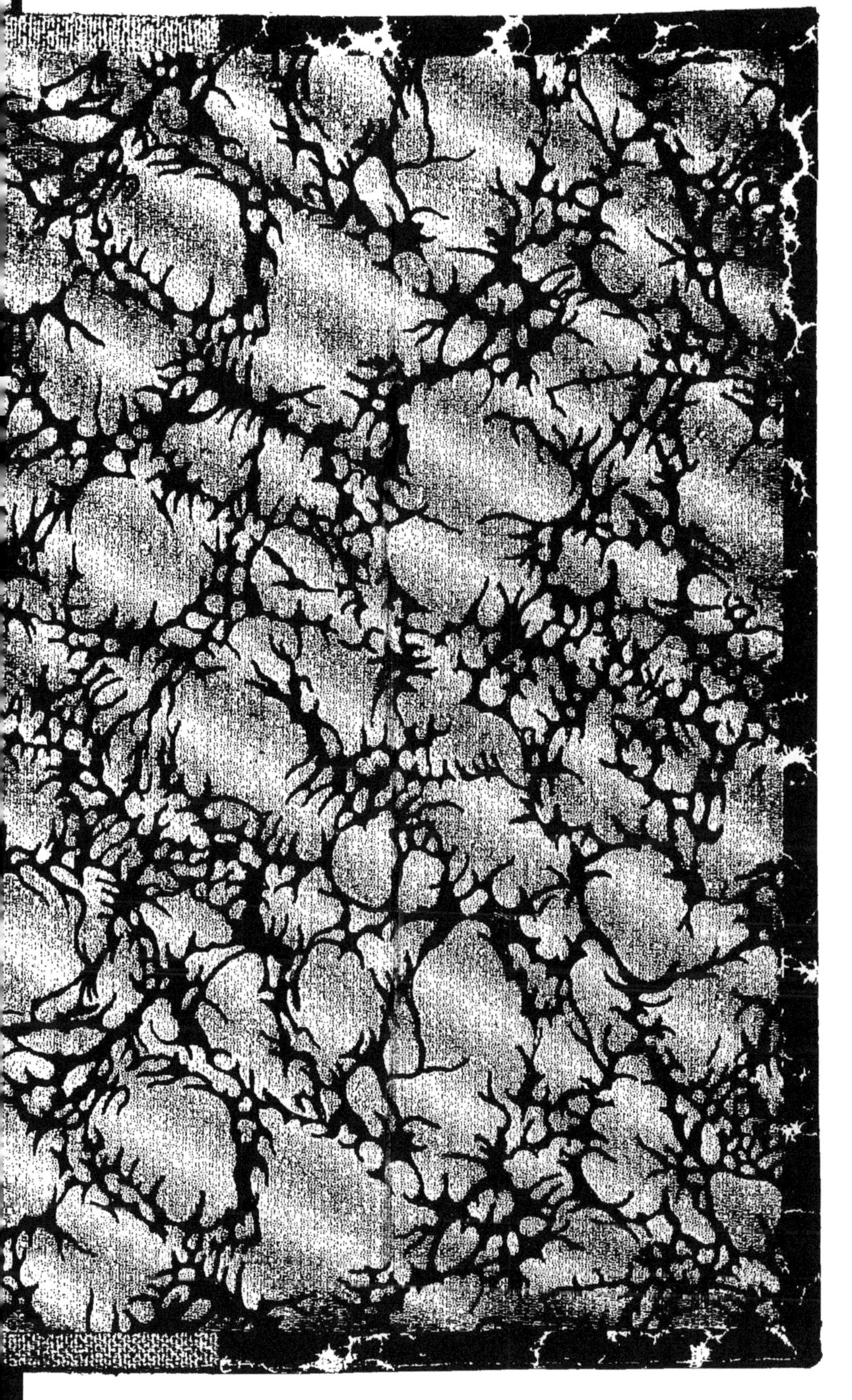

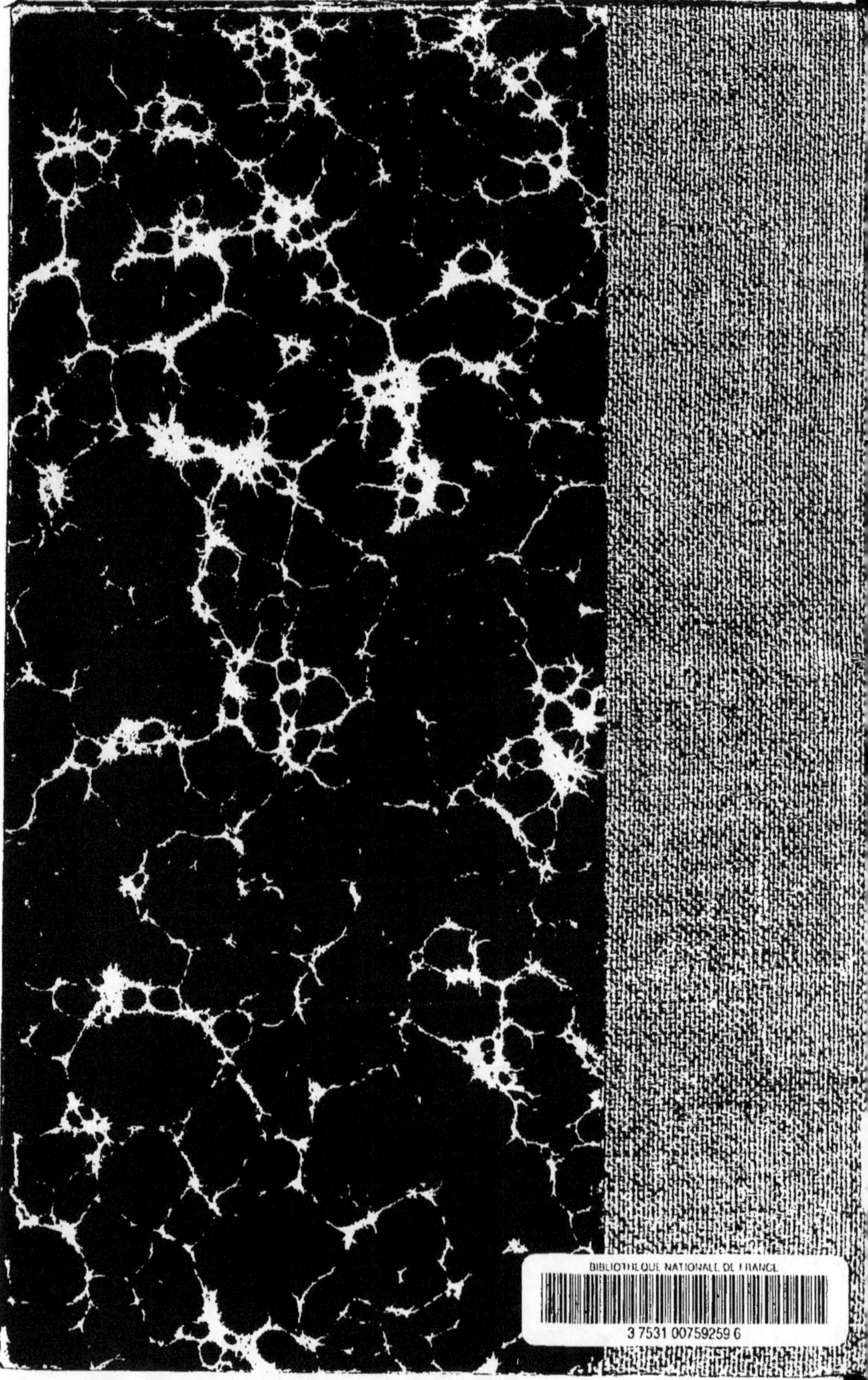

www.ingramcontent.com/pod-product-compliance
Ingram Content Group UK Ltd.
Pitfield, Milton Keynes, MK11 3LW, UK
UKHW020201250726
13967UKWH00003B/1191